Reflexões do Diretório para a Catequese

Dados Internacionais de Catalaogação na Publicação (CIP)
(Câmara Brasileira do Livro, SP, Brasil)

Reflexões do diretório para a catequese / Jânison de Sá Santos, Leandro Francisco Pagnussat, (organizadores). – Petrópolis, RJ : Editora Vozes, 2022.

Vários autores.
ISBN 978-65-5713-469-6

1. Catequese 2. Catequese – Ensino bíblico 3. Catequese – Igreja Católica 4. Catequistas – Formação 5. Deus (Cristianismo) – Adoração e amor 6. Evangelização 7. Reflexões teológicas I. Santos, Jânison de Sá. II. Pagnussat, Leandro Francisco.

21-90155 CDD-268.82

Índices para catálogo sistemático:
1. Catequese : Igreja Católica : Cristianismo   268.82

Eliete Marques da Silva – Bibliotecária – CRB-8/9380

Jânison de Sá Santos
Leandro Francisco Pagnussat
(Organizadores)

Reflexões do Diretório para a Catequese

EDITORA VOZES

Petrópolis

© 2022, Editora Vozes Ltda.
Rua Frei Luís, 100
25689-900 Petrópolis, RJ
www.vozes.com.br
Brasil

Todos os direitos reservados. Nenhuma parte desta obra poderá ser reproduzida ou transmitida por qualquer forma e/ou quaisquer meios (eletrônico ou mecânico, incluindo fotocópia e gravação) ou arquivada em qualquer sistema ou banco de dados sem permissão escrita da editora.

CONSELHO EDITORIAL

Diretor
Gilberto Gonçalves Garcia

Editores
Aline dos Santos Carneiro
Edrian Josué Pasini
Marilac Loraine Oleniki
Welder Lancieri Marchini

Conselheiros
Francisco Morás
Ludovico Garmus
Teobaldo Heidemann
Volney J. Berkenbrock

Secretário executivo
Leonardo A.R.T. dos Santos

Diagramação: Daniela Alessandra Eid
Revisão gráfica: Alessandra Karl
Capa: Renan Rivero

ISBN 978-65-5713-469-6

Este livro foi composto e impresso pela Editora Vozes Ltda.

Apresentação

Na reorganização das atribuições das tarefas das várias Congregações Romanas, o Papa Bento XVI teve a excelente ideia de colocar a catequese no recém-criado Pontifício Conselho para a Promoção da Nova Evangelização (16/01/2013). Antes disso, a catequese fazia parte da Congregação para o Clero, mostrando assim que os padres eram os primeiros e quase os únicos ministros na missão de catequizar. Com esta mudança, o papa quis mostrar que a iniciação e a formação à fé cristã é, antes de tudo, missão de todos os batizados. De fato, depois do Concilio Vaticano II, cada vez mais cristãos leigos, e principalmente fiéis leigas, se comprometeram com a missão de catequizar adultos, jovens e crianças. E para valorizar ainda mais este serviço eclesial laical tão fundamental para a Igreja que o Papa Francisco instituiu em 2021 o *Ministério de Catequista* através da Carta Apostólica em forma de *Moto proprio Antiquium Ministerium*.

Até pouco tempo atrás a gente vivia num mundo dito "cristianizado". A grande preocupação da Igreja era fazer conhecer a doutrina e a moral cristã. O livro de catequese utilizado era o *Catecismo da Doutrina Cristã*, feito em forma de perguntas e respostas. Já era pressuposto que aqueles que queriam receber os Sacramentos, já tinham feito uma profunda *experiência de Jesus Cristo*. Mas sabemos que uma grande maioria de fiéis só queriam receber a Eucaristia e serem crismados, quase sem compromisso nem com a Igreja, nem com a prática da fé.

Tanto o santo Papa João Paulo II como o Papa Bento XVI insistiram nos seus escritos que o cristianismo não é em primeiro lugar uma doutrina, nem uma moral, mas um acontecimento, *um encontro com a pessoa de Jesus Cristo*. A Palavra de Deus, fonte principal da catequese, deve ajudar os catecúmenos e os catequizandos num verdadeiro encontro com Deus, revelado plenamente em Jesus Cristo, capaz de dar sentido às alegrias e às esperanças, e às tristezas e às angústias das pessoas.

Num mundo *secularizado*, marcado por valores mundanos, os cristãos são chamados a descobrir a originalidade do Evangelho, a encontrar-se com Jesus que é "o caminho, a verdade e a vida" (Jo 10,10).

O testemunho de vida dos discípulos e da comunidade cristã é fundamental para a transmissão da fé. Mais do que grandes discursos, o catequista precisa viver as atitudes e os sentimentos do próprio Jesus, tal qual os conhecemos nos Evangelhos. A Igreja cresce não por proselitismo, mas por atração, diz o Papa Francisco, atingindo não só a cabeça das pessoas, mas principalmente o coração.

O Diretório para a Catequese (2020) precisa dar um novo impulso à iniciação à vida cristã, missão tão essencial para a Igreja na formação de novos discípulos de Jesus Cristo. Os vários autores deste livro comentam os capítulos desse Diretório. Todos são peritos neste assunto. A leitura destas páginas ajudará muitas pessoas a melhorar a prática na nossa catequese de *inspiração catecumenal de iniciação a vida cristã*.

O ambiente sociocultural mudou muito nesses últimos anos, novos desafios se apresentaram. Os meios de comunicação de massa e os meios virtuais facilitaram o contato com as informações. O grande desafio para a catequese é como apresentar a verdade do Evangelho numa nova linguagem, com novos métodos e com uma pedagogia adaptada à realidade do mundo pós-moderno. Diante de tantas culturas diversificadas, o Evangelho precisa revelar a sua novidade e aprender delas novos jeitos de viver a Palavra de Deus.

O livro está dividido em quatro partes que se completam mutuamente: os fundamentos da catequese, a metodologia catequética, os desafios e as possibilidades e, finalmente, os interlocutores e a urgência do anúncio. Tenho certeza de que as reflexões contidas neste livro ajudarão a todos nós, sobretudo, os muitos catequistas na sua missão tão importante de formar novos discípulos de Jesus Cristo numa Igreja toda sinodal, aberta ao diálogo, à fraternidade e à solidariedade.

Dom Eugênio Rixen
Bispo emérito de Goiás (GO)
Presidente da Comissão Episcopal Pastoral para a Animação
Bíblico-Catequética da CNBB – 2003-2011.

Sumário

SIGLAS, 13

INTRODUÇÃO, 15

PARTE I

OS FUNDAMENTOS DA CATEQUESE

Capítulo 1 – Apresentar as razões da esperança cristã: A catequese a serviço da transmissão da Revelação cristã, 21

Pe. Abimar Oliveira de Moraes

Introdução, 21

1. A Revelação cristã no DC e sua relação com a catequese, 22

2. Alguns aspectos sobre a Revelação cristã no Magistério da Igreja, 26

3. A Revelação cristã nos Diretórios precedentes, 28

4. Alguns aspectos bíblicos sobre a Revelação cristã na Carta aos Hebreus e na Primeira Carta de Pedro, 30

5. Linhas de inspiração para ações pastorais, 32

6. Para refletir, 35

Capítulo 2 – Pedagogia da fé: Caminho de maturidade cristã, 36

Dom Leomar Antônio Brustolin / Pe. Tiago de Fraga Gomes

Introdução, 36

1. A pedagogia da fé no Diretório para a Catequese, 38

2. A pedagogia da fé na Tradição e no Magistério da Igreja, 40

3. A pedagogia da fé nos Diretórios Catequéticos, 43

4. Inspiração bíblica para a pedagogia da fé, 44

5. Linhas de inspiração para ações pastorais, 47

6. Para refletir, 49

Capítulo 3 – A catequese em busca de sua identidade, 50

Ir. Maria Aparecida Barboza

Introdução, 50

1. A identidade da catequese no Diretório atual, 51

2. Fontes e relação com Magistério da Igreja, 56

3. Relação com os Diretórios precedentes, 57

4. Conversão e acolhida de Cornélio na comunidade (At 10,1-48): Uma inspiração bíblica na identidade da catequese, 58

5. Linhas de inspiração para ações pastorais, 60

6. Para refletir, 62

PARTE II

O CATEQUISTA E A METODOLOGIA CATEQUÉTICA

Capítulo 4 – O catequista e a missão de educar na fé, 65

Pe. Jânison de Sá Santos

Introdução, 65

1. Catequese: responsabilidade compartilhada, 66

2. Perspectiva do Diretório para os catequistas, 70

3. A pessoa do catequista em alguns documentos eclesiais, 71

4. Ver, conhecer e seguir Jesus iluminados pela Palavra, 73

5. Implicações pastorais para o catequista, 74

6. Para refletir, 78

Capítulo 5 – A formação dos catequistas, 79

Pe. João dos Santos Barbosa Neto, sdb

Introdução, 79

1. A formação do catequista no Diretório para a Catequese, 80

2. A formação do catequista no Magistério da Igreja, 83

3. A formação dos catequistas nos Diretórios Catequéticos, 84

4. Inspiração bíblica para a formação com os catequistas, 89

5. Linhas de inspiração para ações pastorais, 90

6. Para refletir, 95

Capítulo 6 – A metodologia da catequese no exercício de uma Igreja Sinodal, 96

Luís Oliveira Freitas / Pe. Wagner Francisco de Sousa Carvalho

Introdução, 96

1. A metodologia catequética no Diretório para a Catequese, 97

2. O processo metodológico no Magistério da Igreja, 100

3. A metodologia catequética nos Diretórios Catequéticos, 102

4. Aprender com Jesus o saber fazer, 106

5. Implicações pastorais: desafios e possibilidades, 108

6. Para refletir, 110

Capítulo 7 – O Catecismo da Igreja Católica no Diretório, 111

Dom Armando Bucciol

Introdução, 111

1. O Catecismo da Igreja Católica no Diretório para a Catequese, 112

2. O Catecismo na Tradição e no Magistério da Igreja, 114

3. O Catecismo da Igreja Católica nos Diretórios Catequéticos, 122

4. Na escola permanente de Jesus, Mestre e Senhor, 123

5. Linhas de inspiração para ações pastorais, 124

6. Para refletir, 126

Capítulo 8 – Planejar a ação catequética sob a luz do Espírito, 127

Pe. Roberto Nentwig

Introdução, 127

1. Os organismos e as fontes do Magistério a serviço da catequese no Diretório para a catequese, 128

2. Novidades e destaques em relação aos Diretórios anteriores, 133

3. Um itinerário bíblico: Paulo e a comunhão com os apóstolos, 137

4. Linhas de inspiração para ações pastorais, 138

5. Para Refletir, 141

PARTE III

DESAFIOS E POSSIBILIDADES PARA A CATEQUESE

Capítulo 9 – A comunidade cristã: Lugar da educação da fé e da práxis missionária, 145

Pe. Leandro Francisco Pagnussat

Introdução, 145

1. A comunidade cristã no Diretório para a Catequese, 146

2. O tema da comunidade cristã no Magistério da Igreja, 149

3. A comunidade cristã nos Diretórios Catequéticos, 154

4. O testemunho diante da comunidade cristã, 156

5. Linhas de inspiração para ações pastorais, 157

6. Para refletir, 159

Capítulo 10 – Os desafios da catequese em uma cultura plural, complexa e digital, 160

Moisés Sbardelotto

Introdução, 160

1. A catequese diante dos diversos cenários culturais, 161

2. A análise da cultura plural, complexa e digital no Magistério da Igreja, 165

3. As novidades em relação aos Diretórios precedentes, 166

4. Inspiração bíblica, 167

5. Linhas de inspiração para ações pastorais, 168

6. Para refletir, 174

Capítulo 11 – Inculturação da fé na catequese... é possível?, 175

Ir. Lucia Imaculada, cnsb

Introdução, 175

1. A inculturação da fé no Diretório para a Catequese, 176

2. A inculturação da fé no Magistério da Igreja, 179

3. A inculturação da fé nos Diretórios Catequéticos, 181

4. Ícone bíblico: Semeadores da Palavra, 185

5. Linhas de inspiração para ações pastorais, 187

6. Para refletir, 189

PARTE IV

OS INTERLOCUTORES E A URGÊNCIA DO ANÚNCIO

Capítulo 12 – A catequese na vida das pessoas, 193

Ir. Sueli da Cruz Pereira

Introdução, 193

1. A catequese na vida das pessoas: Uma análise do conteúdo do Diretório, 194

2. O conteúdo e sua relação com os Documentos do Magistério, 199

3. Novidades em relação aos Diretórios Catequéticos precedentes, 201

4. Um ícone bíblico, 204

5. Linhas de inspiração para ações pastorais, 205

6. Para refletir, 207

Capítulo 13 – O querigma no Diretório para a Catequese: Um anúncio de Jesus Cristo belo, credível e humanizante, 208

Ir. Balbino Juárez Ramírez / Pe. Gustavo Santos de Souza Martins

Introdução, 208

1. O querigma no Diretório para a Catequese, 209

2. Evolução da compreensão do querigma no Magistério pós-conciliar, 210

3. Evolução e novidades nos Diretórios Catequéticos, 215

4. O encontro entre Felipe e o funcionário de Candaces: Traços para um querigma de acordo com nossos tempos, 219

5. Linhas de inspiração para ações pastorais, 220

6. Para refletir, 222

Capítulo 14 – Pessoas com deficiência na Catequese, 223

Pe. Antônio Marcos Depizzoli

Introdução, 223

1. O lugar das pessoas com deficiência no Diretório para a Catequese, 225

2. Perspectiva inclusiva do Diretório para a Catequese no contexto eclesial, 227

3. Presença de pessoas com deficiência em documentos sobre catequese, 229

4. Caminhar com à luz dos Discípulos de Emaús, 231

5. Implicações pastorais da pequena comunidade sinodal de catequistas, 234

6. Para refletir, 237

CONCLUSÃO – Uma catequese diversificada para um tempo de mudanças, 239
Therezinha Motta Lima da Cruz

REFERÊNCIAS, 253

Siglas

AIDM – Alegria de iniciar discípulos missionários

AL – Exortação Apostólica Pós-sinodal *Amoris Lætitia* sobre o amor na família

AM – Carta Apostólica *Antiquum Ministerium* pela qual se institui o Ministério de catequista

CD – Decreto *Christus Dominus* sobre o múnus pastoral dos bispos na Igreja

CIgC – Catecismo da Igreja Católica

CT – Exortação Apostólica *Catechesi Tradendae* sobre a catequese do nosso tempo

CV – Exortação Apostólica Pós-sinodal *Christus Vivit* aos jovens e a todo o Povo de Deus

DAp – Documento de Aparecida

DC – Diretório para a Catequese 2020

DCE – Carta Encíclica *Deus Caritas Est* sobre o amor cristão

DCG – Diretório Catequético Geral 1971

DGC – Diretório Geral para a Catequese 1997

DM – Documento de Medellín

DNC – Diretório Nacional de Catequese

DP – Documento de Puebla

DV – Constituição Dogmática *Dei verbum* sobre a Revelação Divina

EG – Exortação Apostólica *Evangelii Gaudium* sobre o anúncio do Evangelho no mundo atual

EiA – Exortação Apostólica Pós-sinodal *Ecclesia in America* sobre o encontro com Jesus Cristo vivo caminho para a conversão, a comunhão e a solidariedade na América

EN – Exortação Apostólica *Evangelii Nuntiandi* sobre a evangelização no mundo contemporâneo

GE – Declaração *Gravissimum Educationis* sobre a educação cristã

GS – Constituição pastoral *Gaudium Et Spes* sobre a Igreja no mundo atual

IVC – Iniciação à Vida Cristã

LG – Constituição Dogmática *Lumen Gentium* sobre a Igreja

LS – Carta Encíclica *Laudato Si'* sobre o cuidado da casa comum

PB – Constituição Apostólica *Pastor Bônus*

RICA – Ritual de Iniciação Cristã de Adultos

RM – Carta Encíclica *Redemptoris Missio* sobre a validade permanente do mandato missionário

SC – Constituição Conciliar *Sacrosanctum Concilium* sobre a Sagrada Liturgia

VD – Exortação Apostólica Pós-sinodal *Verbum Domini* sobre a Palavra de Deus na vida e na missão da Igreja

VG – Constituição Apostólica *Veritatis Gaudium* sobre as universidades e as faculdades eclesiásticas

Introdução

"A catequese participa no compromisso da evangelização, conforme sua natureza própria, a fim de que a fé possa ser sustentada em um permanente amadurecimento que se expressa em um estilo de vida que deve caracterizar a existência dos discípulos de Cristo" (DC 1). É através destas palavras que o recente *Diretório para a Catequese* introduz o texto que possui 428 números divididos em três partes com um total de 12 capítulos. Com essa introdução apresenta-se que a catequese está fortemente unida à evangelização e precisa assumir em si as características que lhe são próprias. Segundo o Papa Francisco, no processo e em qualquer forma de evangelização, "o primado é sempre de Deus, que quis chamar-nos para cooperar com Ele e impelir-nos com a força do seu Espírito" (*EG* 12). Ao assumirmos esta perspectiva missionária, somos colaboradores do Espírito na construção do Reino de Deus inaugurado por Jesus Cristo.

O nosso objetivo aqui é apresentar uma série de reflexões que auxilie na acolhida e valorização deste importante documento para a Igreja, no sentido de aprofundar a finalidade da catequese, na qual "a comunhão com Cristo é o centro da vida cristã e, consequentemente, o centro da ação catequética" (DC 75). Um primeiro elemento importante como chave de leitura para a compreensão deste Diretório está quando o Papa Bento XVI, com o *motu proprio Fides per doctrinam* (16 de janeiro de 2013), transfere a competência em relação à catequese da Congregação para o Clero, para o *Pontifício Conselho para a Nova Evangelização*. Essa mudança está para além da perspectiva institucional; está em reconhecer que o lugar por natureza da catequese é o da evangelização, bem como da íntima relação entre elas.

Assim como cada um dos Diretórios anteriores, *Diretório Catequético Geral* (1971) e o *Diretório Geral para a Catequese* (1997), o *Diretório para a Catequese* (2020) responde aos desafios próprios de uma determinada época, claro, sem romper com a história. Enquanto o Diretório de 1971 respondia às exigências diretas do Concílio Vaticano II, o Diretório de 1997, sob a influência da Exortação Apostólica *Catechesi Tradendae* (1979) e do Catecismo da Igreja Católica (1992), define a finalidade e a tarefa da catequese a partir da perspectiva cristológica apresentada em ambos os documentos. Já o Diretório de 2020, sob a forte influência do pontificado do Papa Francisco, sobretudo da Exortação Apostólica *Evangelii Gaudium* (2013), indica elementos importantes para a catequese e a sua necessidade de estar a serviço do anúncio da fé nos tempos atuais.

O Papa Francisco, ao afirmar que "a ação missionária é o paradigma de toda a obra da Igreja" (*EG* 15), convida e coloca toda a vida eclesial sob a dinâmica missionária com um insistente convite para uma mudança de perspectiva. Tal *transformação* implica que toda a pastoral se torne um percurso adequado para a evangelização e a catequese porque "não basta encontrar uma nova linguagem para expressar a fé de sempre; é necessário e urgente também que, perante os novos desafios e perspectivas que se abrem à humanidade, a Igreja possa exprimir as novidades do Evangelho de Cristo que, embora contidas na Palavra de Deus, ainda não vieram à luz. Trata-se daquele tesouro feito de "coisas novas e velhas" referido por Jesus, quando convidara os seus discípulos a ensinar o novo por Ele trazido, sem transcurar o antigo (cf. Mt 13,52)".[1] O Diretório, ao assumir a perspectiva da *Evangelii Gaudium* na qual a evangelização ocupa um lugar central, coloca a reflexão catequética sob a lógica missionária.

Deste modo, o Diretório compreende a catequese como finalidade em "favorecer a interiorização da mensagem cristã" (DC 73) "que auxilia na interiorização da fé" (DC 76), processo este que torna o Evangelho sempre *novo* no coração de cada batizado. Portanto, ao nosso ver, no Diretório está presente de maneira transversal alguns grandes temas que orientam a reflexão e o fazer da catequese em cada realidade particular: a) O encontro e a comunhão com Cristo (DC 75); b) A catequese missionária (DC 303); c) A catequese querigmática (DC 57-60); d) A inspiração catecumenal da catequese (DC 61-65); e) A catequese mistagógica (97-98); f) O processo de acompanhamento e a formação dos catequistas (DC 113; 136-150); g) A catequese diante dos cenários culturais contemporâneos com destaque à cultura digital (DC 319-393).

A partir desse último elemento, o Diretório considera importante que a Igreja se encontre diante de um novo cenário sociocultural e que a catequese está inserida em contextos de pluralismo e complexidade (cf. DC 319-342), no qual o aspecto mais emer-

---

1. Discurso do Papa Francisco aos participantes no encontro por ocasião do XXV aniversário do Catecismo da Igreja Católica (11 de setembro de 2017).

gente da cultura atual está no fato dela ser *digital* (cf. DC 359-361) com uma forte influência na transformação antropológica nas pessoas e na sociedade (cf. DC 362-364), o que acaba por influenciar e interferir na forma de conceber a fé, no seguimento a Jesus Cristo e, sobretudo, na maneira de organizar e planejar a comunicação da fé.

Em cada reflexão que compõe este livro segue uma lógica metodológica para facilitar o leitor na compreensão e aprofundamento dos temas abordados. Os passos são os seguintes: *1) Apresentação do conteúdo*: o primeiro passo está em localizar o conteúdo em cada capítulo do DC bem como das principais expressões usadas; *2) Fontes e relação com o Magistério*: em um segundo momento está a relação do tema apresentado com as fontes do Magistério da Igreja. O DC não é um documento isolado no processo da evangelização, mas está em plena sintonia com o Magistério e a Tradição da Igreja; *3) Novidades e avanços*: aqui está a tentativa em oferecer para o leitor quais os aspectos de avanços e/ou retrocessos em relação aos Diretórios precedentes; *4) Ícone bíblico*: na tentativa de contribuir ainda mais na formação dos catequistas em comunidade, cada uma das reflexões apresenta um texto bíblico em sintonia com o tema abordado para inspirar a ação pastoral catequética; *5) Linhas de inspiração para ações pastorais*: após o tema exposto ser iluminado pela Palavra de Deus, é chegado o momento de apresentar as possíveis implicações pastorais para o cotidiano da ação catequética em comunidade; *6) Para refletir*: encontra-se no fim de cada reflexão questões que podem auxiliar os catequistas no estudo e aprofundamento; *7) Bibliografia para aprofundamento*: por último a referência bibliográfica, para auxiliar na continuidade do aprofundamento individual ou em grupo.

Por fim, agradecemos com imensa gratidão aqueles que colaboraram com suas preciosas reflexões para compor esta obra. Certamente este aprofundamento que agora colocamos à disposição dos bispos, presbíteros, religiosas e religiosos, e, sobretudo dos catequistas, irá contribuir no processo de evangelização e ajudar a catequese a alcançar suas finalidades no percurso de comunicação da fé e formação da vida cristã dos batizados. Este livro está organizado em quatro partes.

PARTE I

OS FUNDAMENTOS DA CATEQUESE

Nesta primeira parte do livro encontramos três reflexões que nos ajudarão a dar os primeiros passos neste percurso de aprofundamento do Diretório para a Catequese realizado em mutirão. A primeira reflexão está a cargo do Pe. Abimar que nos ajuda a compreender a catequese no DC como uma mediação capaz de articular os conteúdos da fé, a inteligência teológica de tais conteúdos, a vivência pessoal e comunitária da fé.

No segundo capítulo *Pedagogia da fé: caminho para a maturidade cristã*, Dom Leomar Brustolin e Pe. Tiago Gomes nos ajudarão a compreender a pedagogia divina como obra educativa de Deus, e, a pedagogia da Igreja, enquanto mediadora da Revelação que é a responsável por uma catequese que chegue ao coração das pessoas, uma catequese atualizada e inculturada para os dias atuais no ato de comunicar a fé.

Por sua vez, a Irmã Maria Aparecida Barboza com a reflexão *A catequese em busca da sua identidade* ao aprofundar a natureza, a finalidade e as tarefas da catequese, contribui para que o leitor compreenda que a catequese é um ministério eclesial que está a serviço da Palavra de Deus, cuja finalidade última está em iniciar e conduzir para a maturidade da fé cada batizado e as comunidades cristãs.

CAPÍTULO 1

Apresentar as razões da esperança cristã:
A catequese a serviço da transmissão da Revelação cristã

Pe. Abimar Oliveira de Moraes[2]

Introdução

O Diretório para a Catequese (DC), publicado pelo Pontifício Conselho para a Promoção da Nova Evangelização, oferece um complexo de princípios e de normas, de natureza teológica e metodológico-pastoral, com a função de orientar e coordenar a ação pastoral, no campo da catequese de toda a Igreja Católica Apostólica Romana. Antes de tudo, é um mapa que ajuda a comunidade eclesial a encontrar pontos fundamentais, pautas de discernimento e metas a serem alcançadas à medida que a experiência de fé é vivida nesse novo tempo, composto por pessoas que se encontram pela primeira vez com a Revelação do Deus de Jesus Cristo; e, também, por pessoas que, embora, sacramentalmente iniciadas e inseridas na dinâmica salvífica cristã, pouco a conhecem e, principalmente, pouco a vivenciam.

---

2. Doutor em Teologia Pastoral e Catequética pela *Università Pontificia Salesiana*, de Roma, professor Adjunto 2 no Departamento de Teologia da PUC-Rio e presidente do Conselho Diretor da Associação Nacional de Pós-graduação em Teologia e Ciências da Religião (ANPTECRE). Membro da Sociedade Brasileira de Catequetas (SBCat), da *Sociedad Latinoamericana de Catequetas* (SCALA) e do Grupo de Reflexão Bíblico-Catequético da CNBB (GREBICAT).

O DC vem e seguirá sendo objeto de diversos tipos de análises e publicações. Cremos que os estudos de ordem mais descritiva, respondendo a perguntas acerca da estrutura do texto, o processo de elaboração, as principais novidades, as diferenças em relação aos Diretórios precedentes, podem ser ampliados quando tomam em consideração quais as perspectivas abertas que podem ser exploradas e aprofundadas. Este tipo de análise augura uma grande riqueza de conversações possíveis. Essa será a perspectiva que buscaremos adotar em nosso capítulo.

A catequese precisa apresentar a Revelação do Deus de Jesus Cristo ao cenário cultural contemporâneo. O encontro com o Deus revelador e revelado introduz a pessoa na experiência cristã, lançando as bases para as suas opções e decisões fundamentais dentro de um cenário hodierno de pluralismo. Precisa, também, reconhecer que a Revelação do Deus de Jesus Cristo é a origem da Igreja, a marca da sua identidade e missão evangelizadora, e o alicerce de sua atualidade salvífica. Por esta razão, gostaríamos de propor aqui uma breve explanação sobre tal temática, desenvolvida no primeiro capítulo do DC.

1. A Revelação cristã no DC e sua relação com a catequese

O DC abre suas indicações convidando-nos a refletir, em quarenta e três parágrafos, sobre as relações entre revelação e catequese (cf. DC 11-54). Para isso, subdivide seu primeiro capítulo em quatro itens que são complementares entre si: a) Jesus como revelador e Revelação do Pai; b) a fé como resposta a Deus; c) a Igreja como transmissora da Revelação; e d) a evangelização hoje. Assim, o DC entrelaça os tratados teológicos da Cristologia, da Teologia Fundamental, da Eclesiologia com a Catequética, a fim de afirmar que, para ser fiel à missão que recebeu de Cristo, a Igreja deve exercer no mundo a sua função profética. A catequese apresenta-se, assim, neste primeiro capítulo, como um dos instrumentos mais preciosos que a Igreja possui para realizar o seu anúncio que precisa ser sempre atual.

A catequese para o DC é apresentada como uma mediação capaz de articular os conteúdos da fé, a inteligência teológica de tais conteúdos, a vivência pessoal e comunitária da fé. Para ser fiel e eficaz ao depósito da fé que é chamada a transmitir, a catequese traz em si uma necessidade intrínseca de retornar continuamente a este próprio depósito da fé que se apresenta a ela como sua principal fonte.

Seguindo o Concílio Vaticano II, o DC intenciona evidenciar que o fundamento da experiência de fé é a Palavra de Deus revelada, que encontra o seu cume na pessoa de Jesus Cristo, primogênito e paradigma de uma humanidade nova e autêntica, revelador e revelação do Deus Triuno (cf. DC 11-16). A celebração, a inteligência e a vivência da Palavra revelada são tarefas confiadas à catequese. Para realizar tal tríplice missão, a catequese deve acolher o progressivo caminho que a Igreja faz de diálogo evangelizador com as diversas culturas com que entra em contato: "evangelizar não significa ocupar um território, mas suscitar *processos espirituais* na vida das pessoas" (DC 43).

A catequese se apresenta como o lugar privilegiado no qual o anúncio da fé se conjuga com a existência concreta de adultos, jovens, adolescentes e crianças, fazendo com que as opções iniciais de fé sejam conduzidas à maturidade expressa na unidade essencial entre crença e existência. Tarefa da catequese é aplainar a estrada que se deve percorrer na superação dos dualismos entre fé e cultura. A catequese é lugar referencial para o entrelaçamento entre renovação cultural e pastoral.

Podemos afirmar que um processo autêntico de transmissão da fé será aquele capaz de envolver e dialogar com a racionalidade (cabeça), a afetividade (coração) e a operacionalidade (mãos e pés) da pessoa humana. A catequese deve conseguir harmonizar a explicação da doutrina ou os conteúdos da fé cristã, com a preocupação com a tradução em comportamentos éticos que brotam da paixão/atração pela pessoa do Senhor Jesus. Sem essa harmonia, parece-nos que a autêntica transmissão não pode acontecer, pois a totalidade da pessoa humana não estará contemplada.

A catequese atual, à luz do DC, tem como ponto de referência o fundamento de que a pessoa humana é capaz de ter acesso à Revelação cristã, porque é capaz de responder a Deus. Assim, a catequese deve seguir um itinerário que, partindo da possibilidade da acolhida à Palavra de Deus, nos conduza até a situação de escuta religiosa desta mesma Palavra,[3] porque "a fé é um dom de Deus e uma virtude sobrenatural, que pode nascer no íntimo como fruto da graça e como uma resposta livre ao Espírito Santo" (DC 19).

Colocar a pessoa humana como sua referência é o ponto mais importante da renovação da catequese pós-conciliar, a partir da "virada antropológica" que determina a teologia contemporânea. Essa "virada antropológica" desenvolve-se a partir da constatação da centralidade do sujeito humano no processo de conhecimento. Suas raízes

---

3. CONCÍLIO VATICANO II. Constituição Dogmática *Dei Verbum* sobre a Revelação Divina, 1965, n. 1. De agora em diante: DV.

encontram-se sobre a fórmula antropológica cristã acerca do ser humano como *capax Dei* (capaz de Deus).

Além disso, o DC afirma que "a fé é certamente um ato pessoal" (DC 21). Assim, o acesso do ser humano à Revelação cristã se realiza pela fé, enquanto dom de Deus e resposta humana ao mesmo tempo. O ser humano está radicalmente preparado para esta resposta gratuita já que está aberto ao transcendente e à sua possível manifestação reveladora. Segundo Rm 10,17, o ser humano *é capaz de escutar a Palavra de Deus*, é ouvinte da Revelação.

A fórmula paulina (em latim *fides ex auditu = a fé entra pelo ouvido*) será usada diversas vezes na história do cristianismo. Mais recentemente, o Concílio Vaticano II a usou como inspiração para o luminoso início da Constituição Dogmática *Dei Verbum* sobre a Revelação Divina, sublinhando a escuta religiosa da Palavra de Deus e sua transmissão (cf. *DV* 1). A catequética contemporânea é chamada a ver, nessa fórmula (*fides ex auditu*), a expressão da capacidade radical do ser humano em escutar a Palavra de Deus.

Para o DC, o destino final do ser humano é a visão de Deus ou comunhão perfeita com Ele. O ser humano não poderia ser chamado a tal visão (que é um dom gratuito) se o seu "espírito" não fosse naturalmente capaz e disposto a receber tal dom. O DC entende que a antiga fórmula (*capax Dei*) sintetiza os eixos antropológicos basilares que definem o ser humano como capacidade receptiva e como desejoso de Deus. Assim, a fé cristã é definida como "acolhimento do amor de Deus revelado em Jesus Cristo, adesão sincera à sua pessoa e uma livre-decisão de caminhar em seu seguimento" (DC 18).

Enquanto capacidade receptiva, a pessoa humana está aberta a Deus. Esta capacidade (ou potência) chama-se obediencial (ou receptiva) porque é uma atitude fundamental de disponibilidade e acolhida à Revelação de Deus, em Jesus Cristo. "Esse '*sim*' a Jesus Cristo abrange duas dimensões: o abandono confiante em Deus (*fides qua*) e o consentimento amoroso a tudo o que Ele nos revelou (*fides quae*)" (DC 18). Nesse sentido, o conceito de capacidade receptiva pode ser entendido a partir da experiência de amizade e de amor entre duas pessoas: cada uma recebe o amor da outra como plenitude de sua própria existência e, apesar de tudo isso e ao mesmo tempo, como dom indevido que não se pode exigir.

Uma vez que a capacidade receptiva é uma tendência ao Deus de Jesus Cristo, há um "desejo de Deus" em cada pessoa humana, enquanto a orientação natural do humano a Deus. O "desejo de Deus" revela que há uma aspiração no espírito humano, experimentável sob a forma de tendência à felicidade e à contemplação da verdade. Tal aspiração não é um aspecto particular do ser humano, mas a situação fundamental da existência humana, que aponta sempre para além da situação histórica do ser humano, como um movimento aberto ao futuro.

Em virtude de sua orientação ao infinito, o ser humano busca uma "palavra última". Assim, em sua capacidade de escuta, ele se relaciona dialeticamente com a Revelação cristã. De fato, a palavra *Revelação*, derivada do latim *revelare*, que corresponde ao grego *apokalyptein*, pode significar tanto "remover o véu" como "velar novamente". Neste sentido, manifesta-se uma dialética que distancia o conceito de Revelação cristã de uma simples exibição doutrinal que se esgota, já que se trata de um contínuo estado de "desvelar" e "velar".

Para a catequese, a Revelação cristã deverá ser entendida como o processo contínuo de conhecimento de Deus através de Deus mesmo (autocomunicação). Um processo que a catequese entende que é composto por três dimensões complementares: 1) a *dimensão dinâmica*, isto é, revelando, Deus atua, cria, realiza sinais "milagrosos" no cosmo e na história pessoal e coletiva do Povo de Deus; 2) a *dimensão noética*, isto é, revelando, Deus ensina a lei, a profecia, a sabedoria, as bem-aventuranças, o seu Reinado; e 3) a *dimensão pessoal,* isto é, revelando, Deus se autocomunica progressivamente até chegar à plenitude em Jesus Cristo, Palavra de Deus.

Como resultado de uma nova consciência teológica, a *Dei Verbum* desenvolveu um conceito de Revelação cristã que recupera o acontecimento salvífico e o concebe como autocomunicação de Deus: Ele mesmo é, em sua eterna essência trinitária, o Deus da Revelação. Isso significa que os conceitos "acontecimento de salvação" (parte performativa e existencial da História da Salvação) e "acontecimento de revelação" (parte informativa e doutrinal da História da Salvação) se interpretam mutuamente.

O Concílio Vaticano II, com esta ampliação semântica, convida a catequese a integrar a Revelação cristã ao acontecimento salvífico, fazendo com que entendamos que na Revelação cristã, Deus não revela uma "doutrina", mas se revela (cf. *DV* 4). Trata-se de uma autocomunicação ao gênero humano como participação na mesma realidade salvífica de Deus, num entrelaçamento fecundo entre informação e performação.

A partir desse conceito de Revelação cristã, as concepções da experiência cristã como "religião do livro" e da catequese como "mero ensino do catecismo" devem ser superadas, já que a Revelação cristã se fundamenta numa comunhão pessoal-vital que convida a um compromisso pessoal e comunitário; portanto, vai para além da pura fidelidade formal (ou literal) a um texto.

Atenta ao processo de autocomunicação divina na Revelação cristã, a catequese não será mais entendida como a explicação e assimilação de um corpo de verdades doutrinais comunicadas por Deus, contidas na Escritura, transmitida pela Tradição e ensinada pelo Magistério da Igreja. A catequese apresenta-se, sim, como a testemunha, a guardiã, a mestra, a mistagoga, a acompanhadora, a educadora da História da Salvação, da qual Cristo é o mediador e a plenitude. Nele se "encerra" a Revelação cristã, não havendo nenhuma outra revelação pública que se possa esperar até a sua vinda definitiva (Parusia) (cf. *DV* 4). A Revelação cristã, assim, efetuada na história humana, se relaciona com a manifestação de Deus na "casa comum", havendo, portanto, um testemunho que Deus dá de si mesmo nas demais criaturas e ao qual a catequese, também, serve. Uma vez que o Deus de Jesus Cristo criou todas as coisas pelo Verbo, existe uma ligação interna entre a Revelação histórica e a manifestação de Deus na criação. Compete à catequese evitar o uso da palavra "sobrenatural" como expressão de uma realidade superior ao "natural" (*LS* 69).

Para o DC, a fé "não é uma escolha individual e privada; tem um caráter relacional e comunitário" (DC 21) e cósmico. A Igreja é apresentada como lugar da memória viva, como elemento constitutivo da sustentação da fé de cada cristão e cristã: "cada fiel, portanto, se une à comunidade de discípulos e faz sua a fé da Igreja" (DC 21).

A atenção a esta relação entre Revelação cristã e fé da Igreja visa alguns objetivos para a catequese: 1) a formação de discípulos e discípulas, em comunidades eclesiais missionárias, em constante atenção à atual história humana; 2) a formação de um discipulado, entendido e conduzido no respeito e na colaboração com todas as mulheres e homens, no anseio da construção de uma comunidade humana mais justa e fraterna; 3) a atenção aos lugares de Revelação cristã, não somente entendidos como Escritura, Tradição e Magistério, mas estendidos, também, às comunidades cristãs locais; 4) a promoção de ações dentro das comunidades eclesiais missionárias que realizem a salvação e façam com que a Revelação cristã permaneça atuando na história; e 5) a atualização da fé cristã, iluminada pela Revelação, mediante a realização de uma catequese no espaço atual e que percorre as estradas atuais da humanidade.

2. Alguns aspectos sobre a Revelação cristã no Magistério da Igreja

Remontando ao Concílio Vaticano II, o DC desenvolve, de maneira muito significativa, a ideia de que uma das missões da catequese é apresentar "a Revelação e sua credibilidade com o relativo ato de fé" (*FR* 67), portanto, a catequese deve ter presente a articulação destes dois elementos decisivos para sua realização: a Revelação e a sua credibilidade. Por isso, os processos de catequese devem se basear na compreensão de que a fé cristã e a razão humana são dois caminhos (a *Fides et Ratio* usa a metáfora das duas asas) que nos conduzem à verdade.[4]

A catequese deve basear-se, também, na compreensão de que a Revelação cristã é a "verdadeira estrela de orientação" da história humana (cf. *FR* 15). Por isso, podemos afirmar que a catequese, em sua relação com a Revelação, tem como identidade apresentar, fundamentar e justificar a pretensão da verdadeira experiência de fé cristã. A vida cristã deve aparecer como proposta sensata de credibilidade, fazendo com que todo interlocutor num processo de catequese possa, assim, "dar razões da esperança" (1Pd 3,15).

A esse ponto, é preciso esclarecer que ao usarmos a expressão "a verdade" é necessário que ela seja entendida como o caminho que congrega toda a humanidade. A busca da verdade qualifica a existência pessoal de cada ser humano e permite reconhecê-la como denominador comum do diálogo entre os povos já que "essa missão torna a comunidade fiel participante do esforço comum que a humanidade realiza para alcançar a verdade" (*FR* 2). Para dizer com o Vaticano II: "pela fidelidade à consciência, os cristãos se unem aos outros homens na busca da verdade e na solução justa de inúmeros problemas morais que se apresentam tanto na vida individual quanto social" (*GS* 16). Nas palavras da *Gaudium et Spes* podemos identificar o caráter do caminho e do processo que a catequese hoje adquire já que a verdade alcançada "é apenas mais uma etapa rumo àquela verdade plena que há de manifestar-se na última revelação de Deus: 'hoje vemos como por um espelho, de maneira confusa, mas então veremos face a face' (1Cor 13,12)" (*FR* 2).

Dentro desse horizonte de continuidade com o Magistério que o precedeu, podemos compreender que o DC convida a catequese a estar orientada pela perspectiva da "credibilidade", que é a forma concreta como se articulam a fé cristã e a razão humana como proposta sensata e verificável, e, portanto, plena de sentido (cf. DC 17).

Por esse motivo, a catequese deverá apresentar primordialmente a história de Jesus de Nazaré, revelador e revelação do Pai. Sua principal responsabilidade, fruto da necessidade de ser testemunha do mistério, é continuar, em nossos tempos, "com uma

---

4. Carta Encíclica *Fides et Ratio* do Papa João Paulo II sobre as relações entre fé e razão, 1998. *Abertura da Encíclica.*

imensa variedade de experiências de anúncio, continuamente suscitadas pelo Espírito Santo" (DC 16), narrando a salvação ofertada no Filho en-humanado.

Gostaríamos, contudo, de convidar-nos a prestar atenção ao conceito que usamos: "narrativa". No campo pastoral, em especial catequético, a narrativa tem recebido, nos últimos anos, uma crescente atenção. A narrativa é uma forma específica de linguagem, que se contrapõe às formas puramente discursivas e argumentativas. A força da narrativa está na sua intensa capacidade de atualização dos problemas, desejos, perguntas, necessidades, tornando transparente perspectivas profundas de sentido, de esperança, de futuro, de orientação da vida e de interpretação da situação atual.

Assim, no DC, o binômio Revelação Cristã e o sujeito que crê mediante a narrativa tem papel central nos processos de catequese, uma vez que "evangelizar não significa prioritariamente 'levar uma doutrina'; significa sim fazer presente e anunciar Jesus Cristo" (DC 29). Tal binômio traz a interrogação acerca da articulação entre transcendência e imanência, entre fé e vida, suas mútuas relações e autonomia. É preciso articular as relações entre fé e cultura (cf. DC 42).

A partir do Concílio Vaticano II, o binômio Revelação cristã e sujeito que crê assume uma nova perspectiva, pois a Revelação cristã se situa dentro de um contexto eclesial (*DV* 1). Na mesma linha, o DC afirma que a Igreja continua a diaconia que o próprio Deus exerce para o mundo, em Cristo Jesus, para levar o todo gênero humano à condição de Povo de Deus e para ajudá-lo a resolver seus problemas atuais. Assim, "a Igreja vive na certeza de que o seu Senhor, tendo falado outrora, não cessa de comunicar hoje a sua Palavra na Tradição viva da Igreja e na Sagrada Escritura" (DC 27).

3. A Revelação cristã nos Diretórios precedentes

O DC está dividido em três partes, emolduradas por uma introdução e uma conclusão: a) a catequese na missão evangelizadora da Igreja; b) o processo da catequese; e c) a catequese nas Igrejas particulares. Na primeira parte, o *DC* apresenta uma subdivisão em quatro capítulos: 1) A Revelação e sua transmissão; 2) A identidade da catequese; 3) O catequista; e 4) A formação dos catequistas. Assim, vemos como ele abre suas indicações convidando-nos a refletir, em quarenta e três parágrafos, sobre as relações entre revelação e catequese (cf. DC 11-54).

Esta abordagem não é nova, mas dá continuidade ao que já encontramos registrado na Exortação Apostólica *Catechesi Tradendae* de 1979 (*CT*), onde lemos: "há de ser pela Revelação que a catequese se procurará reger" (CT 52; 22).

Tal relação entre Revelação cristã e catequese norteou, também, os Diretórios precedentes: o Diretório Catequético Geral (DCG) de 1971 e o Diretório Geral para a Catequese (DGC) de 1997.

No Diretório de 1971, a Revelação cristã é apresentada na segunda parte. A primeira parte dele é dedicada a uma leitura da realidade e da experiência de fé, no contexto em que a Igreja se encontrava, na década de 1990. É possível afirmar que a Revelação é o tema primordial no DCG. Nele a catequese é apresentada como "ministério da Palavra" (DCG 17) e como "comunicadora da mensagem de salvação" (DCG 16). Assim, em sua abordagem, o DCG relaciona a Revelação cristã com o ministério da Palavra.

Destacamos que o capítulo dedicado à Revelação é suscinto, embora denso, contendo apenas sete parágrafos (cf. DCG 10-16). O objetivo é enfatizar a importância do ministério da Palavra como transmissor da Revelação cristã, embora a palavra "transmissão" e seus derivados não apareçam tão explicitamente como nos dois Diretórios posteriores.

Em 1997, a temática da Revelação apresentada pelo DGC encontra-se mais desenvolvida. Estamos diante de vinte e quatro parágrafos (cf. DGC 36-59). A ação evangelizadora, na qual se insere a catequese como ministério da Palavra, é destacada como importante transmissora da Revelação cristã. O catecumenato batismal é destacado como modelo "que deve inspirar as outras formas de catequese, nos seus objetivos e no seu dinamismo" (DGC 59). Em tal paradigma encontramos aspectos que tornam a catequese uma fecunda transmissora da Revelação cristã.

Na esteira dos Diretórios anteriores, o DC quer iluminar a realidade da época em que foi redigido. No que se refere à Revelação cristã e sua transmissão, encontramos muitas temáticas atuais no que se refere ao processo de evangelização tal como ele vem sendo proposto ao longo do pontificado do Papa Francisco. Alguns desses aspectos, sublinharemos mais adiante.

No DC, a atenção à relação com a Revelação cristã, descortina alguns objetivos para a catequese. A formação de discípulos e discípulas, numa comunidade eclesial, em constante atenção à atual história humana, é um deles. O discipulado, portanto, no DC é entendido e conduzido no respeito e na colaboração com todas as mulheres e homens, no anseio da construção de uma comunidade humana mais justa e fraterna.

Um segundo objetivo que pode ser percebido é a atenção que o DC quer dar aos lugares de revelação da Palavra, não somente entendidos como a Escritura, a Tradição e ao Magistério, mas estendidos, também, às comunidades cristãs locais. As comunidades eclesiais missionárias, como espaços de vida cristã, colocam em ato a salvação e fazem com que a Revelação permaneça atuando na história.

E por fim, queremos destacar o objetivo de atualização da fé que faz com que, iluminada pela Revelação, a catequese realize-se no espaço atual e percorra as estradas atuais da humanidade (cf. DC 54).

4. Alguns aspectos bíblicos sobre a Revelação cristã na Carta aos Hebreus e na Primeira Carta de Pedro

Para entender o papel da catequese no processo de transmissão da Revelação cristã, proposto pelo DC, gostaríamos de evidenciar alguns dados bíblicos relativos à Revelação cristã, presentes em dois livros neotestamentários: a Carta aos Hebreus e a Primeira Carta de Pedro.

Iniciemos tomando por base a Carta aos Hebreus, escrita, provavelmente, para uma comunidade que caiu no desânimo e no relaxamento. Os membros da comunidade foram tentados, sua vida espiritual estava sofrida, alguns haviam sucumbido ao desânimo e haviam-se tornado lentos à compreensão do que Deus havia revelado.

Os interlocutores da Carta são, antes de tudo, convidados a aderir à Palavra de Deus, revelada por Cristo, para que não se desviem da experiência cristã. São chamados a perseverar na fé. Nas linhas iniciais, o autor da Carta põe dois períodos em paralelismo: "outrora", isto é, o período da multiforme Revelação; e "nestes dias que são os últimos", isto é, o período da Revelação no Filho (Hb 1,1-2).

Esta perícope acentua a iniciativa de Deus no processo de comunicação reveladora. Ao mesmo tempo, sugere a dimensão histórica da Revelação, denotando a continuidade e a descontinuidade entre o Primeiro e o Segundo testamentos. A centralidade e plenitude da Revelação cristã está na autocomunicação do Deus Triuno, no Filho, mediante a força e eficácia da sua "fala", da sua palavra (*dabar*) que revela quem é o Deus de Jesus Cristo.

Com efeito, já no Primeiro Testamento, a palavra veicula a presença reveladora de Deus, expressa, em particular, na Aliança celebrada no Sinai (Ex 20,1-17) e nas prescrições do Código da Aliança (Ex 20,22-23). A palavra, assim, se configura como custódia da ordem moral; suscita, dirige e interpreta as tantas aventuras do povo; e, torna-se portadora de esperança durante as horas de aflição e exílio. Segundo o autor da Carta aos Hebreus, comentando e operando na história, Deus fala e, mediante uma divina pedagogia, conduz toda a história até o limiar do Novo Testamento.

Quando, ao encarnar-se, o Filho torna-se Jesus de Nazaré, herdeiro de todas as coisas, mas, sobretudo, irmão de toda criação, a palavra humana celebra a sua maior dignidade. Pois, mediante a palavra humana do Filho Eterno, Deus nos é autocomunicado, nos é revelado.

O autor usou, ao longo de toda Carta, duas formas literárias que alternam entre si: a exposição doutrinal e a parênese ou exortação prática. Ao fazer isto, mostra que a Revelação cristã não é mera questão de conhecimento, mas requer uma vivência (Hb 12,1-3). Os cristãos e cristãs não podem se limitar a expor o mistério de Cristo, mas devem, ao mesmo tempo, testemunhar o mistério de Cristo, em suas vidas por um comprometimento sempre mais profundo.

A Primeira Carta de Pedro, à semelhança de Hebreus, é uma "palavra de exortação" (Hb 13,22), e, de maneira análoga, constrói a sua parênese em sintonia com sua doutrina. A Carta é dirigida a cristãos e cristãs, recrutados em grande parte das fileiras dos pobres (1Pd 2,18-19) e intenciona ser um escrito de consolação, encorajamento e esperança.

Os interlocutores da Carta são chamados a suportar com firmeza e, até mesmo júbilo, os sofrimentos e provações que lhes sobrevieram e que hão de continuar a lhes afligir por um tempo. Estão submetidos à maledicência (1Pd 2,12; 3,16) por serem cristãos e, diante de dramática situação, a melhor resposta a tais acusações e hostilidades é levarem uma vida cristã irrepreensível.

A passagem 1Pd 3,13-17 versa sobre a conduta dos cristãos e cristãs na perseguição e os convida a estarem preparados, quando desafiados, para defender (*apologia*) a sua esperança cristã: "estando sempre prontos a dar razão da vossa esperança" (1Pd 3,15). Em vista das causas e dos processos de perseguição, a "defesa" se converte em possibilidade para a proclamação da Revelação cristã.

O que gostaríamos de destacar é que a Revelação cristã tem seu núcleo no testemunho da esperança que sustenta o crer cristão em meio às dificuldades concretas. O "dar razão", na passagem, não nos parece que deva ser entendido como mero exercício de reflexão racional ou o resultado da engenhosidade argumentativa intelectual, mas sim, como o testemunhar que o Espírito de Deus repousa sobre os que sofrem injúrias, mantendo-os no mistério da salvação.

O "dar razão da esperança" é o testemunhar a fé em Deus Salvação, em Cristo Jesus. A Revelação cristã, à luz deste texto, se apresenta como simultaneamente proclamação exterior da boa notícia da salvação e o envolvimento existencial da pessoa humana, mediante palavras e obras, que pode, inclusive, chegar até o dom total de si.

A verdade atestada no testemunho cristão, o "dar razão da esperança", é a da morte como redenção, porque seguida pela ressurreição. A testemunha-mártir atesta, assim, em sua própria vida, a vitória de Cristo sobre a morte e a sua vida indestrutível. Atesta o absoluto de Cristo, a Testemunha absoluta.

Assim, nesses dois textos do Novo Testamento, vemos como é ofertado a todo gênero humano a possibilidade de tornar-se contemporâneo da Revelação cristã, "nestes dias que são os últimos". Mulheres e homens estão para sempre envolvidos pela força salvífica do Filho que fala. O encontro entusiasmante com Ele pode ser conhecido, vivido e atualizado, pois o mistério, isto é, o plano divino da salvação, chegou à sua plenitude.

5. Linhas de inspiração para ações pastorais

Paulo VI, João Paulo I, João Paulo II e Bento XVI tiveram a mesma preocupação: reconhecer que vivemos numa época que coloca em crise todas as formas até aqui consolidadas de transmissão sobre a qual se apoiava a relativa estabilidade da era pastoral pré-conciliar. Podemos afirmar que, desde 2013, o Papa Francisco vem nos convidando a refletir sobre como o desafio pastoral da evangelização não é tarefa simples. Ele abre seu pontificado, quase no mesmo lugar no qual o de Bento XVI se encerrou: o processo sinodal sobre a evangelização, afirmando: "a Igreja não cresce por proselitismo, mas 'por atração'" (*EG* 14).

Partindo dessas palavras, podemos afirmar que, para Francisco, um processo de evangelização autêntico será aquele capaz de envolver e dialogar com a racionalidade (cabeça), a afetividade (coração) e a operacionalidade (mãos e pés) da pessoa humana. Para evangelizar devemos conseguir harmonizar a explicação da doutrina ou os conteúdos da fé cristã, com a preocupação com a tradução em comportamentos éticos que brotam da paixão/atração pela pessoa do Senhor Jesus.

Sem essa harmonia, parece-nos que a autêntica evangelização não pode acontecer, pois a totalidade da pessoa humana não estará contemplada. Assim, em suas palavras e gestos, o Papa Francisco apresenta-nos um sentido de "evangelizar" que é rico e diversificado, expresso principalmente no testemunho cristão.

O Papa Francisco tem diagnosticado a complexidade, a pluralidade e a variedade extrema de nossa situação pastoral. A situação pastoral exige um novo que não acontece automaticamente e o desencadear de processos de testemunhos daqueles e daquelas que fazem "percursos de esperança" (*FT* 54). Evangelizar é apresentar a contribuição da vida cristã para a construção do amanhã.

Por isso, no fim deste capítulo, após prospectarmos a categoria da Revelação cristã, cremos ser útil uma conclusiva consideração sobre a forma mais coerente de transmitir a Revelação cristã: o testemunho. A catequese poderá desenvolver um genuíno itinerário de amadurecimento da fé, à medida que deixar claro o valor do testemunho.

O testemunho, em nossos dias, é uma das expressões que mais incide sobre a vida das pessoas. Paulo VI já havia acolhido a sua importância quando afirma que: "o homem contemporâneo escuta com melhor boa vontade as testemunhas do que os mestres, dizíamos ainda recentemente a um grupo de leigos, ou então se escuta os mestres, é porque eles são testemunhas" (*EN* 41). O testemunho sempre foi considerado um dos pilares da existência cristã. Ele é um modo peculiar de conhecer, exprimindo uma das mais qualificadas formas de linguagem humana. Pelo testemunho, nos conhecemos e entramos em relações com os outros e outras.

Assim, o testemunho assume, em nosso contexto, a função de revelador da fé cristã, à medida que consegue relacionar os conteúdos de fé com a vida cotidiana. Por essa razão, ele deve ser privilegiado na catequese, porque consente a expressão autêntica da Revelação cristã.

A própria Revelação cristã pode ser compreendida melhor quando concebida como "testemunho". Na relação entre as três Pessoas divinas, os homens, as mulheres e demais seres criados existe um intercâmbio de testemunhos que faz com que o objetivo da catequese seja propor a Revelação cristã e alimentar a vivência da mesma. Três são os que revelam e dão testemunho, e esses três são um só.

O Filho dá testemunho do Pai e do Espírito, enquanto o Pai e o Espírito dão testemunho do Filho. A Igreja, por sua vez, dá testemunho do que vê e ouve do Verbo da Vida. Mas seu testemunho não é a comunicação de um conjunto de doutrinas e/ou ideologias, mas é a proclamação da salvação prometida e, uma vez por todas, realizada para todas as mulheres e homens.

Nessa perspectiva, o testemunho designa, antes de tudo, o compromisso de uma vida autenticamente cristã. A conformidade entre fé cristã e vida cristã confere sentido aos processos de catequese. A salvação anunciada é verdadeiramente realizada. Graças ao testemunho, a catequese propõe o encontro entre a pessoa humana e o evangelho encarnado numa história, em carne e sangue.

A catequese, assim, coloca-se a serviço não somente da "verdade cristã", mas, também, e, sobretudo, da "vida cristã". Verdade e vida cristãs fazem-se eco (*katechéo*) reciprocamente, até, por fim, coincidirem. A Revelação cristã torna-se, deste modo, transparência. A salvação anunciada torna-se a salvação presente na história concreta das mulheres e homens de hoje.

A harmonia entre o anúncio e a contemplação da salvação é, ela mesma, reveladora da presença do Deus de Jesus Cristo, da verdade do seu Evangelho e da edificação do seu Reinado. Quando o testemunho se torna, assim, estilo de vida cristã, ele se constitui já como um sinal da presença da salvação no mundo. Quão mais convincente será esse sinal, se o testemunho não for dado apenas por alguns indivíduos, mas por toda a comunidade cristã.

Nesse caso, compete à catequese dedicar-se à qualidade dos membros da comunidade eclesial e à imagem de Deus que esta transmite ao mundo. Assim, o testemunho de cada membro da comunidade alimenta-se de cada testemunho recebido. Ele se produz como um fluxo e refluxo constante da comunidade para o interlocutor e do interlocutor para a comunidade. A catequese busca estabelecer entre os diversos membros da comunidade como que uma rede de relações interpessoais, feitas de justiça, de caridade, de paz, de pureza, de amizade, de fraternidade, de diálogo, de serenidade, de acolhida, de misericórdia.

O testemunho dado pelos membros de uma comunidade eclesial constitui uma comunidade santa, que irradia o Espírito de Cristo em todos os que se aproximam dela, transmitindo-lhes a Revelação cristã. A comunidade eclesial demonstra que o testemunho-engajamento de vidas cristãs consagradas a Cristo é o grande motivo de credibilidade da Revelação cristã.

6. Para refletir

Buscamos esclarecer como, à luz do DC, a catequese deve estar a serviço da Revelação cristã, sobretudo em sua centralidade cristológica. Cabe à catequese, portanto, retornar incessantemente à história de Jesus de Nazaré e da comunidade que proclama a sua Ressurreição e aguarda o seu retorno para encontrar a unicidade e a singularidade do evento Cristo que abre à estrada da universalidade da salvação cristã: "Deus, nosso Salvador, que quer que todos os homens sejam salvos e cheguem ao conhecimento da verdade" (1Tm 2,3-4).

Para ajudar a compreender a importância da catequese a serviço da Revelação cristã, procure refletir pessoalmente ou, de preferência, com o grupo de catequistas de sua paróquia, as seguintes questões:

1. O que entendemos por Revelação cristã? Para ajudar na reflexão leia os parágrafos 15 – 28 do *Diretório Nacional de Catequese*.

2. O que significa afirmar que a catequese é transmissora da Revelação cristã?

3. Como, na prática, acontece essa transmissão pela catequese?

CAPÍTULO 2

Pedagogia da fé
Caminho para a maturidade cristã

Dom Leomar Antônio Brustolin[5]
Pe. Tiago de Fraga Gomes[6]

Introdução

Há uma pedagogia no diálogo que Deus estabelece, na história, com a humanidade, como forma de se revelar e autocomunicar através de dinâmicas e mediações. O primeiro pedagogo na catequese é o próprio Deus, que conduz e chama colaboradores para o processo de fazer ressoar a Palavra da verdade e da vida nos corações das pessoas. Considerando a necessidade de uma vida de conversão para acolher bem a Boa-nova da salvação (Mc 1,15), desafio maior que iniciar é acompanhar através de um itinerário pedagógico para a maturidade da fé, conduzindo as pessoas pelo caminho da vida, evitando o caminho da morte.[7]

O Diretório para a Catequese (DC), no capítulo 5, trata do tema da *pedagogia da fé*, articulando-o em três eixos: pedagogia divina na História da Salvação, pedagogia

---

5. Doutor em Teologia. Coordenador do Programa de Pós-Graduação em Teologia da Pontifícia Universidade Católica do Rio Grande do Sul. Arcebispo de Santa Maria/RS.

6. Doutor em Teologia. Professor do Programa de Pós-Graduação em Teologia da Pontifícia Universidade Católica do Rio Grande do Sul. Presbítero da Diocese de Osório/RS.

7. FORTE, Bruno. *Teologia da história*, p. 126-146; • JAEGER, Werner. *Cristianismo primitivo e paideia grega*, p. 89; • MURAD, Afonso; • MAÇANEIRO, Marcial. *A espiritualidade como caminho e mistério*, p. 97; • DIDAQUÊ. *A instrução dos Doze Apóstolos*, I,2; V,1.

da fé na Igreja e pedagogia catequética. Tratando da *pedagogia divina na história da salvação*, os números 157 a 163, salientam que a pedagogia divina da Revelação inspira a ação educativa e catequética da Igreja a anunciar a Palavra de Deus na gratuidade – a iniciativa de Deus é gratuita, não obriga a aderir ao seu projeto contra a própria vontade, é a pedagogia do dom[8] – se adaptando às épocas e situações, a fim de interpelar, gradualmente, a pessoa humana a uma resposta madura da fé ao mistério da salvação que se revela na história, cuja plenitude se encontra no mistério de Jesus Cristo.

No DC fica clara uma escala de precedência de linguagem, desde a linguagem de Deus (História da Salvação, Palavra que se fez carne), passando pela linguagem inspirada da Sagrada Escritura, até a linguagem da fé expressa na Tradição da Igreja. Essa dinâmica linguística inspira a pedagogia da fé a introduzir os catecúmenos na relação com o Deus que se revela como Trindade, propondo um encontro efetivo com a sua Palavra no interior da comunidade eclesial.[9]

A pedagogia divina se torna visível no mistério da encarnação, desde o sim de Maria, como resposta de fé (cf. Lc 1,26-38), até o estilo de Jesus em acolher pobres e pecadores, e anunciar com linguagem adaptada, por meio de parábolas,[10] o Reinado de Deus como libertação do mal e promoção da vida. Jesus formou seus discípulos para evangelizar, valendo-se de perguntas (cf. Mc 8,14-21.27) e explicações (cf. Mc 4,34; Lc 12,41), introduzindo-os na vida de oração (cf. Lc 11,1-2) e enviando-os em missão (cf. Lc 10,1-20). Ressuscitado, se fez próximo dos discípulos a caminho de Emaús (cf. Lc 24,13-35), guiando-os à experiência eucarística e, por fim, afastando-se para dar espaço à iniciativa missionária dos seus seguidores.

Jesus revela, salva, santifica, guia, desperta, comove, corrige, julga, perdoa e percorre junto com seus discípulos os caminhos da história. O Nazareno evoca e suscita uma resposta pessoal junto de quem o escuta, trata-se da resposta da fé, que se dá como relação através de uma conversão permanente. Os discípulos, guiados pelo Espírito Santo, dão testemunho (cf. At 1,8) de tudo o que viram e ouviram (cf. 1Jo 1,1). Os cristãos, *filhos no Filho*, são criaturas de comunhão; na força do Espírito Santo anunciam o Evangelho com ousadia. Portanto, a pedagogia divina é exemplar para a vida da Igreja e para a catequese (cf. *CT* 9; *EG* 259).

---

8. LIBANIO, João Batista. *Teologia da revelação a partir da modernidade*, p. 163-193.

9. BIEMMI, Enzo. *Linguaggio e linguaggi in catechesi*, p. 8.

10. WENZEL, João Inácio. *Pedagogia de Jesus Segundo Marcos*. São Paulo: Loyola, 1997, p. 77-79; • ECHEGARAY, Hugo. *A prática de Jesus*, p. 49-109; • MATEOS, Juan & CAMACHO, Fernando. *Jesus e a sociedade de seu tempo*, p. 17-42; • FABRIS, Rinaldo. *Jesus de Nazaré*, p. 73-78.

Tratando da *pedagogia da fé na Igreja*, nos números 164 a 178, o DC reforça que as relações educativas de Jesus, narradas nos evangelhos, inspiram a ação pedagógica da Igreja enquanto lugar primário da catequese pelo testemunho de santidade, pelo catecumenato e pelos itinerários de vida cristã (cf. DC 141; ClgC 169). A Palavra de Deus se encarna e se incultura na história humana a fim de empreender um diálogo de salvação. Essa dinâmica incentiva a empreender uma *pedagogia da encarnação e da inculturação da fé*, que valoriza a experiência histórica e comunitária de fé do Povo de Deus e a *pedagogia dos sinais* em que se relacionam ações e palavras.

1. A pedagogia da fé no Diretório para a Catequese

Dentre os principais termos abordados no capítulo 5 do DC, pode-se destacar: *pedagogia divina*, como obra educativa de Deus por obras, atos e palavras, revelando a sua natureza e a sua vontade; *história da salvação*, que manifesta as intervenções de Deus na história em vista da salvação da humanidade; *anúncio do Evangelho*, como apresentação da pessoa de Cristo, centro da vida cristã; *Mistério Pascal*, como fundamento dos sacramentos e fonte da graça redentora; *catequese*, como ação pedagógica a serviço da iniciação à vida cristã; *transmissão da fé*, através de um processo de educação da fé.

A catequese, enquanto processo pedagógico que intenciona a maturidade da fé, respeita o itinerário existencial de cada catecúmeno. Fiel ao núcleo da mensagem evangélica, busca uma coerência entre conteúdo e forma de transmissão, seguindo alguns critérios:

a) *Critério trinitário e cristológico*: o mistério da Santíssima Trindade é o mistério central da vida cristã, e também do conceito de pessoa, como ser de relação e de comunhão; Cristo é o caminho que conduz ao mistério íntimo de Deus; Ele não apenas transmite a Palavra de Deus, mas é a própria Palavra de Deus; no núcleo da catequese está a pessoa de Cristo, anunciada pela Sagrada Escritura e celebrada na liturgia como acontecimento sempre atual (cf. ClgC 234; *GS* 10);

b) *Critério histórico-salvífico*: no mistério pascal de Cristo, fundamento dos sacramentos e de toda graça, a salvação é oferecida à humanidade como redenção, justificação, libertação, conversão e filiação divina; a catequese narra os acontecimentos salvíficos que acontecem na história como fatos significativos para a pessoa humana; o *memorial* é um aspecto essencial da catequese; a mensagem cristã precisa ser apresentada em relação ao sentido da vida, com a verdade e a dignidade da pessoa, que só se esclarece à luz do mistério da Palavra encarnada; a salvação, oferecida pelo Senhor e anunciada pela Igreja, diz respeito a todas as questões da vida social. Entretanto, o horizonte último do anúncio da salvação é sempre a vida eterna; nela o esforço por justiça alcança pleno cumprimento (cf. *GS* 22; *LS* 17-52);

c) *Critério da primazia da graça e da beleza*: a verdade ensinada começa com a iniciativa de Deus e prossegue com a resposta humana, que tem origem na escuta, que é sempre fruto da graça; a catequese visa conduzir a uma experiência da graça de Deus como iniciação mistagógica, através de uma formação progressiva, munida de símbolos e sinais que educam através de uma ambientação adequada e de uma motivação atraente, com símbolos belos e eloquentes; anunciar Cristo significa mostrar que acreditar n'Ele e segui-lo não é algo apenas verdadeiro e justo, mas também belo, capaz de preencher a vida com um novo esplendor e uma alegria profunda, mesmo no meio das provações; sendo Cristo a revelação da beleza infinita, torna-se necessário que, na transmissão da fé, se dê atenção à via da beleza (*via pulchritudinis*); a beleza e a arte compõem a pedagogia da fé; a catequese não é, antes de tudo, apresentação de uma moral, mas anúncio da beleza de Deus, da qual se pode fazer experiência, que toca o coração e a mente, transformando a vida (cf. *EG* 166-167).[11]

d) *Critério da eclesialidade*: a fé cristã tem uma forma eclesial, é professada na comunidade. A maneira de expressar a fé pessoal é comunitária; a catequese tem a missão de fazer ressoar no coração do catecúmeno a fé de todo o Povo de Deus, a partir dos apóstolos, mártires, santos, Padres e Doutores da Igreja, missionários, teólogos, pastores e todos aqueles que creem e se deixam conduzir pelo Espírito Santo; a verdade dos relatos narrados na catequese precisa ser experimentada nos ritos e nas celebrações comunitárias da Igreja (cf. DGC 105; *LF* 22);[12]

e) *Critério da unidade e da integridade da fé*: a fé transmitida pela Igreja é uma só; os cristãos espalhados pelo mundo inteiro formam um só povo e têm o direito de receber a palavra da fé plena e integral; a catequese precisa exprimir a integridade da mensagem cristã evitando apresentações parciais, tendo em conta o princípio da *hierarquia das verdades*, sem reduções ou diminuições; o ensinamento, ainda que gradual e com adaptações às pessoas e às circunstâncias, não invalida a sua unidade e organicidade em relação ao mistério de Cristo (cf. *UR* 11; cf. *CT* 30).

---

11. PAULO VI, Papa. *Mensagem aos artistas na conclusão do Concílio Vaticano II*; • PONTIFÍCIO CONSELHO PARA A CULTURA. La Via pulchritudinis, II, n. 3.

12. LIBANIO, João Batista. *Eu creio, nós cremos*, p. 253; • ALBERICH, Emilio. *Catequese evangelizadora*, p. 176; • BIEMMI, Enzo. *El segundo anuncio*, p. 100.

Tratando da *pedagogia catequética*, nos números 179 a 181, o Diretório para a Catequese insiste que, diante dos desafios atuais, é cada vez mais importante a consciência da reciprocidade entre conteúdo e método na evangelização e na catequese. A pedagogia original da fé inspira-se na condescendência de Deus e resulta da dupla fidelidade de Deus e do ser humano, como síntese teológica e antropológica. O catequista evangeliza e educa enquanto mostra os sinais de Deus já presentes na vida das pessoas, propondo o Evangelho como força transformadora e sentido pleno de toda a existência. O acompanhamento de uma pessoa num caminho de crescimento e conversão é marcado necessariamente pela progressividade (cf. DGC 147; *GE* 1-4; *CT* 58).

A catequese é uma ação educativa. Por isso, tem uma relação com as ciências humanas. Realiza-se na fidelidade à Palavra de Deus e na interação com as práticas educativas da cultura, as quais fornecem teorias, abordagens e modelos que contribuem para um conhecimento mais aprofundado do ser humano e da sociedade. De modo especial a pedagogia, a didática e a psicologia enriquecem os processos educativos que compõem a pedagogia catequética, com seus dinamismos antropológicos e motivacionais que abrem o ser humano ao amadurecimento religioso e às experiências da fé. As abordagens e técnicas elaboradas pelas ciências humanas têm valor à medida que se colocam a serviço da transmissão e da educação da fé. A Igreja reconhece a autonomia das realidades temporais e das ciências, e inclui esses contributos no horizonte da Revelação (cf. *GS* 36).

Na fidelidade à revelação divina e à condição humana, a catequese há de se inspirar em itinerários iniciáticos dos primeiros seguidores de Jesus. Perscrutando seus testemunhos, encontram-se importantes elementos a serem recuperados para transmitir a fé em todos os tempos.

2. A pedagogia da fé na Tradição e no Magistério da Igreja

A *Instrução dos Catecúmenos* de Santo Agostinho contém três aspectos fundamentais que inspiram a iniciação cristã com indicações metodológicas precisas.

a) *Narrar a fé*: ao catecúmeno é preciso apresentar uma narração completa da Sagrada Escritura, das origens aos tempos atuais da Igreja; escolher os fatos mais admiráveis – que se ouvem com prazer – e explicá-los lentamente. O conteúdo restante da Sagrada Escritura deve ser percorrido rapidamente, dentro do contexto mais amplo da catequese. A catequese, enquanto narração das maravilhas e dos fatos admiráveis do Deus que age na história, tem a função de desvelar e fazer compreender nesses acontecimentos um sentido, um fio condutor. É preciso, portanto, estabelecer os fatos da história da salvação como o conteúdo central da catequese e elaborar uma narração ou exposição dos acontecimentos salvíficos, a fim de despertar a fé nos catecúmenos. Para isso, é necessário ir ao essencial e abordar a unidade do desígnio de Deus em sua totalidade. Deve-se ter em vista que a meta da Sagrada Escritura é a caridade. Tudo o que, na instrução religiosa, a partir da Sagrada Escritura, se conta a respeito de Cristo, deve reportar-se à caridade, pois a caridade une o Antigo e o Novo testamentos, ao ponto que no Antigo Testamento esconde-se o Novo, e no Novo encontra-se a manifestação do Antigo.[13]

b) *Exprimir a fé na vida*: a doutrina cristã precisa ser aplicada à vida cotidiana do catecúmeno. A mensagem cristã é um apelo à conversão e à mudança de costumes. Crer é uma atitude que toca toda a vida do catecúmeno, desde suas intenções mais profundas até os seus atos. A Palavra de Deus precisa ser acolhida na vida concreta para não se tornar letra morta. Por isso, o catecúmeno precisa ser interrogado sobre suas motivações em assumir a fé cristã, pois o fazer-se cristão deve partir de uma convicção pessoal, e não por interesses outros que dissimulem o verdadeiro sentido da fé. Esse é o significado dos escrutínios e dos questionamentos que se fazem ao catecúmeno durante o período da catequese e antes da recepção dos sacramentos da iniciação à vida cristã. Respeitando os tempos e momentos, é necessário corrigir com delicadeza e cativar, mostrando o sentido da doutrina cristã, sem impô-la aos espíritos despreparados, reservando uma narração mais aprofundada àqueles que desejam prosseguir no caminho de amadurecimento na fé. A narração deve sensibilizar o catecúmeno a querer, por conta própria, tornar-se cristão e incorporar-se à Igreja, habituando-se a aguardar com vigilância os dons prometidos pelo Senhor, em especial, a esperança da ressurreição. Também é necessário instruir de maneira adequada os catecúmenos para que não se deixem seduzir facilmente por outras doutrinas, sendo autênticos cristãos, firmes em suas convicções de fé.[14]

c) *Linguagem adaptada*: além do conteúdo, é preciso preocupar-se com a forma de instruir, partindo das condições em que se encontra o ser humano concreto, adaptando os conteúdos da mensagem cristã à compreensão dos catecúmenos. Para levar o catecúmeno a um encontro com Deus é preciso

---

13. Cf. SANTO AGOSTINHO DE HIPONA. *A instrução dos catecúmenos*, III-IV, n. 5-6.8.

14. Cf. SANTO AGOSTINHO DE HIPONA. *A instrução dos catecúmenos*, V-VII, n. 9-11.

proporcionar que ele perceba a presença ativa de Deus em sua vida pessoal, pois a história pessoal de cada um está estreitamente ligada à experiência bíblica da salvação. O ponto de partida do querigma e da catequese é sempre a pessoa humana em sua situação concreta, com suas aspirações, anseios e implicações socioculturais. Sendo assim, é necessário promover uma comunicação cordial, de coração a coração, em um clima de empatia, simpatia, amizade, alegria e bom humor. Por isso, a forma de apresentar a mensagem cristã deve variar de acordo com a diversidade dos destinatários. É muito diferente serem muitos ou poucos, cultos ou incultos, do campo ou da cidade, ou uns e outros ao mesmo tempo. Essas circunstâncias influenciam na forma de narrar a mensagem cristã, captando, assim, a atenção dos ouvintes e adaptando a expressão da mensagem à sua capacidade de compreensão, com o intuito de que eles procurem os bens imperecíveis e guiem a sua vida não por honras e bens instáveis ou pelos prazeres da carne ou vantagens temporais, mas visem o futuro imperecível. A catequese visa levar à fé na ressurreição e na vida eterna dos santos, e a precaver-se não só dos hereges, mas dos maus cristãos.[15]

O Concílio Vaticano II foi impactante para a catequese, marcando o início de uma revisão da pedagogia catequética, sobretudo no que se refere à Palavra de Deus, à fé e à Igreja. O Concílio acentua a relação entre Sagrada Escritura, Tradição e Magistério (cf. *DV* 7-10), revitalizando as fontes da catequese. A era pós-conciliar foi fecunda pela criatividade e busca de novos métodos e subsídios catequéticos que enfatizaram a instância antropológica e sociocultural da fé, a centralidade da Palavra de Deus, a inspiração catecumenal, a influência da comunicação e a ênfase do aspecto comunitário da fé. Foram elaborados instrumentos e promovidos eventos incentivando uma renovação da pedagogia catequética: o Diretório Geral Catequético (1971), o RICA (1972), os Sínodos de 1974 e 1975 que resultaram nas Exortações Apostólicas *Evangelii Nuntiandi* (1975) e *Catechesi Tradendae* (1979), a Encíclica *Redemptoris Missio* (1990), o Catecismo da Igreja Católica (1992), o Diretório Geral para a Catequese (1997) e o Diretório para a Catequese (2020).

Na catequese se invoca o primado da *pedagogia da fé*, ou *pedagogia de Deus*, em sua originalidade, transcendência e características constitutivas: encarnação, caráter progressivo, adequação às pessoas, centralidade de Cristo, primado da relação interpessoal e pedagogia dos sinais; essa pedagogia é exemplar para a mediação humana,

---

15. Cf. SANTO AGOSTINHO DE HIPONA. *A instrução dos catecúmenos*, XV-XVII.XXV, n. 23-27.46-48.

que se serve do auxílio das ciências humanas, relevando a especificidade do ato cate-quético, cujo objetivo é a educação da fé. O Concílio Vaticano II afirma que é preciso proporcionar uma maturidade humana e cristã aos batizados, introduzindo-os de maneira gradual com o intuito de que "tomem cada vez melhor consciência do dom da fé que receberam" (*GE* 2). Segundo o Catecismo da Igreja Católica, a Igreja enquanto "educadora da fé" (cf. CIgC 171) transmite o ensinamento da salvação, é "como uma mãe que ensina seus filhos a falar, e com isto a compreender e a comunicar", introduz "na compreensão e na vida da fé" (CIgC 171).

3. A pedagogia da fé nos Diretórios Catequéticos

De acordo com o Diretório Geral para a Catequese (DGC) de 1997, a catequese é um momento essencial do processo de evangelização, não limitada à promoção de um ensino teórico, mas determinada a inspirar verdadeiros crentes, despertar para a conversão de vida e contagiar com a alegria do ser cristão. A catequese precisa estar a serviço da iniciação ou reiniciação cristã em sentido catecumenal e vivencial, promovendo a transmissão de uma experiência de fé, antes mesmo de ser apenas uma transmissão doutrinal (cf. DGC 116-117, 152-153).

O Diretório Nacional de Catequese (DNC) de 2006 retoma o movimento cate-quético pós-conciliar, a função da catequese na missão evangelizadora da Igreja, e defende uma catequese contextualizada na história e na realidade, atenta ao conteúdo e à pedagogia da fé, e aos destinatários do processo catequético; aborda os ministérios, os protagonistas, os lugares e a organização da catequese em seus vários níveis. A respeito da pedagogia da fé (cf. DNC 138-176) tem um itinerário semelhante, porém, mais detalhado que o novo DC, abordando alguns métodos pastoral-catequéticos.

O Diretório para a Catequese dá por pressuposto a caminhada conciliar e pós--conciliar; articula-se em três partes: 1) A catequese na missão evangelizadora da Igreja: Revelação e sua transmissão, identidade da catequese, o catequista e sua formação; 2) O processo da catequese: pedagogia da fé, o catecismo, a metodologia da catequese e a catequese na vida das pessoas; trabalha a pedagogia da fé (cf. DC 157-181) de forma bastante sucinta a partir do tema clássico da pedagogia divina na História da Salvação; 3) A catequese nas Igrejas particulares: comunidade cristã como sujeito no processo de evangelização, os cenários culturais contemporâneos no processo de educação da fé, catequese a serviço da inculturação da fé e seus organismos articulares.

O Diretório para a Catequese culmina com a convicção de que a comunidade cristã, enquanto mediadora da Revelação, é a grande responsável por uma catequese atualizada e inculturada na vida das pessoas e da sociedade contemporânea. Seguindo a inspiração do Diretório anterior, dá ênfase a uma verdadeira conversão pastoral e evangelizadora da catequese.

4. Inspiração bíblica para a Pedagogia da Fé

Em At 8,26-40 encontra-se um exemplo típico de inspiração bíblica para a pedagogia da fé, um itinerário significativo expresso pelo encontro entre o Diácono Filipe e o etíope. De uma leitura atenta dessa perícope de Atos dos Apóstolos decorrem as seguintes indicações pedagógico-evangelizadoras:

a) *Ir ao encontro*: "O Anjo do Senhor disse a Filipe: 'Levanta-te e vai'" (At 8,26). O anjo, mensageiro de Deus, revela que a vocação evangelizadora é uma iniciativa divina, e convida a se desinstalar, sair da situação cômoda, sair do desânimo e ir ao encontro. Diz também: "Desce de Jerusalém a Gaza. A estrada está deserta" (At 8,26). Os desertos atuais são desafios, periferias existenciais, lugares de abandono e de encontro com Deus às margens da sociedade. O relato diz que Filipe "se levantou e partiu" (At 8,27). Filipe, diácono da Igreja primitiva, prontamente acolhe o chamado de Deus. A escuta da Palavra de Deus e a prontidão em colocá-la em prática são atitudes fundamentais de todo cristão.

b) *Conhecer o interlocutor*: "Um etíope, eunuco e alto funcionário de Candace, rainha da Etiópia, que era superintendente de todo o seu tesouro, viera a Jerusalém para adorar e voltava. Sentado na sua carruagem, lia o Profeta Isaías" (At 8,27-28). A Etiópia ou Núbia ficava ao Sul do Egito. Era governada por rainhas que tinham o título de Candace – rainhas guerreiras do Reino de Méroe. O etíope é negro, escravo e eunuco, um homem castrado para servir uma rainha, segundo o costume do tempo. Era um alto funcionário, um ministro, mas escravo; ele fora a Jerusalém, mas no Templo um eunuco não podia frequentar as reuniões (Dt 23,2); adorava o Deus de Israel; lia o Profeta Isaías em voz alta, como o costume da época; a passagem era a de Is 53,7-8, uma das passagens preferidas dos primeiros cristãos para compreender Jesus. Trata da humilhação e exaltação do Servo de Deus, morto por procurar a justiça.

Como aquele etíope, hoje, muitos são peregrinos, romeiros, têm religiosidade, têm fé, porém, estão sentados e acomodados.

c) *Acompanhar*: "Disse então o Espírito a Filipe: 'adianta-te e aproxima-te'" (At 8,29). Aproximar-se e acompanhar, caminhar junto; no itinerário de Iniciação à Vida Cristã, cabe ao catequista ser uma companhia qualificada, percebendo necessidades, escutando, compartilhando experiências. Acompanhar, discernir e integrar toda pessoa no processo da fé cristã são verbos fortes, que revelam um itinerário, como bem indicou o Papa Francisco na *Amoris Laetitia* (cf. AL 300).

d) *Questionar e explicar*: "entendes o que lês?" (At 8,30); o interesse pelas dúvidas é o germe do querigma. "Como o poderia, disse ele, se ninguém me explica?" (At 8,31). É necessário escutar e responder aos questionamentos que inquietam os corações das pessoas. O etíope quer ser conduzido. Atualmente, muitos querem e precisam de acompanhamento e orientação. A explicação ajuda a discernir entre a fé verdadeira e as crenças mágicas, dualistas, ambíguas e esotéricas que se encontram no imaginário de muitos.

e) *Anunciar Jesus Cristo*: "Partindo deste trecho da Escritura, Filipe anunciou-lhe a Boa-nova de Jesus" (At 8,35). Para os cristãos, Jesus é o centro da Sagrada Escritura e a chave para interpretá-la em sua totalidade. Além disso, o cordeiro da passagem de Isaías não abre a boca, está mudo, sem voz, mas Filipe abre a boca e o anuncia. Jesus, mudo durante sua paixão, agora fala ressuscitado, através de seus enviados. É preciso anunciar Jesus Cristo e seu mistério pascal partindo do que a pessoa se interessa: o ponto de partida não é o nosso, mas o do catecúmeno. Explicar as Sagradas Escrituras e anunciar Jesus Cristo é buscar o sentido da história da salvação na história concreta de cada pessoa, e descobrir quem é Jesus Cristo.

f) *Aprofundar a fé*: "Prosseguindo pelo caminho" (At 8,36): Conhecer a fé mais profundamente pela via do catecumenato, para que a pessoa possa decidir por si mesma se deseja realmente seguir Jesus Cristo. A função do catequista é conduzir a pessoa à decisão de assumir o discipulado de Jesus, respeitando a liberdade de cada um. O etíope crê que Jesus é o Filho de Deus e, por isso, pretende se comprometer em testemunhar por obras e palavras quem é Jesus Cristo.

g) *Configurar-se a Cristo pelos sacramentos*: diante da água, o etíope pede o Batismo. "Que impede que eu seja batizado?" (At 8,37). O etíope decide fazer parte dos discípulos de Jesus. A pessoa precisa querer prosseguir na Iniciação à Vida Cristã, não se pode impor. É necessário que o catecumenato proporcione a recepção dos sacramentos: crer e acolher a mensagem do Evangelho, mesmo que ainda não esteja pronto, porque depois seguirá a mistagogia. A síntese do que significa ser discípulo de Jesus é crer que Jesus é o Filho de Deus, e se configurar a Ele mediante os sacramentos da Iniciação Cristã. "Desceram ambos à água, Filipe e o eunuco. E Filipe o batizou" (At 8,38). A catequese primitiva terminava com o Batismo. Batizar é iniciar a pessoa no mistério pascal, torná-la discípula. Este é o selo de adesão e compromisso com Jesus Cristo. Ao ser batizado, o eunuco entra no Povo de Deus, não pertence mais a outro povo – o etíope – mas doravante, faz parte do povo eleito, onde não há discriminações de raça ou classe social; em Cristo, todos têm os mesmos direitos e pertencem à mesma família de Deus (cf. Ef 2,19).

h) *Testemunhar a alegria do Evangelho*: "Quando subiram da água, o Espírito do Senhor arrebatou Filipe, e o eunuco não mais o viu. Mas prosseguiu na sua jornada com alegria" (At 8,39). Terminado o Batismo, Filipe desaparece, sinal de que ali sua missão havia terminado. O catequista não atrai para si, mas para Cristo, pois a pessoa precisa se vincular a Jesus e à sua comunidade. O etíope prossegue viagem cheio de alegria. A conversão e o Batismo levam a uma nova vida, confirmada pela alegria. Quem encontrou Jesus prossegue seu caminho, pois encontrou o que há de melhor na vida; por isso, se alegra e exulta de alegria, como Maria (Lc 1,47).

i) *Empreender novos processos*: o evangelizador Filipe, "passando adiante, anunciava a Boa-nova em todas as cidades que atravessava" (At 8,40). O catequista começa cada processo como se fosse o primeiro, o único e o último. A Iniciação à Vida Cristã segue esse caminho: aproximar-se das pessoas que buscam a Deus de coração sincero; perceber a situação da pessoa e suas perguntas; anunciar Jesus Cristo, o homem-Deus que morreu e ressuscitou. Afinal, somente Jesus sacia toda a sede de sentido da vida do coração humano.

5. Linhas de inspiração para ações pastorais

A virada antropológica, típica da cultura contemporânea, aponta para uma renovada atenção ao sujeito em sua situação concreta, histórica e sociocultural, por isso o interesse por uma pedagogia da fé, a fim de que a catequese promova um verdadeiro processo educativo de amadurecimento na fé.

Na sua forma tradicional, a catequese de iniciação à vida cristã mostra sinais de crise: muitas vezes não inicia, apenas conclui; não empreende um processo; esse é um caso específico de uma crise mais ampla da transmissão de conhecimentos e valores em todo o processo educativo atual. Instituições tradicionais como família, escola e Igreja, já não têm mais a mesma influência de outrora na formação das consciências. Enquanto *comunicação experiencial significativa*, a catequese precisa considerar o fenômeno da cultura comunicativa atual e adaptar a sua linguagem, valorizando expressões simbólicas e se desafiando nas dinâmicas dos novos areópagos das mídias sociais digitais. Contudo, a pedagogia da fé não pode ignorar as exigências da Palavra de Deus e da resposta da fé, inspirando-se na própria pedagogia de Deus. Como iniciação e educação na fé, a catequese parte do princípio de que a maturidade cristã pressupõe uma sadia maturidade humana, que possibilite uma resposta pessoal e total ao projeto da vida cristã como adesão e seguimento de Jesus Cristo.[16]

A catequese, como formação cristã integral e orgânica, toca a pessoa como um todo. Mais que ensino, é aprofundamento da vida cristã. Trata-se de educar para a consciência e a vida de fé, tendo por base a proposta de valores e a participação convicta dos sujeitos. Educar na fé significa promover personalidades crentes, livres e maduras, integradas na comunidade, em atitude de corresponsabilidade e participação crítica.

Nesse sentido, pode-se elencar algumas implicações pastorais que a pedagogia da fé suscita na catequese:

> a) *Favorecer e despertar a conversão*: esse é o momento fundamental e unificador da fé, fruto da evangelização que não pode ser considerada um pressuposto, mas precisa ser estimulada, a fim de preparar a adesão total a Cristo como dinamismo de um amadurecimento autêntico na fé.

> b) *Promover e fortalecer as atitudes de fé*, pois o ato de crer precisa de uma pedagogia que leve a profissão de fé a se exprimir na vida, de forma explícita e operante, fazendo ver que a catequese não é uma simples instrução, mas um

---

16. ALBERICH, Emilio. *Catequese evangelizadora*, p. 27; 37-38; 147; 178.

processo de iniciação à vivência da mensagem cristã, o que implica também conduzir a uma opção moral fundamental, à consciência dos valores e a uma vigorosa personalidade ética.

c) *Levar à consciência plena da mensagem cristã*: como educação na fé, a catequese não pode esquecer do conteúdo dela, favorecendo um conhecimento mais profundo do mistério cristão, pois o conhecimento do conteúdo da fé (*fides quae*) é requisito para a sua adesão efetiva (*fides qua*). A consciência da mensagem cristã motiva e sustenta o sentido do projeto de vida cristã (cf. DGC 67).[17]

A *pedagogia da fé*, proposta pelo Diretório para a Catequese (2020), convida a catequese a passar da centralidade dos conhecimentos para o primado das atitudes; de uma catequese visando a sacramentalização descomprometida para uma catequese de iniciação evangelizadora; de uma catequese de conservação para uma catequese de transformação dos sujeitos; de uma catequese devocional para uma catequese existencial e atenta à realidade atual das pessoas, com suas inquietações e aspirações concretas. O catequista é chamado a ser um pedagogo da comunicação para que a mensagem se torne vida.

Faz-se necessária uma *pedagogia da escuta*: prestar atenção, querer entender, respeitar, aceitar sugestões, promover a participação. Escutar para tornar possível o diálogo em todos os níveis e âmbitos. É preciso sempre recomeçar a partir de Cristo, plenitude do mistério divino e cumprimento da vocação humana.

A pedagogia catequética precisa se caracterizar por uma *pedagogia da acolhida*. Todo catequista necessita ser especialista na capacidade de acolher e cuidar do outro, estando atento para que ninguém fique à margem do caminho. O catequista é chamado a cuidar da fragilidade do povo, colocando toda sua criatividade a serviço de uma pedagogia da presença acolhedora, em vista do saber estar e caminhar junto, com escuta e proximidade. Muito mais do que um conteúdo, a pedagogia da fé se refere, sobretudo, a um *estilo catequético*.[18]

---

17. Cf. ALBERICH, Emilio. *Catequese evangelizadora*, p. 180-185.

18. Cf. BERGOGLIO, Jorge Mário. *Aos catequistas*, p. 83; 114; 118; 122; • BERGOGLIO, Jorge Mário. *Queridos catequistas*, p. 26.

6. Para refletir

Tendo em vista que o processo de Iniciação à Vida Cristã tem como objetivo iniciar na fé e levar o catequizando a assumir o compromisso de uma vida cristã, pode-se questionar:

1. Quais indicações deste texto confirmam sua forma de catequizar enquanto processo iniciático?

2. Que pontos precisam ser aprofundados para que sua compreensão e prática catequética se alinhem a uma autêntica pedagogia de iniciação à fé?

CAPÍTULO 3

A catequese em busca de sua identidade

Ir. Maria Aparecida Barboza[19]

Introdução

O segundo capítulo do Diretório ressalta a identidade da catequese (cf. DC 55-109)[20]. Ao tratar daquilo que lhe caracteriza e diz respeito a sua essência, faz-se necessário destacar e acentuar a relação entre catequese e primeiro anúncio. Este anúncio (querigma) é centrado no Mistério Pascal de Jesus Cristo, que é capaz de provocar em quem anuncia e quem o recebe, o encantamento e a descoberta da beleza do Evangelho.

O Diretório ao refletir sobre a identidade da catequese, dá importância e destaca os seguintes elementos: sua natureza (cf. DC 55-65); a catequese dentro da dinâmica da evangelização (cf. DC 66-74); sua finalidade (cf. DC 75-78); suas tarefas (cf. DC 79-89); e as fontes da catequese (cf. DC 90-109). O objetivo em aprofundarmos esses aspectos, está no fato de estabelecer e alicerçar a compreensão de que a catequese é um ministério

---

19. Maria Aparecida Barboza, conselheira geral da Animação Missionária na Congregação das Irmãs do Imaculado Coração de Maria, mestra em Teologia Bíblica, especialista em pedagogia-catequética, membro do grupo de reflexão bíblico-catequética (GREBICAT) da CNBB e coordenadora da Iniciação à Vida Cristã na Arquidiocese de Porto Alegre. E-mail: barboza.icm@gmail.com – Tem experiência na área de Teologia, Bíblia e Catequese. Área de atuação: Bíblia, Catequese, Iniciação Cristã e Comunidade.

20. A palavra identidade está diretamente relacionada ao conjunto daquilo que é essencial de um todo. Quando perguntamos a alguém qual sua identidade, a resposta vem daquilo que caracteriza a pessoa. O mesmo ocorre com a identidade da catequese. Ela diz respeito a sua essência, a sua natureza e a sua pedagogia, isto é, o seu jeito originário de conduzir as pessoas ao encontro com Jesus Cristo, à maturidade da fé e à inserção na comunidade.

eclesial à serviço da Palavra de Deus, que busca orientar e formar para a iniciação e a maturidade da fé tanto das pessoas como das comunidades cristãs. Ela nasce do mandado missionário de Jesus Cristo (cf. Mt 28,19-20). O ide anunciado por Jesus é o que faz com que a catequese seja querigmática, mistagógica e missionária.

O conteúdo da catequese não é um conjunto de tratados doutrinários, mas possui a sua fonte originária: Palavra de Deus, Liturgia e Tradição. Dessa forma, um destaque que deve ser dado ao aprofundar a identidade da catequese, está no fato da sua importância e o seu papel no processo da evangelização. Ela parte do primeiro anúncio e "faz ecoar" a ação salvadora de Deus no coração dos ouvintes (cf. DC 55) e, consequentemente, educa para os mistérios da fé, inicia na fé, na vida comunitária, na experiência litúrgica e na prática da caridade.

Ao estabelecer essa dinâmica inicial, o Diretório destaca que a catequese está a serviço da Iniciação à Vida Cristã. Por isso, requer uma formação permanente à vida cristã. Formar para a vida nova em Cristo. Uma formação voltada para o discipulado e o seguimento que eduque para a espiritualidade, para a vida de oração, para o mistério da fé celebrada e para a missão.

1. A identidade da catequese no Diretório atual

O primeiro aspecto a ser evidenciado no DC quando se trata da identidade da catequese é a sua *natureza* (cf. DC 55-65). A catequese por ser uma ação de natureza eclesial, nasce do coração do Evangelho, do mandado missionário de Jesus, do ide e fazei discípulos (Mt 28,19-20; Mc 16,15-19) (cf. DC 55). O imperativo de Jesus dado aos discípulos é marcado pelo anúncio da Boa-nova do Evangelho a todas as nações, a formação de novos discípulos e batizar aqueles que desejam fazer a experiência do mergulho no mistério da fé.

A catequese,[21] partindo da terminologia *katechein*, tem por finalidade primeira fazer ecoar no coração de cada pessoa o anúncio Pascal de Jesus Cristo. O ato de fazer *ecoar* se realiza através de "uma realidade dinâmica, complexa a serviço da Palavra de Deus, a catequese acompanha, educa e forma *na* fé e *para* a fé, introduz à celebração do Mistério, ilumina e interpreta a vida e a história humanas" (cf. DC 55). Por isso, ela é uma "etapa privilegiada no processo de evangelização" (DC 56). Ao estabelecer a *na-*

---

21. A palavra *katechein* é formada de dois termos gregos: *katá* que significa dinamismo, movimento de cima para baixo; e *ékos*, que significa, som e eco. Portanto, *katekeo, katechein* ou catequese é fazer ecoar para baixo, ressoar, instruir a viva-voz, narrar, comunicar, ecoar no coração dos ouvintes a mensagem.

tureza da catequese, o DC o faz partindo de duas compreensões importantes: primeira, a relação íntima entre querigma e catequese; segunda, o catecumenato como sua fonte de inspiração.

Em relação à primeira, o querigma,[22] que é o anúncio da centralidade da nossa fé, ocupa a dimensão constitutiva da catequese e de toda ação evangelizadora, e não uma mera etapa da fé do processo catequético. O querigma, segundo a compreensão do Diretório, comporta dois elementos básicos: antes de tudo é *ato* de anúncio e o *conteúdo* do anúncio. A mensagem do Evangelho para se tornar conhecida depende dessas duas composições conjuntamente. Portanto, consequentemente no querigma, o sujeito é sempre Jesus Cristo, cujo testemunho da comunidade é o lugar por excelência de sua manifestação (cf. DC 58). O que toca e move os interlocutores é justamente o testemunho daquele que fez a experiência do encontro com Jesus, experimentou a salvação e, portanto, agora, anuncia com atos e obras.

Aqui está o grande desafio da catequese hoje, começar pelo querigma, isto é, fazer ecoar no coração dos ouvintes o primeiro anúncio como tem insistido o Papa Francisco: "Jesus Cristo ama-te, deu a sua vida para te salvar, e agora vive contigo todos os dias para te iluminar, fortalecer, libertar" (*EG* 164). Aos desafios dos novos tempos, a Igreja deve responder com uma catequese querigmática, ou seja, uma catequese capaz de aprofundar o querigma e tocar os corações dos ouvintes. Como lembra o Diretório.

O Diretório afirma que no Novo Testamento encontramos várias formas do querigma, dentre elas: Jesus, Filho de Deus, o Emanuel, o Deus conosco (Mt 1,23); está próximo o Reino de Deus. Arrependei-vos e crede no Evangelho (Mc 1,15); Cristo morreu pelos nossos pecados (1Cor 15,3). Todas essas formas de anúncio têm por finalidade responder aos vários modos de compreender a salvação, no qual cada um com suas particularidades contribui com as diferentes expressões culturais e com as diferentes

---

22. A palavra querigma tem sua raiz etimológica no termo grego clássico κήρυχ (kérix), que significa o proclamador, mensageiro, embaixador. É interessante notar que kérix aparece no Novo Testamento só três vezes, em termos muito tardios [1Tm 2,7; 2Tm 1,11; 2Pd 2,5], e a própria palavra kerugma (kérigma), com o significado de mensagem proclamada. Paulo usa o termo kerugma (kérigma) para indicar a mensagem de Jesus Cristo (Rm 16,25: Kerugma Iesou Christoú) por ele proclamada, ou a sua pregação em geral (1Cor 1,21; 2,4; 15,14). Nos evangelhos o termo kerugma (quérygma) aparece apenas em Mt 12,41, e em Lc 11,32: são referências à pregação de Jonas em favor de Nínive. Pelo contrário, o verbo kerusein kerýssein (anunciar, proclamar, pregar) aparece 62 vezes no Novo Testamento: nas cartas de Paulo 19 vezes; 12 em Marcos; 9 em Mateus; 9 em Lucas; 8 nos Atos; e 1 vez em 1Pedro e Apocalipse (COENEN, Lothar e BROWN, Colin. In Dicionário Internacional de teologia do Novo Testamento, p. 1.861. São Paulo: Edições Vida Nova, 2000).

formas de busca que cada pessoa é capaz de apresentar no desejo de realizar a experiência do Mistério (cf. DC 58).

É tarefa e identidade da catequese explicitar a centralidade do querigma. Para isso, o Diretório elenca os elementos que produzem o eco do querigma, são eles: "o caráter da proposta; a qualidade narrativa, afetiva e existencial; a dimensão de testemunho da fé; a atitude relacional; a ênfase salvífica" (DC 59). A finalidade em considerar esses elementos está no fato de evidenciar a tarefa primeira da Igreja no ato de comunicar o Evangelho. Contudo, os desafios do novo tempo interrogam a forma como se anuncia e se vive o querigma. Da mesma forma, exigem de toda Igreja e, sobretudo dos catequistas e evangelizadores, uma nova atitude de escuta e acolhida do Evangelho, junto aos seus interlocutores (cf. DC 59). Uma característica do querigma que ganha destaque no Diretório sob a influência do magistério do Papa Francisco é a consideração da dimensão social que ele comporta (cf. DC 60).

O segundo elemento que o Diretório usa para dizer da natureza da catequese é a *inspiração catecumenal da catequese*,[23] que aparece nos números 61 a 65. A catequese de inspiração catecumenal tem sido, nos últimos tempos, uma urgência necessária. O Papa Francisco em seu Pontificado vem assinalando essa necessidade e que agora o Diretório assume essa mesma perspectiva na qual não se pode dar por pressuposto que as pessoas, sobretudo os adultos, conheçam e já tenham realizado a experiência completa daquilo que anunciamos quando comunicamos o Evangelho (cf. DC 61).

Para o Diretório, uma catequese que ressalta a inspiração catecumenal, não significa reproduzir, exatamente, os mesmos passos e etapas do percurso, mas se inspirar na sua metodologia, na sua dinâmica e no seu processo formativo (cf. DC 64). A própria expressão *inspiração* já é o indicativo para a não reprodução do catecumenato e, sim, propor em todo processo catequético a tão sonhada inspiração catecumenal da catequese, bem como da ação evangelizadora.

A inspiração catecumenal busca renovar a vida dos catequistas, catequizando as famílias, como propõe o Itinerário Catequético da CNBB: "Uma catequese de inspiração catecumenal busca renovar a humanidade, transformando critérios, valores, correntes

---

23. A inspiração catecumenal da catequese tem sido tema prioritário na Igreja do Brasil desde a Assembleia dos Bispos (47ª AGE em 2009), bem como, em seminário nacional e regional, várias publicações, dentre elas: CNBB. *Iniciação à Vida Cristã – Um processo de Inspiração Catecumenal. Estudos da CNBB*, n. 97. Edições CNBB, 2014; • *Itinerário Catequético. Iniciação à Vida cristã* – Um processo de inspiração catecumenal. Comissão Episcopal Pastoral para a Animação Bíblico-Catequética. Edições CNBB, 2014.

de pensamento, modelos de vida que estão em contraste com o Reino de Deus. Cria espaços comunitários nos quais a fé pode ser alimentada, partilhada, vivida, estruturada numa comunidade cristã que vive e celebra, nos sinais sacramentais, a presença de Jesus e o dom do Espírito, desenvolvendo um apostolado ativo nos diversos ambientes e situações onde cada catequista e catequizando se encontra" (CNBB, 2014, n. 6).

O Diretório ressalta que o catecumenato tem uma intrínseca perspectiva missionária, e aponta para a necessidade do resgate dos principais elementos do catecumenato, a saber: o caráter pascal, o caráter iniciático, o caráter litúrgico, ritual e simbólico, o caráter comunitário, o caráter de conversão permanente e de testemunho e o caráter de progressividade da experiência formativa (cf. DC 64). Essas dimensões colocam a pessoa em relação com a centralidade da fé, introduz a todas as dimensões da vida cristã, educa para o mistério celebrado, para a liturgia, para a pertença comunitária, para o despertar dos ministérios e a maturidade na fé. O processo catecumenal forma para o discipulado e para a vida em comunidade.

O segundo aspecto no Diretório para dizer sobre a identidade da catequese está em considerá-la no *processo da evangelização*. A partir dessa perspectiva, a catequese é desenvolvida pelo Diretório nos números 66 a 74. Neles encontram-se o destaque aos seguintes elementos: a) Primeiro anúncio e catequese; b) A catequese de iniciação cristã; c) Catequese e formação permanente à vida cristã.

Em relação ao primeiro anúncio e catequese, o Diretório Geral para a Catequese, em seu segundo capítulo, ofereceu um grande destaque. A catequese no processo da evangelização, com destaque de que o primeiro anúncio se dirige aos não crentes e àqueles que, de fato, vivem na indiferença religiosa, e a catequese distinta do primeiro anúncio do Evangelho, "promove e faz amadurecer essa fé inicial, educando à fé o convertido e incorporando-o na comunidade cristã" (DGC 61). No conjunto da catequese, em nosso Diretório Nacional da Catequese no segundo capítulo, acentua que a realidade pede nova evangelização onde o centro do primeiro (querigma) é a pessoa de Jesus Cristo (cf. DNC 30) e a catequese sempre supõe a primeira evangelização, exige conversão interior e contínuo retorno ao núcleo do Evangelho (querigma); ou seja, ao Mistério de Jesus Cristo em sua Páscoa libertadora, vivida e celebrada na liturgia (cf. DNC 33).

Ampliando os horizontes da catequese no âmbito da evangelização, o Diretório destaca que, com o *primeiro anúncio*, a Igreja proclama o Evangelho e *suscita a conversão*. É nesse processo catequético que no tempo chamado de pré-catecumenato se desperta para a conversão e a missão.

O Diretório também acentua o *primeiro anúncio* no contexto da missão *ad gentes*. A missão brota no coração de quem faz a experiência do encontro com Jesus Cristo. Por isso, é missão da catequese conduzir as pessoas a Jesus. "Dar a conhecer Jesus Cristo e o seu Evangelho àqueles que não os conhecem é tarefa prioritária da Igreja desde a manhã do Pentecostes" (DC 67). O *primeiro anúncio* deve marcar a vida de quem o anuncia e de quem o recebe. O querigma ou *primeiro anúncio* não se reduz a uma mera publicidade, ele deve provocar nos corações dos ouvintes o desejo de conhecimentos dos fundamentos da fé.

O terceiro aspecto que compõe as características da identidade da catequese, segundo o Diretório, está em definir a *finalidade da catequese* (cf. DC 75-78) ao destacar que no centro da catequese está o encontro vivo com Cristo (cf. DC 75). Sobre isso, já alertava o Documento *Catechesi Tradendae*, no número 5.

A catequese como processo de descoberta e amadurecimento da fé tem a missão de orientar e formar para o conhecimento e a vivência de *Jesus Cristo, o caminho, a verdade e a vida* (Jo 14,6). Ele é o centro da catequese. O encontro com Cristo envolve a pessoa em sua totalidade: *coração, mente, sentidos*. A essa totalidade se somam a experiência litúrgica-sacramental, as relações afetivas, a vida comunitária e o serviço aos irmãos e irmãs (cf. DC 76).

O encontro com Jesus, essa comunhão íntima, implica a confissão da fé no único Deus: Pai, Filho, Espírito Santo (DC 78). Nesse sentido, se recupera a profissão de fé e trinitária. A Igreja batiza em nome da Trindade. É fundamental que a catequese saiba unir bem a confissão de fé cristológica, Jesus é o Senhor, com a confissão trinitária, Creio no Pai e no Filho e no Espírito Santo" (DC 78). Essa fé é ato pessoal e comunitário e repercute no jeito de ser e agir no mundo.

O quarto aspecto na continuidade em definir a identidade da catequese, o Diretório acentua as suas *atividades* (cf. DC 79-89). O Documento ressalta que é a luz da pedagogia de Jesus que moldou a vida da comunidade cristã, que a catequese deve trilhar seus caminhos. Um caminho de perseverança aos ensinamentos dos apóstolos, na comunhão fraterna, na fração do pão e nas orações (cf. At 2,42). "A fé, de fato, exige ser conhecida, celebrada, vivida e rezada" (DC 79). Por isso, é tarefa da catequese educar para: a) conduzir à consciência da fé; iniciar a celebração do mistério; formar para a vida em Cristo; ensinar a rezar; introduzir à vida comunitária (cf. DC 80-89).

Por fim, para definir a identidade da catequese, o Diretório aponta para o quinto aspecto: as fontes da catequese (cf. DC 90-109). O Documento alerta para a correlação entre as fontes, afirmando que todas são reconduzidas à Palavra de Deus, da qual são expressão. "Dentre as fontes, tem evidente preeminência a Sagrada Escritura, dada sua peculiar relação com a Palavra de Deus" (DC 90). A fonte, na qual a catequese busca a sua mensagem, é a Palavra de Deus. O conteúdo central da catequese há que ser buscado nas Sagradas Escrituras e na tradição viva da Igreja. Já nos alertava São João Paulo II, na Exortação Apostólica *Catechesi Tradendae*: "a catequese há de esgotar sempre o seu conteúdo na fonte viva da Palavra de Deus, transmitida na Tradição e na Escritura" (*CT* 27).

Ao tratar das fontes da catequese, o Diretório evidencia sete elementos: *a) A Palavra de Deus na Sagrada Escritura e na Sagrada Tradição*; b) O Magistério; c) A Liturgia; d) O testemunho dos santos e dos mártires; e) A Tradição; f) A cultura cristã; g) A beleza. Quanto a esse último aspecto, o aprofundamento se dará no passo seguinte, quando trataremos das *Fontes e relação com Magistério*, tendo em vista que o Diretório está dentro da dinâmica da evangelização da Igreja, em plena sintonia com o Magistério e a Tradição.

2. Fontes e relação com Magistério da Igreja

O Diretório retoma o Documento do Papa Francisco *Evangelli Gaudium* acentuando que é "fundamental que a Palavra de Deus revelada fecunde radicalmente a catequese e todos os esforços para transmitir a fé" (*EG* 175). E destaca que "a catequese colhe sua mensagem da Palavra de Deus, que é sua principal fonte" (DC 91). Não basta saber ler a Palavra, é preciso dialogar com ela. A Palavra tem sua função interpelativa, é uma palavra viva que contagia o coração de quem lê, medita, reza e testemunha.

O Papa Bento XVI, no Sínodo sobre a Palavra de Deus na vida e na missão da Igreja, destaca: "a atividade catequética deve estar impregnada e embebida de pensamento, espírito e atitudes bíblicas e evangélicas, mediante um contato assíduo com os próprios textos sagrados e que a atividade catequética implica sempre abeirar-se das Escrituras na fé e na Tradição da Igreja, de modo que aquelas palavras sejam sentidas vivas, como Cristo está vivo hoje ..." (*VD* 74). Ao mesmo tempo faz um alerta: "a catequese será tanto mais rica e eficaz quanto mais ler os textos com a inteligência e o coração da Igreja" (*VD* 74).

O Concílio Vaticano II, em sua Constituição Dogmática *Dei Verbum*, ofereceu um dos mais preciosos ensinamentos sobre a relação entre Escritura e Tradição. Assim nos diz: "a Sagrada Tradição e a Sagrada Escritura constituem um só Sagrado Depósito da Palavra de Deus confiado à Igreja" (*DV* 10). Ambos, para nós, se configuram como princípio normativo de fé.

A catequese, junto com a Tradição, tem o papel de tornar clara e objetiva a Palavra de Deus ao ouvinte: "A Tradição constitui o grande caminho percorrido pela Igreja, este iniciado no Pentecostes e prolongado pela história, pelo qual devemos caminhar para que, em comunhão, possamos interpretar a Escritura. Desta maneira a Palavra de Deus é amplamente entendida, pois não está somente presente na Escritura, mas na doutrina dos Santos Padres, na Liturgia, no Magistério dos Sacerdotes, no testemunho de tantos santos, no trabalho missionário, na religiosidade popular e na caridade (cf. DNC 25). O Diretório Nacional ainda aponta que o uso da Bíblia na catequese tem por objetivos: "formar comunidade de fé e alimentar a identidade cristã" (DNC 108).

Junto à fonte primordial da catequese que é a Palavra de Deus, o Diretório aponta outras fontes fundamentais: o *Magistério* Igreja tem a missão de conservar, interpretar e transmitir todo o depósito da fé (cf. DC 93). Junto ao Magistério vem a *Liturgia*, fonte e "cume para o qual tende a ação da Igreja e, ao mesmo tempo, a fonte de onde emana toda a sua força" (SC 10). O Diretório acentua a necessidade de um itinerário mistagógico que ajude na interpretação dos ritos à luz dos eventos salvíficos, a importância de educar para os sentidos dos sinais litúrgicos e os significados dos ritos para a vida cristã (cf. DC 98). O *testemunho dos santos e dos mártires*: deve "ser guardado e transmitido na pregação e na catequese, alimentando o crescimento dos discípulos de Cristo" (DC 100). Outro destaque às fontes é à *Teologia*, alma e o pulsar da catequese, no qual contribui com a catequese e a sua práxis, sobretudo na estreita relação entre teologia pastoral e a teologia da evangelização (cf. 101). Atenção a ser dada é a *Cultura cristã* que nasce a partir do encontro com o Evangelho e, consequentemente, da opção em assumir a centralidade de Jesus Cristo no processo de evangelização a fim de transformar a vida das pessoas (cf. DC 102). E por fim a vida da *beleza*. Faz parte da catequese educar para a arte das narrativas bíblicas as ações pedagógicas pelas quais Deus se revelou na história da humanidade. A beleza com os evangelhos narram a vida e os ensinamentos de Jesus Cristo (cf. DC 107).

3. Relação com os Diretórios precedentes

No Diretório Catequético Geral de 1971 (DCG), a identidade da catequese aparece localizada no capítulo segundo intitulado *A catequese na missão pastoral da Igre-*

ja, situado dentro da segunda parte a partir do contexto do *Ministério da Palavra* e, após o capítulo dedicado à Revelação, o DCG dará destaque a dois elementos que são, ao nosso ver, fundamentais: a catequese relacionada ao Ministério da Palavra (cf. DCG 17), cuja tarefa principal é conduzir a comunidade eclesial e os batizados à maturidade da fé (cf. DCG 21). O segundo elemento é a *fidelidade a Deus e a fidelidade ao homem* no qual a tarefa da catequese não se limita simplesmente na repetição de fórmulas tradicionais, mas de considerar os interlocutores e seu contexto sociocultural (cf. DCG 34).

O Diretório Geral de 1997 (DGC), *a natureza, finalidade e tarefas da catequese*, está localizada no capítulo terceiro (cf. DGC 77-90) situado na primeira parte do Documento quando, a exemplo do Diretório de 1971, contextualiza a catequese na missão evangelizadora da Igreja. Sob a influência da *Catechesi Tradendae*, o DGC afirma que a finalidade fundamental da catequese é a *comunhão* e a *intimidade* com Jesus Cristo (cf. DGC 80) e, para isso, propõe o catecumenato batismal como "modelo inspirador da sua ação catequizadora [...]. Que deve inspirar a catequese atual e o significado metodológico deles" (cf. DGC 90).

Já o avanço do Diretório para a Catequese de 2020 está em situar a catequese como etapa privilegiada do processo de evangelização. Outro avanço importante é ao se referir às fontes da catequese, o Diretório propõe como fonte a *via da beleza* que encontra seu modelo por excelência em Jesus Cristo e na sua Palavra, com a finalidade de promover a busca pela construção de um caminho autenticamente cristão com a tarefa de ajudar no encontro com Deus e com os irmãos não somente no sentido estético, mas também no valor ético, capaz de promover em cada batizado o encantamento pela Pessoa de Jesus Cristo, seu Evangelho e a sua causa principal: a promoção da vida em plenitude para os pobres (cf. DC 106-109).

4. Conversão e acolhida de Cornélio na comunidade (At 10,1-48): Uma inspiração bíblica na identidade da catequese

Faz parte da natureza e identidade da catequese anunciar o querigma, formar discípulos missionários de Jesus em comunidade. O texto de Atos dos Apóstolos 10,1-48 é uma belíssima narrativa com traços inspiradores de uma catequese querigmática, mistagógica e disciplinar.

Lucas acentua que a conversão do centurião Cornélio realça a porta de entrada dos gentios na comunidade cristã e a catequese querigmática para os primeiros pagãos.

Ressalta também que, no processo da evangelização ou da descoberta da fé, não há mais obstáculos e divisão entres os povos. Em Jesus Cristo não há distinção entre judeus, gregos e pagãos; *todos têm o mesmo Senhor que é generoso para com todos os que invocam* (Rm 10,12). *Deus não faz distinção de pessoas* (At 10,34).

O texto está situado no contexto da expansão do cristianismo, que é uma das marcas catequéticas do Livro dos Atos dos Apóstolos. O contexto anterior ao nosso texto encontramos no capítulo 8, o anúncio do querigma na Samaria, onde Felipe anuncia Jesus Cristo ao eunuco que, ao acolher o querigma, pede para ser batizado. Depois vem o processo da conversão de Paulo, no capítulo 9; e, no capítulo 10, a narrativa da conversão de Cornélio e o Batismo daqueles que acolheram o querigma. Acompanhemos o cenário em que acontece a catequese que encanta corações e forma comunidade discipular. Apresentaremos apenas uma breve síntese e convidamos os ouvintes leitores para que façam o aprofundamento mergulhando no texto e percebendo todo o dinamismo querigmático e mistagógico em cada detalhe do texto.

a) 1º cenário-Atos 10,1-8: visão de Cornélio em Cesareia intercalada com a ordem divina para fazer Pedro vir a sua casa: *envia alguns homens a Jope, e manda chamar um homem chamado Simão, conhecido como Pedro* (At 10,5).

b) 2º cenário-Atos 10,9-16: visão de Pedro em Jope, intercalada com a ordem divina para superar a distinção entre puro e impuro: *não chames de impuro o que Deus tornou puro* (At 10,15).

c) 3º cenário-Atos 10,17-23: encontro de Pedro com os enviados de Cornélio a Jope, na casa: *estão aqui três homens que te procuram. Levanta-te e vai com eles, sem hesitar, pois fui eu que os mandei* (At 10,20).

d) 4º cenário-Atos 10,23b-33: encontro de Pedro e Cornélio em Cesareia, na casa. *Continuando a conversar com Cornélio, entrou na casa. Encontrou muitas pessoas reunidas* (At 10,27).

e) 5º cenário-Atos 10,34-43: catequese querigmática de Pedro na casa de Cornélio, onde Pedro apresenta uma síntese do querigma: *nós somos testemunhas de tudo o que Jesus fez na região dos judeus e em Jerusalém* (At 10,39).

f) 6º cenário-Atos 44-48: A descida do Espírito sobre todos os que escutavam a Palavra (At 10,44), e o Batismo em nome de Jesus Cristo.

Há um dinamismo no texto que liga as cenas de modo surpreendente e que fascina e envolve o leitor. A narrativa intercala relatos que envolvem Cornélio e Pedro. O texto identifica Cornélio como *um piedoso, temente a Deus com toda sua casa, praticava a caridade e um homem de oração* (At 10,2). Recebe de Deus uma ordem divina e chama os seus servos, cumprindo o mandado do mensageiro do Senhor. Cornélio é o protagonista principal da cena. O primeiro interlocutor da revelação divina. Sua fé é contagiante, estendem-se por toda sua casa. Em seguida é a vez de Pedro. Ele está em oração, sente fome e decide comer. Ao preparar a refeição, foi envolvido pela ordem divina de como deveria preparar sua refeição. Pedro tenta resistir à voz divina por compreender que essa forma de preparar a refeição, na sua cultura judaica, é tida como impura. E a voz insiste: *não chames de impuro o que Deus tornou puro*. Pedro só consegue compreender o mistério da visão quando o Espírito Santo lhe ordena: *Levanta-te, desce e vai com eles* (At 10,20). É interessante perceber a semelhança da visão de Pedro com a visão no Batismo de Jesus: *oração, o céu aberto e a voz* (At 10,11-16; Mc 1,10-11).

O protagonista do encontro é o Espírito. Ele quem nos impulsiona ir ao encontro das pessoas e sobretudo dos afastados. Pedro agora descobriu que beleza está para além dos costumes e crenças. Ele acolhe os hóspedes enviados por Cornélio em sua casa. A forma como a narrativa envolve a conversão de Cornélio e a mudança de Pedro em relação aos gentios e aos pagãos faz com que a catequese repense sua forma de transmitir o querigma. A Palavra é sempre a mesma, a Boa-nova do Evangelho não muda, ela é a essência. O que muda é a forma de como se transmite. Pedro devia ir à casa de Cornélio anunciar o querigma. A casa é o lugar do encontro, da acolhida e da transmissão da fé. É preciso resgatar a dimensão da igreja doméstica. Família como a primeira anunciadora do querigma aos seus filhos e filhas.

No coração da catequese está o querigma. Esta Palavra que transforma, converte e forma a comunidade discipular. A narrativa conclui afirmando que, aqueles que ouviram a palavra, receberam o Espírito e foram batizados (At 10,41-48). Aqui está a natureza e a finalidade da catequese. Anunciar o querigma e formar discípulos de Jesus Cristo em comunidade.

5. Linhas de inspiração para ações pastorais

Propor linhas de inspiração pastoral, a partir da reflexão sobre a identidade da catequese nos tempos atuais, exige um caminho de aprofundamento dos elementos que compõem sua natureza, bem como a capacidade de perceber os *novos sinais dos tempos* que a realidade presente impõe para a evangelização e a catequese.

Na maioria das nossas comunidades não se pode mais supor que muitos dos nossos irmãos e irmãs tenham realizado uma profunda experiência de querigma em comunidade. Essa constatação revela a urgente necessidade de repensar processos de evangelização nas comunidades cristãs que realmente iniciem com o anúncio querigmático e possam conduzir a uma séria e profunda experiência de encontro pessoal com o Senhor. Ainda nessa perspectiva, como poderia um catequista comunicar a sua experiência de encontro e conduzir outros a essa mesma dinâmica com Jesus se ele mesmo ainda não realizou o próprio caminho?

Outro desafio pastoral ao aprofundarmos a identidade da catequese está em assumir o modelo de uma catequese de inspiração catecumenal. É urgente realizar essa passagem, visto que a forma como a iniciação foi realizada em muitas realidades, ela se apresentou pobre e fragmentada (cf. DAp 287). À medida que as comunidades assumem a urgência da iniciação à vida cristã sob o modelo da inspiração catecumenal, a própria configuração da comunidade vai se transformando e aprofundando seus múltiplos aspectos. Ao nosso ver, consideremos dois os de maior urgência: a dimensão missionária e a ministerialidade.

Ao definir a identidade da catequese, impõe-se, ainda, como uma grande linha de inspiração para a ação evangelizadora, a dimensão social do querigma, de forma que a visibilidade da catequese aconteça não só pelo ato do anúncio da vida, paixão, morte e ressurreição de Jesus, mas que esta mensagem esteja intimamente ligada com a realidade, a fim de promover a dignidade da vida humana. Dessa forma, a catequese ao assumir a proposta do Papa Francisco presente na *EG* 177 em que a dimensão social do querigma promove o anúncio da fé não desligado da realidade e da vida cotidiana das pessoas, cumpre realmente sua tarefa. Contudo, o desafio está em conjugar o anúncio querigmático cuja finalidade é o encontro pessoal (nunca individual) com Jesus, a fim de promover a vida em sua plenitude (cf. DC 60).

6. Para refletir

O segundo Capítulo do Diretório, ao falar da identidade, destaca vários aspectos que foram desenvolvidos no decorrer do nosso trabalho. Entre esses aspectos destacamos a importância do anúncio querigmático que é centrado no mistério pascal de Jesus Cristo.

1. *O que entendemos por identidade?* O anúncio provoca o encantamento na vida de quem anuncia e de quem o recebe. *Isso acontece em nossa vida e na forma como transmitimos a fé às novas gerações?*

2. O texto destaca que a catequese é um ministério eclesial a serviço da Palavra de Deus, que busca orientar e formar para a iniciação e a maturidade da fé tanto das pessoas como das comunidades cristãs. *Em nossa prática catequética como isso acontece?*

3. O conteúdo da catequese não é um conjunto de tratados doutrinários, mas, sim, das fontes originárias: Palavra de Deus, Liturgia e Tradição. Em nossa catequese damos a devida atenção às fontes da catequese. Educamos para a prática da Leitura Orante da Palavra, para a vivência do mistério celebrado, dos ritos e símbolos e dos ensinamentos da Tradição viva da Igreja?

4. Nossa catequese é de inspiração catecumenal? Conseguimos formar para a vida nova em Cristo, para a missão e para a caridade social?

PARTE II

O CATEQUISTA E A METODOLOGIA CATEQUÉTICA

Essa segunda parte é dedicada ao catequista e o que mais diretamente envolve seu ministério. Iniciamos com o quarto artigo *O Catequista: vocação, identidade e missão* de autoria de Pe. Jânison de Sá Santos que reflete a identidade e a vocação do catequista e, ao mesmo tempo, apresenta outros protagonistas importantes que têm a missão de orientar e colaborar com a catequese. O autor reflete e aprofunda o terceiro capítulo do Diretório.

Na sequência, no capítulo quinto com o tema *A formação dos catequistas* de autoria do Pe. João dos Santos Barbosa Neto, sdb, a reflexão é acerca da formação do catequista como vocacionado chamado por Deus, para em comunidade exercer o ministério a serviço da transmissão da fé. Aqui, a reflexão está ancorada no quarto capítulo do Diretório para a Catequese.

Os autores Luís Oliveira Freitas e Pe. Wagner F. de Sousa Carvalho no capítulo sexto sob o título *A metodologia da catequese no exercício de uma Igreja sinodal*, conduzem a uma reflexão fundamentada em compreender que, diante dos desafios de uma catequese à serviço da iniciação à vida cristã e de uma Igreja sinodal, sempre mais se faz necessário ter orientações metodológicas adequadas, para perceber que na catequese existe uma clara reciprocidade entre o conteúdo e o método. A presente reflexão tem por objetivo ajudar o catequista a compreender que essas escolhas metodológicas são derivadas da finalidade educativa da catequese. O presente artigo aprofunda o sétimo capítulo do Diretório.

Na sequência, Dom Armando Bucciol, de modo particular, aborda o tema do *Catecismo da Igreja Católica e a Catequese* com uma profunda reflexão realizando a conexão entre o Diretório e a importância do Catecismo e sua relação com a catequese. Dom Armando realiza tudo isso unindo o seu testemunho pessoal e sua paixão pela catequese. O autor traz presente o elo entre o Concílio e a atual reflexão do Papa Francisco no processo catequético. Sua reflexão aprofunda o capítulo sexto do Diretório.

Por fim, nessa segunda parte, de modo ímpar, o Pe. Roberto Nentwig através da sua reflexão *Planejar a ação catequética sob a luz do Espírito*, ajuda o leitor a compreender e aprofundar o último capítulo do Diretório para a Catequese no qual estão os organismos a serviço da catequese. O texto escrito de maneira dinâmica, ajuda o leitor a compreender que os organismos devem estar a serviço do Espírito e da pessoa humana.

CAPÍTULO 4

O catequista e a missão de educar na fé

Pe. Jânison de Sá Santos[24]

Introdução

O Diretório para a Catequese (DC), no terceiro capítulo, nos números 110-129, apresenta a identidade e a vocação do catequista, mas ao mesmo tempo traz outros protagonistas importantes que têm a missão de orientar e colaborar com a catequese. É importante salientar que a catequese é uma ação da Igreja (cf. DGC 78). O catequista é enviado com a missão de anunciar Jesus Cristo. Trata-se de uma missão única compartilhada por vários agentes, sendo que o catequista se sente chamado para exercer a missão específica de educar na fé. O catequista é alguém que participa da comunidade eclesial missionária; recebeu o chamado de Deus e, a partir da formação recebida, se capacita para a transmissão da fé iniciando as novas gerações na vida cristã (cf. DGC 112).

---

24. Jânison de Sá Santos é presbítero da Diocese de Propriá-SE, assessor da Comissão Bíblico-Cate-quética da CNBB Nacional (07/2003-12/2007), membro da Sociedade Brasileira de Catequetas (SBCat), membro da Sociedade dos Catequetas Latino-americanos (SCALA). Mestrado (1998) e doutorado (2011) em Teologia com concentração em Catequética pela Universidade Pontifícia Salesiana de Roma. Membro do grupo de especialistas em catequese do Celam (2011-2019). Membro do grupo de reflexão Bíblico-cate-quética da CNBB (GREBICAT). Também lecionou no curso de Pós-Graduação em Pedagogia Catequética na PUC Goiás (2011-2017). Foi convidado pelo Pontifício Conselho para a Nova Evangelização para colaborar na revisão do Diretório Geral para a Catequese (2016). Publicou artigos em revistas e colaborou na pro-dução de alguns textos da Comissão Bíblico-Catequética Nacional. Pós-doutorado na Pontifícia Universi-dade Católica do Rio de Janeiro. Atualmente é assessor da Comissão Episcopal Pastoral para a Animação Bíblico-Catequética Nacional.

O Diretório para a Catequese reconhece que a Igreja realiza a sua missão tendo contribuições de diversos serviços e ministérios, dentre os quais o ministério do catequista, que desempenha um papel expressivo para ajudar crianças, adolescentes, jovens e adultos, anciãos, bem como a família, em seu processo de amadurecimento e crescimento da fé (cf. DC 110). Assim, a vocação ao ministério da catequese fundamenta-se nos sacramentos da iniciação cristã e implica uma resposta livre, um ato de confiança e de obediência a Deus.

O catequista, educador na fé, está a serviço da Palavra. Tendo recebido o mandato do Senhor e de sua Igreja (cf. DC 55) como verdadeiro profeta, testemunha, anuncia a Boa-nova do Reino e denuncia tudo o que se opõe a este projeto de salvação e felicidade. Cultivando sua vocação, o catequista procura ser uma pessoa de profunda espiritualidade, de plena participação e comunhão na comunidade eclesial missionária.

São ricas as qualificações que o Diretório atribui ao catequista: testemunha e guardião da memória de Deus; mestre e mistagogo; acompanhador e educador e, além da figura do catequista, apresenta os demais responsáveis pela catequese na comunidade eclesial missionária. Veremos a seguir como o terceiro capítulo do DC apresenta estes elementos e também uma análise dos diversos temas tratados.

1. Catequese: responsabilidade compartilhada

A catequese é uma atividade importante da comunidade eclesial missionária, envolve todos os agentes de pastorais. Todos devem se sentir responsáveis pela transmissão da fé: bispos, presbíteros, diáconos, religiosos e religiosas, leigos e leigas. A catequese não é missão simplesmente de um grupo de catequistas, mas de todas as forças vivas na comunidade. Todos são importantes na iniciação à vida cristã, cada um com suas responsabilidades na diversidade de ministérios é, de fato, uma responsabilidade compartilhada.

1.1. O bispo e suas responsabilidades na educação da fé

Os bispos têm como missão essencial o anúncio do Evangelho e a transmissão da fé para as futuras gerações. São catequistas e primeiros responsáveis pela catequese, e na animação da ação catequética podem contar com a ajuda de catequistas, de equipes diocesanas de coordenação e de outros colaboradores.

A fim de que a educação da fé aconteça de fato nas diferentes comunidades eclesiais missionárias, presentes no território diocesano, e que a catequese a serviço da Iniciação à Vida Cristã (IVC) seja uma realidade, o Diretório, entre tantas, aponta algumas ações da responsabilidade do bispo: zelar pela integridade do conteúdo e inculturação da fé; despertar e manter uma verdadeira paixão pela catequese que se concretize numa organização adaptada e eficaz; num projeto catequético global em sintonia com uma pastoral orgânica e com a Conferência Episcopal; na formação de pessoas preparadas; na garantia de recursos financeiros necessários e no acompanhamento da produção de materiais e instrumentos de catequese (cf. DC 114).

1.2. Os presbíteros e a catequese

Antes de tudo, o presbítero é educador da fé e cooperador do bispo e "tem a responsabilidade de animar, coordenar e dirigir a atividade catequética da comunidade que lhe foi confiada (cf. DC 115). Além de conscientizar a comunidade sobre sua natureza catequizadora para que todos se sintam responsáveis pela catequese, cabe-lhe garantir a catequese de crianças, adolescentes, jovens, adultos e anciãos, organizando e acompanhando estes percursos formativos, especialmente implementando a catequese de inspiração catecumenal a serviço da iniciação à vida cristã. Para tanto, tem a missão de suscitar vocações para o ministério catequético; valorizar e possibilitar que os catequistas recebam formação inicial e continuada de qualidade; contar com uma equipe de coordenação; elaborar o planejamento em sintonia com as demais pastorais e em comunhão com a diocese; disponibilizar recursos financeiros e material catequético (cf. DC 116).

Portanto, espera-se do presbítero que seja generoso, apaixonado pela missão, entusiasmado pela catequese; que oriente e acompanhe a ação catequética em clima de diálogo, atenção, proximidade; que tenha conhecimento necessário e atualizado da reflexão e dos rumos da catequese nos níveis nacional, regional e diocesano. O presbítero que responde a estes requisitos, com certeza, favorecerá o desenvolvimento e continuidade da missão catequética. Se nem sempre é assim, é preciso fomentar o diálogo, insistir na importância da catequese, a partir de documentos aprovados pelos bispos e ajudar os presbíteros para que reconheçam a importância, hoje, da catequese a serviço da Iniciação à Vida Cristã.

Reconhecendo o papel do presbítero e, sobretudo do pároco, na animação de uma catequese com qualidade, o próprio Diretório traz uma novidade em relação aos anteriores, dedicando alguns itens à "formação catequética dos candidatos às ordens sacras" (DC 151-153). A formação prévia nos seminários, que consiste no estudo dos fundamentos da catequese, acompanhado da prática, é uma necessidade que levou os bispos a insistirem que, na grade curricular dos cursos nos seminários, constasse a disciplina Catequética Fundamental (cf. DC 152). As diretrizes e orientações recebidas pelo candidato, no período de formação pastoral no seminário, são decisivas para uma ação catequética que consiga envolver e contagiar o ministro ordenado[25], cabendo aos bispos dar continuidade a esta formação, garantindo a atualização catequética-pastoral permanente de seu clero (cf. DC 153).

1.3. Missão dos diáconos na catequese

Chamados ao anúncio da Palavra de Deus, ao serviço da liturgia e ao cuidado com os mais pobres e sofredores de nossa sociedade, além de se esperar que estejam envolvidos com os programas de catequese, é muito louvável que incluam na catequese questões referentes aos pobres, aos sofredores e aos excluídos, educando os fiéis no exercício da caridade (cf. DC 118). Será de grande importância o envolvimento e a colaboração dos nossos diáconos na catequese iniciática de inspiração catecumenal (cf. DC 117).

Envolvidos no ambiente profissional e social, testemunham o Evangelho e são motivados ao anúncio do querigma. Também é importante salientar a importância do matrimônio para os diáconos permanentes, são testemunhas da grandeza e da importância do Sacramento do Matrimônio que precisamos valorizar. Eles podem, com certeza, catequizar as famílias e acompanhar situações que exijam mais atenção e cuidado (cf. DC 118).

1.4. A vida religiosa consagrada e a catequese

Desde o início da Igreja, observamos a presença e a preciosa contribuição de inúmeros religiosos e religiosas, particularmente na missão catequética. Constatamos a preciosa colaboração na catequese em diversas regiões do Brasil, principalmente em realidades desafiadoras. Consagradas e consagrados são convidados a continuar exercendo esta missão tão bonita de iniciar à vida cristã as novas gerações. Sua contribuição é fundamental (cf. DC 119).

É muito significativa a presença dos(a) consagrados(as) quando integrados(as) na vida pastoral da diocese ou paróquia onde atuam, dedicando-se à formação de catequis-

---

25. GEVAERT, J. *Sacerdote (formazione cat.)*. In: GEVAERT, J. *Dizionario di Catechetica*, p. 556.

tas e participando das equipes de coordenação. A catequese com inspiração catecumenal é um âmbito propício para tornar evidente toda a potencialidade e a eclesialidade presente na vida religiosa consagrada, pois a primeira catequese é o testemunho coerente de vida cristã (cf. DC 119).

1.5. Leigos e leigas na catequese

Na ação evangelizadora da Igreja, os leigos têm uma missão importante como batizados e seguidores de Jesus Cristo que, mergulhados no mundo da política, do trabalho, da cultura, da família, da escola e, principalmente, em lugares onde estão os que não frequentam a Igreja ou que se declaram sem religião ou de outras religiões, têm mais facilidade e sensibilidade para encarnar os valores do Reino de Deus no cotidiano.[26]

São aspectos a serem valorizados na ação catequética, pois, no contexto eclesial atual, entre os leigos comprometidos e que assumem um ministério na igreja, os catequistas são em maior número. A presença dos cristãos leigos e leigas na catequese conferem-lhe maior realismo. Atuam com gratuidade e alegria, dedicando tempo e energia para esta missão tão importante e fundamental. Merecem respeito, apoio e reconhecimento da Igreja. Na maioria são mulheres, mas se encontram também alguns homens, muitos jovens e até mesmo idosos.

Infelizmente, há ocasiões em que existem conflitos, incompreensões e divisões dentro do âmbito eclesial. O que fazer para favorecer um trabalho colegiado e poder vivenciar uma eclesiologia de comunhão e participação? Como superar o clericalismo e posições de autoritarismo e fechamento por parte dos leigos?

Os documentos eclesiais apresentam como positiva a ação dos leigos na igreja e motivam para uma melhor qualificação e formação destes agentes, que não deve ser entendida como "cursinhos", às vezes fragmentados e simplificados por demais, mas uma séria e consistente formação bíblica, teológica e pastoral. É importante que os diferentes centros formativos possam trabalhar em sintonia, em diálogo e, assim, unirem forças em prol de uma formação do laicato em vistas de uma catequese viva e eficaz. Reconhece-se a busca constante de leigos e leigas em crescer no conhecimento, por isso, a busca por cursos, leitura de diversos textos e o próprio testemunho favorece a ação evangelizadora.

---

26. Cf. ALMEIDA, A.J. *Leigos em quê?* Uma abordagem histórica. São Paulo: Paulinas, 2006, p. 323-328;
• PEÑA VANEGAS, E. Os laicos, discípulos misioneros. In: CONSEJO EPISCOPAL LATINOAMERICANO – CELAM. *A la luz de Aparecida*. Santafé de Bogotá, 2008.

Pode-se perguntar: se os leigos são de fato já catequistas, qual a novidade do Diretório para a Catequese quanto à formação do laicato? Ele impulsiona para uma ação mais ativa, responsável, consciente e em comunhão com os pastores da Igreja. Reconhece a grandeza e a importância das catequistas mulheres. Constata-se o grande número de mulheres na atividade catequética e em toda a ação pastoral. Realizam o ministério de catequista com alegria, generosidade, entusiasmo e amor (cf. DC 128). O Diretório também alude ao ministério de catequista, um ministério leigo, retomando o n. 231 do Diretório Geral para a Catequese (DGC 123). À luz do Diretório, em 11 de maio de 2021, recebemos o grande presente do Papa Francisco: a instituição do ministério laical de catequista.[27]

O Diretório acrescenta a importância dos pais, padrinhos e madrinhas que colaboram com os catequizandos e, com eles, os catequistas no itinerário de iniciação à vida cristã. Propõe um caminho de catequese com os padrinhos para ajudá-los a redescobrir a beleza e a importância da fé e de pertencer a uma comunidade cristã. Ressalta a grande contribuição dos avós na educação da fé das novas gerações. Tal contribuição envolve a disponibilidade de tempo para se dedicarem no incentivo às novas gerações sendo capazes de interagir expressando a afetividade em suas palavras e ações (cf. DC 126).

2. Perspectiva do Diretório para os catequistas

O Diretório para a Catequese traz indicações e propostas importantes para a atuação dos catequistas em suas diferentes realidades eclesiais. O DC também foi importante para responder aos desafios atuais na ação evangelizadora e catequética. Surgiram, na realidade, novos horizontes que fizeram com que os catequistas trilhassem novos caminhos inserindo-se na cultura digital, redescobrindo o que seja realizar uma catequese de inspiração catecumenal.

A valorização do catequista está presente em todo o documento, particularmente os catequistas leigos e mulheres. Eles têm a capacidade e sensibilidade de compreender os ensinamentos e gestos de Jesus, pois Ele nos amou e se colocou a serviço de todos nas pequenas e grandes coisas. As mulheres catequistas expressam em suas vidas um profundo cuidado e amor na transmissão da fé (cf. DC 128). A nossa Igreja se dá conta do grande potencial evangelizador dos leigos e leigas, assim os motiva a continuar esta missão com alegria, convicção e fé. São chamados a evangelizar nas diferentes realidades onde atuam.

---

27. *AM* 8.

A valorização das diferentes vocações no ministério catequético está presente no documento ora examinado. Deixa claro que todos os serviços na Igreja são importantes e não podemos perder de vista o chamado de Deus e a consequente necessidade de responder ao convite de Jesus transmitindo a Boa-nova do Evangelho a outras pessoas. Todos são vocacionados, um dia se sentiram chamados para a missão de catequizar. Eles têm no coração o desejo de transmitir a fé aos que procuram a comunidade eclesial missionária.

3. A pessoa do catequista em alguns documentos eclesiais

Quem é o catequista? Qual a sua missão específica? Como ele é apresentado nos documentos eclesiais dos últimos anos? É importante observar que o catequista, há trinta anos, era visto pela comunidade com uma missão diferente da que concebemos hoje. E ainda, o catequista vive e atua na Igreja, por isso será influenciado pelo contexto eclesial vigente.

O documento Catequese Renovada de 1983, fruto de uma ampla articulação nacional, contou com a colaboração de muitas pessoas até chegar a sua aprovação na assembleia geral de 1983. Este documento deixou um legado importante para o catequista e a catequese no Brasil. Nossa reflexão parte da identidade do catequista, e a Catequese Renovada trouxe um novo perfil de catequista. Trouxe também a clara mudança de compreensão do que é a catequese e sua missão. O catequista deixa de ser professor para ser educador da fé. Torna-se alguém preocupado com a realidade concreta dos catequizandos e esforça-se para superar uma catequese escolar para uma visão maior de busca de transformação da realidade.

A Igreja no Brasil, à luz do Diretório Geral para a Catequese, elaborou um Diretório adaptado/inculturado para a nossa realidade. Foram três anos de elaboração do novo documento brasileiro; pode-se afirmar que foi um trabalho em mutirão. O Diretório Nacional de Catequese (DNC) retoma as grandes intuições do DGC em relação ao catequista e sua formação. Essencialmente vai aprofundar o ser, saber e saber fazer do catequista. Estamos aqui refletindo sobre a identidade do catequista e no DNC aparece com clareza quando aborda o ser do catequista.

Podemos, assim, à luz destes três documentos, delinear alguns aspectos importantes da identidade, vocação e missão do catequista; de modo especial, tendo em vista as exigências de uma catequese de inspiração catecumenal a serviço da iniciação à vida cristã.

3.1. A espiritualidade do catequista

Espiritualidade é a força do Espírito que anima, motiva, impulsiona orienta a vida, pois permite descobrir em cada fato, alegre ou triste, no miudinho da vida, a presença amorosa de Deus. Ser guiado pelo Espírito é encontrar significado no que somos, fazemos, projetamos, movidos pela força que este mesmo Espírito infunde em nós. O catequista, que vive no Espírito, encontra razões sempre novas para assumir sua missão com alegria, criatividade e dedicação. Ele aprende as coisas do Espírito na escola de Jesus e durante a caminhada com Ele faz uma experiência de fé e vida. Iluminado pelo Espírito Santo transmite a mensagem do Evangelho com esperança, coragem, disposição, fervor e fé (cf. DC 264).

Os catequizandos e também toda a comunidade cristã exigem dele testemunho de vida e espiritualidade. Por isso, favorecer o crescimento espiritual do catequista é um desafio constante. O Diretório insiste em afirmar que o catequista é servo da ação do Espírito Santo. Por isso, o catequista é alguém que foi introduzido no mistério de Jesus Cristo, que fez uma experiência de fé na comunidade cristã. O catequista tem a missão de transmitir o conteúdo da fé e ao mesmo tempo conduzir seus catequizandos ao mistério da fé do Cristo crucificado e ressuscitado (cf. DC 113). Ele aprende também a viver no Espírito, alimentando-se do pão da Palavra e da Eucaristia, da vida de oração e da devoção à Maria, mãe de Jesus.

3.2. Catequista, aquele que acompanha e motiva a vivência da fé na comunidade eclesial missionária

O educador na fé contribui para a redescoberta do papel da comunidade eclesial missionária no processo de iniciação à vida cristã. Pois o caminho da iniciação pede uma preparação específica dos agentes de pastorais, coordenadores de catequese, religiosos e presbíteros para esta missão importante com uma preparação adequada dos catequistas e catequizandos. Por isso, o catequista é um companheiro de viagem, seguindo o exemplo de Jesus que caminha com os discípulos, escuta suas angústias e incertezas, e aponta para a centralidade do mistério pascal (cf. Lc 24,13-35). O educador da fé acompanha seus catequizandos com paciência e docilidade, seguindo um itinerário formativo que favorece o crescimento e o amadurecimento na vida cristã (cf. DC 113).

As dimensões da acolhida, gratuidade e serviço na comunidade cristã são fundamentais para poder repensar hoje a missão do catequista para a iniciação cristã.

Deve-se cuidar para não pensar somente o catequista como alguém com competência nas diferentes áreas, mas alguém que foi introduzido no mistério cristão e fez a experiência do encontro com o ressuscitado e que, hoje, como discípulo (cf. DAp 291), se coloca a serviço do Reino com uma grande abertura e disponibilidade para se deixar guiar e iluminar pelo Espírito Santo com a missão de educar as futuras gerações à maturidade na fé em Cristo. "O catequista precisa cultivar relações humanas de qualidade, já que elas permitem maior interação entre as pessoas. Jesus criou espaços de relação afetuosa, acolhedora, misericordiosa, que permitiam às pessoas uma maior proximidade".[28]

4. Ver, conhecer e seguir Jesus iluminados pela Palavra

O personagem bíblico escolhido aqui para iluminar e compreender melhor a identidade do catequista é Zaqueu (Lc 19,1-10). A perícope que apresenta esse personagem é exclusiva do Evangelista Lucas. Não se encontra paralelos nos outros sinóticos. O texto ajuda a compreender o desejo de cada ser humano procurar Jesus, dialogar, conviver e passar por um processo de conversão procurando dar testemunho de uma fé adulta, comprometida e consciente. Aquele homem quer ver Jesus, mas é impossibilitado pelo grande número de pessoas e porque era baixo (cf. Lc 19,3). Diante das dificuldades, ele toma a iniciativa: "Correu então à frente e subiu num sicômoro para ver Jesus que passaria por ali. Quando Jesus chegou ao lugar, levantou os olhos e disse-lhe: "Zaqueu, desce depressa, pois hoje devo ficar na tua casa". Ele desceu imediatamente e recebeu-o com alegria" (Lc 19,4-6).

Interessante é o fato de Zaqueu querer ver Jesus e é visto primeiro por Jesus. Coincidência? Sorte? O fato é que Jesus olha para cima, vê aquele homem, com certeza admira seu esforço e se oferece para ir à sua casa. E não deixa para o outro dia e sim naquele mesmo dia, pois a Salvação de Deus não é um futuro distante, mas já foi inaugurada. Percebe-se certa necessidade nesta visita, pois Jesus usa o verbo "devo". Sente-se a urgência do anúncio do Reino e a necessidade de formar discípulos missionários que creem em Jesus e desejam segui-lo.

Chama a atenção o fato de que em nosso trabalho catequético e pastoral, às vezes, falta entusiasmo, alegria, acolhida e até mesmo amor. Zaqueu, ao contrário, acolhe Jesus em sua casa com alegria, pode-se até dizer que estava feliz. Ao mesmo tempo acontece

---

28. SOCIEDADE DE CATEQUETAS LATINO-AMERICANOS. A formação iniciática de catequistas. In: *Revista de Catequese* 31/123 (2008), p. 75.

uma reação de indignação por parte das pessoas: "à vista do acontecido, todos murmuravam, dizendo: foi hospedar-se na casa de pecador!" (Lc 19,7). Também em outros textos bíblicos do Novo Testamento acontece que Jesus é incompreendido, as pessoas não conseguem entender o alcance de seu ensinamento e ação. Hospedar-se na casa de um que não estava dentro das "normas" provocou grande tumulto, mas com essa ação Jesus procura superar a barreira do puro e impuro.

Nesse encontro, com uma visita inesperada, acontece diálogo, convivência, comunhão e conversão. Zaqueu como interlocutor, a partir deste momento, toma uma decisão e comunica a Jesus: "Senhor, eis que dou a metade de meus bens aos pobres, e se defraudei a alguém, restituo-lhe o quádruplo. Jesus lhe disse: Hoje a salvação entrou nesta casa, porque ele também é um filho de Abraão. Com efeito, o Filho do Homem veio procurar e salvar o que estava perdido" (Lc 19,8-10). Assim, Zaqueu quis dizer que a partir daquele momento mudaria completamente de vida. Toma a decisão firme e consciente de pedir perdão e reparar os erros cometidos. Agora é acolhido por Jesus e a Salvação chega até ele e sua família.

A Palavra de Deus ilumina o ministério dos catequistas e ajuda a fortalecer sua identidade. Percebe-se, meditando o texto, algumas lacunas que poderiam ser superadas em nossos catequistas, como a dificuldade em acolher bem; superar os preconceitos em relação a algumas pessoas; estar disponível para visitar e ir ao encontro do outro; transmitir uma mensagem de esperança; procurar responder aos desafios e interrogações dos catequizandos. O catequista é chamado a anunciar e testemunhar que Jesus quer a salvação de todas as pessoas, mas para isso é necessário a busca de uma verdadeira conversão pessoal e mudança de vida.

5. Implicações pastorais para o catequista

Trazemos aqui algumas reflexões que nos parecem pertinentes para avançar na busca de uma catequese a serviço da Iniciação à Vida Cristã e indicando novos caminhos a partir da identidade do catequista. Ao mesmo tempo reafirmamos que o catequista vive, celebra e atua na comunidade eclesial missionária.

5.1. Catequistas a serviço da Iniciação à Vida Cristã

A Iniciação à Vida Cristã se torna realidade em nossas comunidades eclesiais missionárias. Há que se investir na formação dos novos catequistas e atualização dos que estão atuando. A missão do catequista se realiza no contexto eclesial, pois ele é, antes de tudo, testemunha da fé, membro da Igreja, e enviado por ela para ensinar e anunciar a mensagem evangelizadora nas comunidades. Este contexto nos desafia e exige uma revisão profunda da maneira de transmitir a fé e, por isso mesmo, da formação das novas gerações. É imperativo elaborar uma educação na fé que forje uma identidade cristã consistente, com uma consciência lúcida de ser discípulos e missionários de Jesus Cristo, na comunidade, valorizando a ação catequética na Igreja. "Um grande meio para introduzir o Povo de Deus no mistério de Cristo é a catequese" (DAp 274). É necessário perceber com alegria que os desafios não nos amedrontam, não nos fazem recuar, mas nos encorajam para juntos buscarmos novos caminhos para a formação de catequistas querigmáticos e mistagogos.

O catequista da Iniciação à Vida Cristã é alguém que se sentiu chamado por Deus e fez a experiência do encontro com Jesus Cristo e se tornou discípulo. É uma pessoa que testemunha sua fé na comunidade eclesial missionária e se deixa guiar pelo Espírito Santo. O catequista é acolhido pela comunidade, recebe a devida formação com a missão de iniciar na fé cristã crianças, adolescentes, jovens e adultos (cf. DC 112).

5.2. Identidade do catequista para a Iniciação à Vida Cristã

O contexto hodierno exige dos catequistas novos passos em busca de uma renovação catequética. Se necessário, mudar também de direção como fez Zaqueu. A catequese tem buscado essa renovação ouvindo os apelos da realidade. Passamos de uma catequese escolar para uma catequese mais voltada para a realidade do catequizando e experiencial. E nos últimos anos insiste-se na passagem para um novo paradigma que é a catequese de Iniciação à Vida Cristã com inspiração catecumenal. A renovação é necessária à formação como meio de transformação. Pois contribui para que a mensagem do Evangelho seja compreendida, assimilada e acolhida pelos diferentes interlocutores.

O catequista desenvolve um projeto de formação permanente e global suscitando a conversão e o crescimento na fé. A catequese é um itinerário sistemático e orgânico com a finalidade de educar à maturidade na fé e a transmissão da mensagem cristã. Esta mensagem deverá ser gradual focalizando sempre no essencial, na pessoa e nos ensinamentos de Jesus Cristo, favorecendo a dinâmica do encontro e do discipulado. É importante acentuar também a capacidade do catequista em transmitir aos outros suas experiências de vida cristã. Ele faz a experiência do amor e da misericórdia a partir do seu encontro pessoal com Jesus Cristo e se torna uma testemunha crível na comunidade (cf. DC 113).

O catequista da iniciação à vida cristã é alguém que se sentiu chamado por Deus e fez a experiência do encontro com Jesus Cristo e se tornou discípulo, pois "este ministério possui um forte valor vocacional" (*AM* 8). É uma pessoa que testemunha sua fé na comunidade eclesial missionária e se deixa guiar pelo Espírito Santo. Foi chamado por Deus com a missão de transmitir a fé cristã para outras pessoas. A partir do momento que se sente chamado a catequizar, inicia um caminho formativo como discípulo missionário de Jesus Cristo.

Esta identidade vai se formando no grupo de catequistas que assumem o ministério específico da iniciação na comunidade cristã. O catequista da iniciação à vida cristã valoriza as contribuições dos diferentes agentes de pastorais e grupos eclesiais no percurso formativo e iniciático. Também o educador da fé tem consciência que recebeu esta missão da Igreja. Por isso, a iniciação à vida cristã é sempre obra da Igreja.

Os catequistas da iniciação à vida cristã vão gradativamente se qualificando como testemunhas exemplares de fé com disponibilidade total para a missão catequética exprimindo com a vida a Palavra de Deus que anuncia; são amigos dos catequizandos, capazes de acolher sem discriminação e escutar seus problemas e alegrias, colocando-se sempre a serviço do crescimento humano e cristão; educadores que introduzem os catequizandos ao mistério cristão; construtores de comunhão capazes de promover relações entre catequizandos, pais, padrinhos e favorecendo o sentido de pertença à comunidade eclesial missionária.

5.3. Catequistas para o diálogo

Como se pode formar hoje para o diálogo? De que maneira os catequistas poderão ajudar seus catequizandos a viverem todos como irmãos? O que fazer para envolver toda a comunidade em prol do ecumenismo?

O catequista geralmente é um líder na comunidade, pois ajuda seus membros no crescimento na fé e, por isso, é convidado a, gradativamente, ajudar as pessoas a conhecerem e desejarem viver abertas ao diálogo. O Diretório afirma: "A catequese, por seu valor educacional, tem a missão de despertar, nos catequizandos, um desejo de unidade, ajudando-os a viver o contato com pessoas de outras confissões, cultivando sua identidade católica no respeito à fé dos outros" (DC 345).

Incentiva e exorta também que, no contexto com outras religiões, a catequese fortaleça a identidade dos fiéis, com o conhecimento do conteúdo da própria fé e o conteúdo de outras religiões; pratique o discernimento para acolher tudo de bom que existe nelas e o impulso missionário pelo testemunho, colaboração em defesa da vida, diálogo afável e, quando possível, o anúncio explícito do Evangelho de Jesus Cristo (cf. DC 350).

5.4. Catequistas com sensibilidade social

A indiferença aos problemas sociais, aos sofrimentos dos irmãos e à situação de fome e miséria é, na realidade, prática contrária aos ensinamentos de Jesus e ao ensino social da Igreja. O desafio está em motivar os catequistas, durante sua formação, para que estejam atentos à realidade que os circunda e à vida concreta da comunidade e de seus catequizandos.

Uma catequese inculturada, adaptada à diversidade de grupos étnicos como os indígenas, negros e outros, respeita a todos e busca a superação do preconceito, fortalecendo relações fraternas. Catequiza-se a partir da realidade e a realidade mesma é conteúdo da catequese, pois esta ilumina aquela com a Palavra de Deus, possibilitando conversão, mudança, transformação.

Na iniciação à vida cristã, acentua-se a dimensão do discipulado missionário, a partir de um olhar para Jesus que se preocupou com os que mais sofriam. O catequista, atento aos sinais dos tempos, será capaz de trabalhar contra a injustiça, a exploração, a fome, a miséria, e todo e qualquer tipo de injustiça.[29] Uma catequese iniciática de inspiração catecumenal, sensível à realidade, motiva catequistas e catequizandos a trabalharem na defesa da vida, em todas as suas fases, e na defesa dos direitos humanos; cria sensibilidade ecológica; leva a trabalharem em projetos de solidariedade e a se disponibilizarem ao voluntariado e a outras ações comunitárias. Que os novos catequistas em formação possam conhecer a Doutrina Social da Igreja e, assim, se sensibilizarem para a defesa da dignidade humana.[30]

---

29. LÁZARO RECALDE, R. & PEDROSA ARÉS, V.M. *Catequista*. In: PEDROSA ARÉS, V.M. & NAVARRO GONZÁLES, M. et al., *Dicionário de Catequética*, 194-195.

30. LÁZARO RECALDE, R. & PEDROSA ARÉS, V.M. *Catequista*, 195.

6. Para refletir

1. O que fazer para que nossos catequistas possam buscar uma formação continuada?

2. Como trabalhar a dimensão vocacional entre os catequistas? Como fazer para que eles percebam que foram chamados por Deus para esta missão?

3. Como despertar em todos os agentes de pastorais o interesse pela catequese a serviço da IVC? Estamos abertos para acolher as colaborações de outros agentes de pastorais e movimentos eclesiais?

4. A vida em comunidade é de fundamental importância. Como motivar os catequistas para a vivência em comunidade e participação na vida litúrgica?

CAPÍTULO 5

A formação dos catequistas

Pe. João dos Santos Barbosa Neto, sdb[31]

Introdução

O presente texto procura tecer algumas considerações pertinentes quanto à formação dos catequistas presentes no Diretório para a Catequese (DC), mas também alarga seus horizontes diante das grandes intuições oferecidas pelo Magistério da Igreja. A formação dos catequistas é elemento decisivo para a pastoral evangelizadora e tarefa prioritária das comunidades cristãs, justamente por isso, busca-se tratá-la de forma *interdisciplinar* de modo que possa ser objeto de reflexão e de posterior aplicação e implementação.

Inicialmente é necessário contextualizar o DC ao interno da ação catequética da Igreja procurando compreender a sua origem e o seu desenvolvimento. Em seguida, aborda-se o tema específico da formação dos catequistas presentes no documento, através de um paralelo comparativo com os outros dois diretórios anteriores, evidenciando assim os elementos de novidade na continuidade do ensino magisterial.

Busca-se, também, integrar estas orientações com os estímulos criativos da ação do Espírito Santo no Magistério (*Antiquum ministerium, O Pacto Educativo Global*),

---

31. Licenciado em Filosofia (UCDB/MS), bacharel em Teologia (UPS/ITÁLIA), pós-graduado *lato sensu* em Counseling (IATES/PR), pós-graduado *lato sensu* em Psicopedagogia (UCDB/Portal Educação), mestre em Teologia Pastoral (UPS/ITÁLIA) e doutor em Teologia Pastoral (UPS/ITÁLIA). Salesiano sacerdote. Professor da Università Pontificia Salesiana em Roma. E-mail: joaoneto@missaosalesiana.org.br

proporcionando assim uma reflexão ainda mais atual, pertinente e inserida no caminho eclesial da Igreja. Por fim, são oferecidas algumas pistas de reflexão motivadas por alguns elementos que interessam diretamente à formação dos catequistas, auxiliando assim em aprofundamentos pessoais e comunitários que podem contribuir com a otimização dos processos formativos.

1. A formação do catequista no Diretório para a Catequese

O DC se situa ao interno de uma nova concepção da ação catequética amadurecida ao longo do pontificado de Bento XVI (*Verbum Domini*; sínodo sobre a Nova Evangelização; o Ano da fé) e iluminada pelo pontificado de Francisco (*Evangelii Gaudium*; Jubileu da Misericórdia; *Fratelli Tutti*). Neste processo estreita-se o elo entre a catequese e a evangelização, assume-se o caráter querigmático, reforça-se a experiência do catecumenato e procura-se valorizar a mistagogia.

A temática da formação dos catequistas é apresentada no DC como um sério e dedicado processo formativo que visa o apurado discernimento vocacional, amadurecimento identitário e a capacitação holística daqueles que assumem este ministério que está a serviço da evangelização. O catequista deve ter claro quais são os pontos fundamentais da fé, conhecer instrumentos metodológicos e ser preparado para assumir um caminho de formação permanente, para que possa realizar com eficácia o seu papel na transmissão e educação da fé.

O aprofundamento educativo-pedagógico da mensagem evangélica é importante para dar razão da esperança (cf. 1Pd 3,15) e para o conhecimento maduro da verdade de fé. Tanto o anúncio quanto a educação da fé são realidades interdependentes, que fazem com que a vida da pessoa seja transformada e adquira um novo sentido a partir da experiência profunda e consciente com Cristo.

Neste processo formativo emerge a figura do catequista como um vocacionado chamado por Deus que em nome da comunidade exerce o seu ministério a serviço "da transmissão da fé e à missão de iniciar à vida cristã" (DC 112). Ele age como testemunha da fé, guardião da memória de Deus, mestre, mistagogo, acompanhador e educador daqueles que lhe foram confiado pela Igreja (cf. DC 113).

Da profunda experiência com Cristo, na qual o catequista encontra-se holisticamente com a Verdade, ele reestrutura todo o seu ser e se redefine "em um movimento de transformação que o habilita a anunciar e narrar a fé na própria cultura, com as relativas categorias culturais temperadas pela Palavra e imbuídas de um significado evangélico".[32] Dada a seriedade de tal processo é necessário que o catequista seja acompanhado em sua formação para acolher sua vocação como dom e permitir que a graça divina molde o seu ser e incida em seu caráter.

O DC oferece um capítulo dedicado à formação do catequista onde procura abordar o novo cenário da catequese na ação evangelizadora, atualizando as exigências metodológicas e pedagógicas, mas também aprofundando e valorizando as indicações que esboçam o perfil mais atualizado do catequista. A parte dedicada à formação do catequista é desenvolvida de forma específica no quarto capítulo da I parte, intitulado *A formação dos catequistas* – conta com seis subtítulos ou aspectos a serem considerados: natureza e finalidade da formação de catequistas (130-132); a comunidade cristã, lugar privilegiado de formação (133-134); critérios para a formação (135); as dimensões da formação (136-150); a formação catequética dos candidatos às Ordens sagradas (151-153); centros de formação (154-156), com um total de 26 números.

O primeiro aspecto é dedicado ao tema da *natureza e finalidade da formação de catequistas*. O Documento afirma que a formação dos catequistas, desde sempre, é uma prioridade da Igreja, por isso é importante acompanhar as mudanças sociais e os seus desafios (cf. DC 130). O Diretório também recorda que a formação é permanente, age transformando a pessoa a partir da interiorização da mensagem do Evangelho e o conforma a Cristo (cf. DC 131). Por fim, declara que a finalidade é cristocêntrica e que os catequistas devem ser discípulos missionários capazes de comunicar o Evangelho, acompanhar e educar na fé (cf. DC 132).

O segundo aspecto abordado pelo Diretório no que diz respeito à formação dos catequistas está relacionado com a *comunidade cristã*, na qual é considerada como *lugar privilegiado de formação*. Nele reafirma-se a comunidade como origem, lugar e meta da catequese. O anúncio da mensagem de Jesus sempre tem seu ponto inicial na comunidade cristã cuja finalidade é a conversão a Jesus Cristo. É o lugar da formação por excelência porque é onde se vive e se exercita o dom da fé (cf. DC 133). Em seguida, ressalta-se a relevância do grupo de catequistas como laboratório formativo permanente. O grupo dos catequistas é a primeira comunidade na qual eles irão realizar com suas próprias vidas uma experiência imediata de formação (cf. DC 134).

O Diretório também propõe um terceiro aspecto que são os *critérios para formação* do catequista onde procura especificar cada um deles. Os critérios nomeados de-

---

32. MORANTE G. & ORLANDO, V. *Catechisti e catechesi all'inizio del terzo millennio*. Leumann (TO): Elledici, 2004, p. 175.

vem servir de inspiração para iniciar ou revisar processos formativos nas dioceses e respectivas comunidades: *espiritualidade missionária e evangelizadora*; *catequese como formação integral*; *estilo de acompanhamento*; *coerência entre os estilos formativos*; *perspectivas da* docibilitas *e da autoafirmação*; *dinâmica do laboratório no contexto de grupo*. Todos esses elementos têm por finalidade promover um caminho de amadurecimento da fé e da vivência comunitária na vida e missão do próprio catequista (cf. DC 135).

Na sequência são apresentadas as *dimensões da formação* (cf. DC 136-150). O Diretório, ao tratar das dimensões da formação, apresenta três elementos que contribuem para identificar e aprofundar as quatro dimensões do catequista (*ser; saber ser com; saber; saber fazer*) inspiradas na linha de pensamento inaugurada de Jacques Delors na perspectiva das Ciências da Educação,[33] deixando claro que elas são interdependentes e correspondem aos aspectos da unidade indivisível da pessoa. A primeira dimensão, *ser* e *saber ser com*, está associada à maturidade humana, cristã e consciência missionária (cf. DC 139-142); na sequência, *o saber* está relacionado com a formação bíblico-teológica, o conhecimento da pessoa humana e seu contexto social (cf. DC 143-147) e, por fim, *o saber fazer*: a formação pedagógica e metodológica (cf. DC 148-150).

O quinto aspecto contempla *a formação catequética dos candidatos às Ordens sagradas*. Nele são colocados em evidência e reelaborados os critérios e o currículo catequético no processo de formação ao sacerdócio e ao diaconato permanente. Ainda, chama a atenção que a qualidade da catequese da Igreja depende também do zelo que os ministros dedicam a ela (cf. DC 151). Para isso, sugere ainda que os bispos sejam os primeiros a garantirem tanto na formação inicial quanto na formação permanente dos presbíteros um espaço para o aprofundamento da catequese dentro da ação evangelizadora da Igreja (cf. DC 153).

Por fim, um último aspecto concerne sobre os *Centros de formação*. O Documento individualiza três diferentes centros de formação: *uma formação inicial*, na qual o Diretório denomina de *base*; uma formação *de especialização para responsáveis e animadores da catequese*; centros *superiores para especialistas em catequética*. De fato, o Diretório

---

33. O livro *Educação – Um tesouro a descobrir*, de autoria de Jacques Delors, serviu de base para a reflexão que o Diretório apresenta. Nesse livro, o autor descreve no quarto capítulo os quatro Pilares da educação que são: *Aprender a Conhecer* (adquirir os instrumentos da compreensão); *Aprender a Fazer* (poder agir sobre o meio envolvente); *Aprender a Viver Juntos* (participação e cooperação com os outros em todas as atividades humanas); *Aprender a Ser* (a essência que integra os pilares). Esses quatro pilares da Educação são conceitos baseados no Relatório para a Unesco, na Comissão Internacional sobre Educação para o século XXI, no ano de 1999.

procura estabelecer os destinatários e a finalidade de cada um deles. Enfim, exalta a importância e a necessidade da preparação, estudo e reflexão permanente.

De modo geral, pode-se afirmar que, ao tratar da *formação dos catequistas*, o DC levou em consideração as observações e práticas já existentes, inauguradas no *DGC*, resultando em um texto rico de conteúdo, com uma sequência progressiva do processo formativo, indicando a formação catequética dos candidatos às Ordens Sacras e explanando, de modo mais detalhado, os centros de formação. Entretanto, é importante destacar que o processo de formação do catequista deve, pela sua complexidade, ser prioridade nas dioceses, fruto de um planejamento dentro do processo de evangelização.

2. A formação do catequista no Magistério da Igreja

O Concílio Vaticano II deu uma atenção especial à formação dos leigos na Igreja. Prova disso encontramos no Decreto *Apostolicam actuositatem* (*AA*) sobre o apostolado dos leigos. Nele o Documento reconhece a urgente necessidade que é antes de tudo ação do Espírito Santo que torna homens e mulheres leigos conscientes de sua responsabilidade a serviço do Reino de Deus através da Igreja (cf. *AA* 1).

A responsabilidade que o Decreto se refere está em primeiro lugar associada à vocação dos leigos na Igreja, uma vocação que se dá pela via da participação ao serviço, no qual associa a vocação cristã com a vocação ao apostolado. Dessa forma destaca que, no seio da Igreja, existe uma diversidade de ministérios sob a perspectiva de uma única missão (cf. *AA* 2). Essa participação se dá naquilo que a *Lumen Gentium* irá denominar de exercício no sacerdócio comum de Cristo, no qual participa da missão profética de Cristo através do testemunho vivo na fé e na caridade (cf. *LG* 12). Dessa forma, os leigos tornando-se participantes do múnus sacerdotal, profético e real de Cristo, realizam na Igreja e no mundo a sua vocação própria de todo o Povo de Deus (cf. *LG* 31).

Afirma a *AA* que, para o exercício do apostolado no mundo, quer pelo ministério, quer pelos sacramentos, o Espírito Santo doa, a cada um, dons para a edificação do corpo de Cristo e da "recepção desses carismas, ainda que os mais simples; nasce para cada um dos fiéis o direito e o dever de, para o bem dos homens e edificação da Igreja, os exercerem nesta e no mundo, na liberdade do Espírito Santo" (*AA* 3). Ao leigo, através da graça do batismo, lhe é dado o direto de ter uma boa formação como afirma a Declaração sobre a educação cristã *Gravissimun Educationes* (*GE*). Formação esta que contemple a maturidade da pessoa humana no aprendizado ao conhecimento e experiência com Cristo, a fim de habilitar para o testemunho cristão com a finalidade da transformação do mundo (*GE* 2 e 4), ser uma presença de Cristo no meio do mundo como na expressão da *Lumen Gentium*: "o que a alma é no corpo, sejam-no os cristãos no mundo" (*LG* 38).

O Decreto *AA*, no capítulo quarto, dedica a *formação do apostolado*, para isso, sinaliza que esse processo deve ser apoiado nos fundamentos evidenciados na *Lumen Gentium* no capítulo segundo sobre o exercício do sacerdócio comum, o sentido da fé e os carismas do Povo de Deus (cf. *LG* 12-21). Nessa mesma direção, afirma que dentro dessa formação comum de todos os fiéis batizados, "não poucas formas de apostolado requerem também uma formação específica e peculiar, em virtude da variedade de pessoas e circunstâncias" (*AA* 28) e, para isso, indica quais são os princípios para a formação dos leigos e leigas. Esses princípios supõem que se considere a formação humana integral, que tem como ponto de partida a vivência da fé, a formação espiritual com sólida preparação doutrinal e teológica, o cultivo das relações humanas maduras, uma aprendizagem que seja gradual que os conduza a ver, julgar e agir a realidade à luz do Evangelho e da fé, considerando a unidade e a integridade da pessoa humana (cf. *AA* 29).

Após apresentar os princípios da formação dos leigos, o Decreto aponta quais são os sujeitos desse processo a começar pelas crianças, os adolescentes e os jovens. Também sugere que o ponto de partida para isso são os pais na família, as comunidades tanto eclesiais quanto temporais, escolas, associações de leigos (cf. *AA* 30). Por fim, sugere-se adaptar a formação dos leigos às várias exigências que o tempo presente exige tanto na Igreja quanto da sua presença no mundo apontando três formas: a) O apostolado da evangelização; b) A vivência da vida cristã no mundo; c) O engajamento nas obras de caridade e misericórdia (cf. *AA* 31).

Observa-se que, ao longo do pós-Concílio, em nossa realidade com as Conferências do Episcopado Latino-americano, sobretudo no Documento de Aparecida, há um destaque no que diz respeito à formação dos batizados. Vemos, ainda, no Magistério do Papa Francisco, sua insistente motivação e ações concretas que valorizam homens e mulheres leigos no exercício da sua vocação batismal na Igreja (sobretudo em funções administrativas na Cúria Romana) e no mundo.

3. A formação dos catequistas nos Diretórios Catequéticos

Os dois Diretórios precedentes marcaram a história da catequese contribuindo com o desenvolvimento e o amadurecimento do movimento catequético consolidando pontos fundamentais e abrindo novos horizontes. O DCG, de 1971, foi o documento que organizou o pensamento catequético através das indicações conciliares fornecendo uma linha guia de orientações para a Igreja Universal.[34] No DCG, a formação do catequista se encontra na quarta parte, na qual trata do Ministério da Palavra; no capítulo terceiro no qual podemos destacar que a finalidade essencial da formação do catequista está em habilitar para a comunicação da mensagem cristã. Para isso, o Diretório aponta uma formação com elementos teológico-doutrinais, antropológicos e metodológicos (cf. DCG 111). Considera ainda a necessidade do cultivo de uma vida espiritual (cf. DCG 114). Por fim, a formação dos catequistas deve ser empenho e tarefa da comunidade cristã (cf. DCG 115).

O DGC de 1997 é fruto do *Catecismo da Igreja Católica* (1992) e recebeu forte influência das exortações apostólicas *Evangelii Nuntiandi* e *Catechesi Tradendae* e da Encíclica *Redemptoris Missio*. Ele dá continuidade ao precedente Diretório, mas avança indicando uma ação catequética cristológica, ventilando um ensino íntegro dos conteúdos da fé a partir da qual inspira a identidade e os objetivos da catequese.

No campo educativo o DCG encorajou um modelo de catequese permanente voltada à prática pedagógica com objetivos a serem atingidos, e não tanto mais concentrada na memorização dos catecismos. Já o DGC promove a valorização das ciências humanas, aprofundando a metodologia e as disciplinas pedagógicas para melhor fazer conhecer e transmitir os conteúdos da fé.[35] Dessa forma, o DGC, ao considerar as ciências humanas, oferece uma nova dinâmica no que diz respeito ao processo formativo do catequista. Um exemplo disso são os Pilares da Educação que foram integrados no DGC quando se fala em formação do catequista.

Portanto, o DGC compreende o catequista como discípulo e testemunha que, além de educar na fé, também a comunica e acompanha a pessoa ao longo de todo processo de amadurecimento humano e de fé. No DGC, a formação do catequista encontra-se no segundo capítulo da V parte, é intitulado *A formação para o serviço da Catequese*. São dezenove números (233-252) dedicados a esse tema dos quais se destacam os seguintes: a formação tem por finalidade habilitar o catequista para comunicar a mensagem do Evangelho a fim de buscar favorecer a comunhão do convertido com Jesus Cristo. Nesse caso, sob a influência da *Catechesi Tradendae*, a perspectiva cristológica incide sobre a identidade do catequista e de seu processo formativo (cf. DGC 235).

---

34. Cf. FISICHELLA, Rino. Le motivazioni di fondo, i punti nevralgici e le parole-chiave nella tessitura del nuovo Direttorio per la Catechesi (2020). *Salesianum*. Roma, vol. 82, n. 04, p. 614-631, 2020: 615.

35. Cf. MEDDI, Luciano. Considerazioni sulla proposta catechistica del nuovo Direttorio. *Salesianum*. Roma, vol. 82, n. 04, p. 842-871, 2020: 846.

Outro destaque é a influência das ciências da educação que apresentará critérios inspiradores para a formação com os catequistas, no qual há a exigência da necessidade da coerência entre a pedagogia global da formação catequética e a pedagogia própria de um processo catequético, considerando assim as dimensões da sua formação: o ser, o saber e o saber fazer no desejo de favorecer para o catequista um itinerário de formação que considere a sua maturidade humana (cf. DGC 237-239). O DGC insiste na contribuição das ciências humanas no processo formativo sobretudo da psicologia e da sociologia, das ciências da educação (pedagogia) e da comunicação, cujo objetivo está na contribuição para uma vida de fé mais amadurecida daquele que tem a missão de educar na fé (cf. DGC 242).

No caminho de continuidade do movimento catequético, o DGC é um fundamental ponto de referência e portador da tradição de uma catequese viva e criativa, da qual o DC de 2020 se inspira. De fato, esse Diretório indica aprofundamentos sobre a compreensão da catequese, dando um renovado impulso à inculturação e preservando o delicado equilíbrio do encontro entre Deus e o homem, adequando assim, o anúncio ao novo contexto cultural para garantir, de um lado, uma transmissão mais viva e eficaz do Evangelho e, do outro, favorecer a sua progressiva compreensão.[36]

A catequese, como ação evangelizadora, assume a perspectiva missionária própria da "Igreja em saída", de uma catequese em missão, onde se acentua no horizonte teológico-pastoral a relação entre evangelização e catequese, da qual emerge o processo de educação da fé capaz de levar as pessoas à conversão da mente e do coração e à intimidade com Jesus Cristo.[37] Este processo inaugura um modelo generativo de catequese, o qual dá vida através do ato educativo a uma criatura nova, que necessita de todos os cuidados que são necessários para o crescimento de cada sujeito que é gerado e que é chamado continuamente a ser regenerado.[38]

Sendo assim, por sua vez, o catequista, imbuído da espiritualidade missionária, é testemunha credível de fé, comunicador da alegria do Evangelho e da experiência vivida com Cristo, um discípulo-missionário que age em estilo de comunhão, com criatividade, gratuidade e dedicação, acompanhando com humildade e respeito a liberdade

---

36. Cf. SAVAGNOME, Giuseppe. La globalizzazione della cultura e il cambio d'epoca: sfide per l'evangelizzazione e la catechesi. *Salesianum*. Roma, vol. 82, n. 04, p. 715-724, 2020: 716.

37. Cf. LIMA, Luiz Alves. A Catequese e seus Diretórios. *Revista de Catequese*. São Paulo, vol. 44, n. 157, p. 06-26, 2021: 23.

38. Cf. RUTA, Giuseppe. Lo sviluppo dell'identità della catechesi. *Salesianum*. Roma, vol. 82, n. 04, p. 688-714, 2020: 699.

da pessoa.[39] Neste horizonte, o catequista deve ser habilitado a inserir gradualmente o catequizando no mistério do amor de Deus, proporcionando um encontro íntimo e profundo com Cristo, do qual emerge a fé e a opção fundamental de permanecer unido a ele, inaugurando assim uma vida nova aberta à Verdade e vivida em comunhão.[40]

O DC apresenta a "experiência" e o "encontro" como duas categorias que representam a capacidade de diálogo e de escuta, e as indicam como importantes capacidades que devem ser adquiridas e desenvolvidas pelo catequista durante a sua ação de guiar o catequizando na celebração e na vivência do mistério.[41] Deste modo, fortalece-se um estilo de catequese que é capaz de conjugar o conteúdo do anúncio com o ato de anunciar delineando um estilo de acompanhamento que não ensina transmitindo noções teóricas, ou princípios especulativos, ou leis gerais, ou explicações científicas, mas fazendo fazer e operando.[42]

Ao tratar das dimensões da formação do catequista, o DC apresenta uma maior sensibilidade educativa-pedagógica e propõe um texto bem elaborado demonstrando maior compreensão e desenvolvimento dos quatro pilares da educação que, de modo geral, os centros catequéticos procuram acolher e tornar isso possível nos itinerários de formação com os catequistas.

No primeiro ponto das dimensões o DC apresenta o *Ser e saber ser com* (139-142), no qual busca abordar a maturidade humana, cristã e consciência missionária. Na dimensão do *ser*, o catequista desenvolve de forma progressiva a sua dimensão humana, espiritual, e adquire uma maior consciência missionária enquanto *testemunha da fé e guardião da memória de Deus* [...], é chamado a crescer constantemente em um equilíbrio afetivo, senso crítico, unidade e liberdade interior, vivendo relações que sustentam e enriquecem a fé" (DC 139). A dimensão do *saber ser com*, busca-se aprimorar o ato educativo e comunicativo, com a consciência de que ele fala em nome da Igreja, por isso, a sua formação deve sempre considerar o contexto cultural, eclesial e existencial do interlocutor (cf. DC 143).

---

39. Cf. PARANHOS, Washington. O sentido de um diretório para a catequese em tempo de sinodalidade: perspectivas e desafios. *Revista de Catequese*. São Paulo, vol. 44, n. 157, p. 27-40, 2021: 28.

40. Cf. BARBOSA NETO, João dos Santos. Elementos para a valorização da catequese de inspiração catecumenal e mistagógica: reflexões a partir do Diretório para a Catequese de 2020. *Revista de Catequese*. São Paulo, vol. 44, n. 157, p. 88-96, 2021, p. 90.

41. Cf. ASTI, Francesco. Santità e catechesi. *Salesianum*. Roma, vol. 82, n. 04, p. 827-841, 2020: 837.

42. Cf. PAREYSON, Luigi. *Estetica: teoria della formatività*. Milano: Bompiani, 3ª ed., 2002, p. 156.

A dimensão do "*saber*" (143-147) requer que o catequista tenha uma sólida formação bíblico-teológica e conhecimento da pessoa humana e do contexto social. O catequista é um mestre que ensina a fé, dá testemunho e transmite a fé da Igreja (cf. DC 143), por isso a necessidade do conhecimento geral da teologia, da sagrada Escritura e da liturgia (cf. DC 144). Entretanto, não se pode esquecer que ele também é chamado "a conhecer a pessoa concreta e o contexto sociocultural em que vive" (DC 146), pois isso ele deve enriquecer-se valendo-se das contribuições das ciências humanas.

A dimensão do "*saber fazer*" (148-150), demanda uma consistente formação pedagógica e metodológica do catequista de modo que ele possa se formar como educador e comunicador (cf. DC 148), amadurecendo a capacidade de liberdade interior e da mentalidade educativa, a competência na comunicação e na elaboração de itinerários de fé (cf. DC 149). Esta dimensão tende a demonstrar os frutos do processo educativo do catequista onde ele faz experiência de vida e de trabalho com o grupo de catequese, na qual ele adquire maior sentido de "pertencimento à comunidade e de viver o serviço da catequese em um estilo de comunhão" (DC 150).

Uma outra dimensão, que apesar de não estar presente de modo explícito no diretório, mas que é evidenciada pelos catequetas, é o "*saber estar em*", que se refere ao diálogo entre a fé e a cultura, no empenho da inculturação da fé, de modo que a presença do catequista seja testemunho dos valores evangélicos no próprio contexto social.[43] Esta dimensão exige do catequista uma grande capacidade de discernimento para promover uma renovada atualização do sentido da fé, a partir de um engajamento integrado no meio da vida do povo, fazendo com que a fé seja compreensível e desejada.[44]

O conjunto destas cinco competências tornam-se um substancioso bloco de recursos que mobiliza e dinamiza a ação do catequista diante das mais complexas situações na vida da comunidade.[45] Deste ato em que as variadas competências interagem de modo orquestrado para tentar solucionar algo, origina-se a um tipo de competência

---

43. Cf. SORECA, Salvatore. Catechisti e figure di accompagnamento. In: BENZI, G. – TOSO, P. & MONTISCI, U. (Edd.), Dodici ceste piene... (Mc 6,43): catechesi e formazione cristiana degli adulti. Torino: Elledici, 2013, 89-94: 93.

44. Cf. FOSSION, André. La compétence catéchétique. In: DERROITTE, H. & PALMYRE D. (Edd.), *Les nouveaux catéchistes*. Bruxelles: Lumen Vitae, 2008, 15-32: 21.

45. Cf. PERRENOUD, Philippe. *Enseigner*: agir dans l'urgence, décider dans l'incertitude. Paris: ESF, 1999, p. 15-16.

chamada transversal, porque "as suas características essenciais podem ser encontradas no agir de uma pessoa em muitos contextos, às vezes muito diferentes entre eles".[46]

4. Inspiração bíblica para a formação com os catequistas

Jesus, no Evangelho de Marcos, propõe um processo formativo com os seus discípulos. Contudo, esse aprendizado, requer que, a necessidade de compreender e conhecer Jesus passa por um critério fundamental, *caminhar com Ele*, estar com a sua Pessoa. Propomos aqui, inspirados no relato do Evangelista Marcos 4,34-41, um itinerário, a fim de contribuir no aprofundamento daquilo que o DC propõe acerca da formação com os catequistas.

a) *A inciativa é de Jesus (4,35)*: o convite parte da iniciativa de Jesus na direção dos seus discípulos. No contexto do Evangelho de Marcos, essa é primeira viagem de Jesus com os seus discípulos. Contudo, antes de "passar para a outra margem", Jesus irá narrar a Parábola do Semeador (4,1-9) em que o Reino é semelhante a plantar sementes novas dentro de um velho contexto, em pessoas que são chamadas à vocação ao seguimento do Messias. Passar para a outra margem, não se resume apenas em passar para o outro lado, mas Jesus quer fazer pedagogicamente com os seus discípulos, um caminho que promova uma mudança de mentalidade. O DC propõe que o itinerário formativo, cuja finalidade é o amadurecimento humano, cristão e missionário, exige necessariamente um processo de acompanhamento do catequista a fim de despertar e fazer crescer nele as *habilidades* de viver relações fraternas em comunidade (cf. DC 139-140).

b) *Atitude de silêncio dos discípulos*: diante do convite que Jesus realiza, há um profundo silêncio que, por sua vez, remete também ao silêncio dos discípulos. É importante perceber esse elemento porque, na formação do discipulado, há a necessidade de desenvolver a capacidade de *escuta*. O discípulo vai sendo formado à medida que escuta o seu Mestre. Essa mesma experiência é muito importante na vida do catequista porque ele, no ato de acompanhar na fé homens e mulheres, sua vocação deve ser vivida, conforme lembra o DC "no mais absoluto respeito à consciência e a pessoa do outro" (DC 142).

---

46. PELLEREY, Michele. *Competenze*: conoscenze, abilità, atteggiamenti. Napoli: Tecnodid, 2010, p. 146.

c) *Desenvolver a capacidade de perguntar (4,41)*: após o silêncio dos discípulos que remete à escuta atenta da sua Pessoa, surge a intrigante questão: "quem é este, que até o vento e o mar lhe obedecem?" Lembremos que essa interrogação vem seguida do questionamento realizado por Jesus: "por que sois tão medrosos? Ainda não tendes fé?". A pergunta central é: quem é Jesus para esse grupo de homens? A proposta do Evangelista Marcos é responder a essa pergunta na tentativa de realizar um caminho formativo com os Doze. Perguntar é desenvolver a capacidade de desejar aprender sempre. O DC evidencia que, junto a fidelidade à mensagem evangélica, o catequista precisa sempre estar atento ao contexto sociocultural que vive, permitindo-lhe que a própria realidade e a realidade da sua comunidade de fé lhe suscitem questões (cf. DC 146).

d) *Capacidade de estar com o Mestre e com as pessoas*: Os discípulos estão com Ele. É na convivência direta com Jesus que eles aprendem o seu jeito de viver e se relacionar com o Pai, com os irmãos e com o mundo criado. Aquele que deseja ser discípulo de Jesus precisa permanecer com Ele. A melhor formação que um catequista pode trilhar é desenvolver o hábito de estar com Jesus Cristo através da sua Palavra e na busca por uma espiritualidade eucarística. Segundo o DC, é parte do seu processo formativo estar inserido em uma comunidade de fé no exercício da *comunhão*, a sua vida precisa estar alicerçada sob esta dimensão (cf. DC 150). É permanecendo com Ele que se aprende a ser como Ele para o serviço fraterno aos *outros*.

5. Linhas de inspiração para ações pastorais

O horizonte da formação do catequista apresentado no DC é amplo e deve motivar as diversas instâncias catequéticas ao redor do mundo a revisarem e a reelaborarem percursos formativos dinâmicos e responsabilizantes capazes de integrar todas as dimensões da pessoa. Nesse aspecto, existem importantes documentos e iniciativas do magistério que devem ser absolutamente considerados e valorizados como fontes inspiradoras de iniciativas para que o processo formativo dos catequistas seja o mais eficaz possível. Entre eles, destacamos dois: *Antiquum ministerium* e o *Pacto Educativo Global*.

5.1. Antiquum ministerium[47]

Embora o DC não faça nenhuma referência explícita ao ministério do catequista, é impossível tratar da formação dos catequistas em nosso contexto atual, sem considerar a carta apostólica em forma de *motu proprio 'Antiquum ministerium'*, na qual o Santo Padre instituiu o ministério do catequista. Este Documento, mesmo sendo posterior ao DC, é de essencial leitura, pois redimensiona a significatividade de todo o Diretório e aumenta a importância do processo formativo já que este serviço é a expressão concreta do carisma pessoal do catequista, adquirindo o reconhecimento da graça ministerial.

Nele, o catequista é reconhecido como um vocacionado que acolhe o ministério como dom do Espírito ao responder ao chamado do Senhor para colaborar no serviço da catequese, demonstrando engajamento e competência no serviço pastoral da transmissão da fé. Receber este ministério, imprime uma acentuação maior no empenho da missão do catequista como discípulo missionário, exige estabilidade e participação ativa na comunidade local. Por fim, demanda a capacidade de planejar um itinerário de formação com catequistas que privilegie o acolhimento, generosidade, trabalho em equipe e vida de comunhão fraterna.

Toda esta mudança de perspectiva impacta fortemente no campo formativo que recebe do Magistério a clara orientação de oferecer uma devida instrução bíblica, teológica, pastoral e pedagógica, para que os catequistas sejam solícitos comunicadores da verdade da fé, e maturem uma certa experiência de catequese. Ao longo do percurso o catequista-vocacionado deve amadurecer as dimensões humana, espiritual, intelectual e pastoral; fortalecer as motivações e assimilar na própria vida o papel de testemunha da fé, mestre e mistagogo, acompanhante e pedagogo que instrui em nome da Igreja.

Esta carta apostólica implica a imediata revisão do processo formativo do catequista em toda a Igreja, reorganizando o currículo, o conteúdo e o método, de modo que favoreça as condições ideais para o discernimento e amadurecimento vocacional, alargando seus conhecimentos e introduzindo-os em um caminho de experiência com o Senhor. Assim, o âmbito da formação deverá então empenhar-se para que o tempo dedicado ao estudo seja alinhado a um acompanhamento pessoal que auxilie o candidato a apropriar-se paulatinamente dos valores e características próprios do ministério da catequese.

---

47. FRANCISCO. *Carta apostólica em forma de motu proprio Antiquum ministerium*. São Paulo: Paulus, 2021.

5.2. O Pacto Educativo Global[48]

Um segundo elemento que consideramos como linha de inspiração para a ação da pastoral e com desdobramentos na ação catequética é o chamado do Papa Francisco para o *Pacto Educativo Global*, cujo tema é centrado na educação que abre a mente e o coração à compreensão mais ampla da realidade, uma educação mais aberta e inclusiva, capaz de escutar o paciente, em um diálogo construtivo e de mútua compreensão. Com o chamado a este pacto, Papa Francisco pretende relançar uma educação capaz de formar pessoas maduras, capazes de superar fragmentações e contrastes, reconstruir o tecido das relações e instruir à solidariedade universal e ao novo humanismo.

O DC ao abordar as dimensões da formação do catequista, sobretudo em relação ao *saber*, o faz relacionando com o *contexto social* e, ao afirmar que, junto com fidelidade à mensagem, é tarefa indispensável do catequista, conhecer o ambiente e o contexto social nos quais está inserido. Para isso, o Diretório faz uso da citação de um Documento conciliar *Gaudium et Spes*, afirmando que os catequistas precisam estar em íntima união com os homens de seu tempo para compreender neles o seu modo de estar no mundo, seu jeito de pensar e expressar a cultura, a vida e a prática da fé em comunhão com princípios e fundamentos da Doutrina Social da Igreja (cf. DC 146). Sob esta razão, é importante que a formação do catequista contemple por sua vez, a dimensão socio-transformadora da fé, sobretudo em relação às dimensões mais urgentes no que se refere ao desenvolvimento e respeito à vida humana.

Sob essa motivação, o Papa Francisco fala da constituição de uma vila da educação, que gera uma rede de relações humanas e abertas, que preza pelo diálogo e escuta sincera, colocando no centro a pessoa, favorecendo a criatividade e a responsabilidade por uma projetação a longo prazo e formar pessoas disponíveis para servir a comunidade. Enfim, que valorize as experiências de vida e processos de aprendizagem que permitam o desenvolvimento da personalidade.[49]

---

48. FRANCISCO. *Mensagem para o lançamento do Pacto Educativo* (12.09.2019). Disponível em: <https://www.vatican.va/content/francesco/pt/messages/pont-messages/2019/documents/papa-francesco_201909 12_messaggio-patto-educativo.html>. Acesso em: 21 jul. 2021.

49. FRANCISCO. *Discurso aos membros do corpo diplomático acreditado junto da Santa Sé para as felicitações de ano novo* (09.01.2020). Disponível em: <https://www.vatican.va/content/francesco/pt/speeches/20 20/january/documents/papa-francesco_20200109_corpo-diplomatico.html#_ftn6>. Acesso em: 21 jul. 2021.

O percurso de formação do catequista pode ser integrado à unidade desta mensagem, na qual se supera uma visão setorial para acolher a proposta de um caminho educativo que a Igreja faz a toda a humanidade. Este convite global exige que o catequista participe ativamente de espaços para estudo, reflexão, partilha e propostas, a fim de que se possa estabelecer um diálogo envolvente e transformador com as novas gerações.

O paradigma da vila da educação requer a utilização da linguagem da cabeça, das mãos e do coração; isto quer dizer que a formação não deve concentrar-se na absolutização do modo racional-intelectual, mas deve se envolver todo o ser da pessoa, englobando também o coração e a alma. Desta forma, o catequista pode ser habilitado a criar dinâmicas que coloquem em ato estas três áreas, como, por exemplo: ao realizar o primeiro anúncio procura-se movimentar o coração, porque anuncia-se algo de belo, uma vida de doação; em seguida, ao propor a iniciação cristã (voluntariado e missão), evidencia-se as mãos; por fim, na formação permanente, coloca-se em evidência a cabeça, realizando assim uma síntese geral do percurso e integração das experiências com os conteúdos.

5.3. Uma comunidade capaz de promover a formação com os catequistas

No âmbito regional e diocesano é fundamental o zelo permanente de uma mentalidade catequética em todo o projeto de evangelização pastoral que se concretiza em centros de especialização para formação de animadores e de catequistas que sejam capazes de assegurar a formação dos outros catequistas (cf. DC 155). É importante que sejam realizados encontros sistemáticos, com base formativa teológica, antropológica e pedagógica com os coordenadores e com os responsáveis da formação nas paróquias, com o objetivo de partilhar em estilo laboratorial o caminho que está sendo percorrido e discernir em conjunto as práticas de ação diante dos desafios que aparecem.

A escola de formação, destinada aos candidatos ao ministério do catequista, deveria ser realizada na medida do possível no que se refere ao diocesano com uma proposta clara, linear e progressiva do itinerário formativo, tendo a duração estabelecida pelo bispo. Cabe também ao bispo a escolha da data para a celebração na qual os candidatos admitidos ao ministério serão instituídos ministros de catequese.

O regional e a diocese são também convidados a cuidar da formação permanente de todos os catequistas. Esta formação pode acontecer através da escolha de ministros que, incentivados pela diocese, fazem um percurso de especialização para se qualificarem e depois contribuírem com a formação local; por meio de jornadas catequéticas diocesanas ou regionais; incentivando e promovendo a participação em congressos e/ou convênios de centros especializados.

Do ponto de vista paroquial é o pároco com a equipe de coordenação da catequese que devem zelar pela realização operante da catequese, e sobretudo acompanhar os catequistas, desde o chamado inicial até aqueles com experiência avançada. Neste contexto é necessário propor uma formação sistemática com os conteúdos fundamentais dada por formadores especializados (cf. DC 154), e valorizar o grupo de catequistas como um precioso ambiente de formação no qual se reúnem os vocacionados que colaboram no serviço do Reino através de um carisma específico.

O fortalecimento deste grupo proporciona um interessante ambiente formativo, no qual o trabalho em equipe torna-se escola de comunhão e de diálogo, desenvolvendo a capacidade de assumir a lógica da aliança, da partilha de projetos, mas sobretudo de comunhão e de vida.[50] O grupo de catequistas favorece um processo de crescimento a partir da partilha e reflexão aprofundada das experiências individuais vividas no ministério; isto é, os catequistas partilham o que vivenciaram e em seguida fazem ressoar os detalhes do que se aprendeu da experiência, nomeando as situações e, ao final, integra-se com a transmissão do dado de fé.

Através da linguagem da experiência aprende-se escutando a vivência, a cultura e o conteúdo bíblico e teológico, pois existe uma verdadeira experiência quando se reflete aquilo que se fez. Ao promover a fraternidade no ato da partilha e do fazer juntos, coloca-se em ato um estilo concreto de vida e de complementaridade da missão, alargando o horizonte de esperança e caridade entre os catequistas.

---

50. Cf. SORECA, Salvatore. *La formazione di base per i catechisti*. Roma: LAS, 2014, 91.

6. Para refletir

O *DC* apresenta de forma bastante articulada a formação do catequista, salientando-a como um precioso tesouro devido à sua singular importância guardada em vaso de argila que requer constante atenção. A formação é essencial na constituição identitária do ministro de catequese, por isso ela necessita da dedicação diária que possibilite a manutenção e investimento em estruturas físicas e espirituais que garantam a sua viabilidade.

1. De que modo o processo formativo de uma específica realidade eclesial pode enfatizar a vocação secular dos candidatos ao Ministério de Catequista?

2. Na comunidade o catequista é habilitado ou faz algum tirocínio que o auxilie a envolver a família através do acompanhamento e de propostas de itinerários eclesiais que façam dela sujeito de evangelização? Em que modo os familiares poderiam ser reconhecidos e envolvidos na educação da fé?

3. Se antes a dimensão espiritual do catequista geralmente era reduzida às expressões das práticas de piedade, o DC recuperou a dimensão vocacional e apontou como critério formativo a assimilação e o amadurecimento de uma espiritualidade missionária e evangelizadora, centrada na experiência espiritual do discípulo missionário. Por isso é importante questionar se o processo de formação em nossas comunidades prioriza o acompanhamento do catequista em perspectiva vocacional?

4. Os itinerários de formação com catequistas oferecidos em comunidade contemplam um percurso que vai desde um convite à abertura generosa ao Espírito Santo até a *habilitação* de competências próprias de um educador da fé? Quais seriam as atitudes que são capazes de demonstrar que o catequista está em um processo de crescimento humano e de fé?

CAPÍTULO 6

A metodologia da catequese no exercício de uma Igreja Sinodal

Luís Oliveira Freitas[51]
Pe. Wagner Francisco de Sousa Carvalho[52]

Introdução

No cotidiano da ação catequética é muito comum a preocupação não somente com o que fazer na catequese, isto é, com a mensagem a ser transmitida na comunidade de fé, mas também como realizar esse processo. Esta é uma questão tão pertinente à prática catequética a ponto de comunidades, paróquias e dioceses terem quase sempre em sua programação alguns momentos formativos sobre os aspectos metodológicos da catequese dirigidos, especialmente, aos catequistas.

Só para termos uma ideia sobre como essa temática é tão relevante para o fazer catequese que, já no século V da Era Cristã, o Diácono Deogratias, em Cartago, sentia essa necessidade de como realizar adequadamente a missão catequética. Embora ele tivesse sólido conhecimento da fé e talento para falar, carregava consigo a impressão

---

51. Luís Oliveira Freitas é leigo catequista da Arquidiocese de São Luís, Maranhão. Doutorando em Teologia pela Pontifícia Universidade Católica do Rio de Janeiro. Mestre em Letras pela Universidade Federal do Maranhão (UFMA). Bacharel em Teologia pelo Instituto de Estudos Superiores do Maranhão (IESMA). Especialista em catequética (IESMA). Membro da SBCat.

52. Wagner Francisco de Sousa Carvalho é presbítero da Diocese de Picos (PI). Mestre em Scienze dell'Educazione pela Universidade Pontifícia Salesiana (2018). Doutorando pela Pontifícia Universidade Católica do Rio de Janeiro. Membro da SBCat. Coordenador regional de catequese do Estado do Piauí.

de aborrecer seus ouvintes. A preocupação foi de tal forma que resolveu escrever uma carta a Santo Agostinho de Hipona pedindo orientações seguras sobre o bom exercício dessa atividade pastoral. Como resposta a esse pedido, o bispo de Hipona escreve um tratado teórico e prático intitulado *De Catechizandis Rudibus*[53] que aborda vários pontos que se referem às orientações metodológicas em vista da superação dos obstáculos existentes na catequese de Cartago.

Com certeza, as sugestões dadas por Agostinho foram oportunas para o Diácono Deogratias naquele momento histórico. Atualmente, diante do desafio de uma ação catequética a serviço da iniciação à vida cristã e de uma Igreja sinodal, nós também precisamos de orientações metodológicas adequadas que possam ser aplicadas ao dia a dia catequético, assim como a Igreja necessitou disso em cada momento de sua história. Por isso, essa temática é recorrente nos diretórios catequéticos, já aparecendo tanto no *Diretório Catequético Geral*, de 1971, como no *Diretório Geral para a Catequese*, de 1997. O atual *Diretório para a Catequese* também aborda a temática de forma que seja capaz de propiciar-nos uma profunda reflexão para a nossa prática evangelizadora catequética cotidiana na nossa realidade local. Este conteúdo presente no Diretório é o que pretendemos apresentar nesse pequeno ensaio como chave de leitura para melhor entendermos a mensagem e aplicá-la.

1. A metodologia catequética no Diretório para a Catequese

O capítulo VII do Diretório para a Catequese (DC) é relativamente curto, estruturado em seis pequenos tópicos cujo objetivo consiste em aprofundar o tema da metodologia catequética, sendo praticamente uma continuação da temática a pedagogia da fé abordada no quinto capítulo. Inicia ressaltando que os desafios da atualidade devem nos orientar a uma consciência de reciprocidade entre conteúdo e método, tanto no que se refere à evangelização de modo geral quanto no tocante à ação catequética em si. Nos números 194 a 196, o documento destaca que a pedagogia catequética é uma ação inspirada no Mistério da Encarnação que traz profundas implicações para a metodologia catequética em que a Palavra de Deus assume as experiências humanas. Para que seja evitada a separação entre conteúdo e método, é preciso cultivar a fidelidade a Deus e às pessoas e não se deve esquecer que as escolhas metodológicas são determinadas pela finalidade educativa da catequese.

---

53. O escrito *De Catechizandis Rudibus*, de Agostinho de Hipona, foi traduzido para a língua portuguesa tanto pela Editora Vozes como pela Paulus. Na versão da Vozes, ele se intitula *A instrução dos catecúmenos*.

Muitas vezes, os catequistas de nossas comunidades, nos encontros de formação, perguntam sobre qual o método mais adequado para a prática catequética. Neste ponto, o documento ressalta que a catequese não possui um método exclusivo, mas está aberta à valorização de diferentes métodos, desde que propicie a pessoa a conhecer a verdade do Evangelho e do próprio ser humano. Ao longo da história eclesial foram construídos diferentes itinerários metodológicos que constituem uma vitalidade e riqueza na Igreja. Cada situação particular exige um procedimento metodológico específico, uma vez que a graça se exprime por diferentes vias e isso exige discernimento no momento da sua escolha, a fim de manter aquilo de bom que ele contém. Desse modo, os percursos metodológicos devem ser valorizados de acordo com o contexto a que se destinam, ou seja, há tanto aqueles centrados nos fatos da vida como também os que estão orientados à mensagem da fé. Cabe ao catequista, na prática cotidiana, preocupar-se em estabelecer a correlação entre a mensagem de fé e as experiências de vida.

Os números 197 a 200 tratam da importância da *experiência humana*, lugar onde Deus nos fala. Tal experiência é constitutiva da catequese no tocante à sua identidade e processo, bem como em seu conteúdo e método. No anúncio do Reino, Jesus valorizou as experiências humanas ao encontrar e acolher pessoas em sua situação concreta de vida, ensinando-as sempre a partir da observação dos acontecimentos. A catequese, seguindo o exemplo de Jesus, deve ter presente a realidade de cada pessoa e da história onde se manifesta a ação de Deus, a fim de ajudar o ser humano a interpretar suas próprias experiências de vida à luz da Boa-nova. As experiências de vida e situações humanas são importantes na compreensão das realidades transcendentais.

O terceiro tópico compreende os números 201 a 203 e trata da *memória* no processo catequético. O documento expressa que a memória é uma dimensão constitutiva da história da salvação, ou seja, fazer memória consiste em guardar no coração e na vida os acontecimentos que marcam a presença de Deus no meio de seu povo, como o Povo de Israel manteve viva a festa da Páscoa como um acontecimento que recorda e atualiza a libertação do povo da terra da escravidão. No Novo Testamento, a memória também é fator importante, pois registra que Maria guardava todos os acontecimentos no seu coração (Lc 2,51), bem como as comunidades cristãs celebravam a Eucaristia como memória da Paixão, Morte e Ressurreição do Senhor Jesus. A catequese, desde os primórdios, valoriza a memória dos grandes acontecimentos da salvação para que cada fiel se sinta parte dessa história. Nos primeiros séculos da Igreja, os fiéis memorizavam a Profissão de Fé a fim de interiorizar e compreender sua mensagem com profundidade.

O processo catecumenal da época valorizava a prática da "*traditio*", entrega da fé por parte da comunidade, e da "*redditio*", que consistia na resposta do destinatário, para comunicar a ideia de que a fé transmitida e escutada exige adequada recepção.

A *linguagem* é o maior tópico do capítulo sete e compreende os números 204 a 217 do Diretório. O documento destaca que ela deve ser entendida como algo constitutivo da experiência humana, pois o homem a utiliza para interagir com seu semelhante. A catequese, embora tenha sua linguagem específica da transmissão da fé, deve também levar em conta as diferentes linguagens dos povos que são frutos da diversidade de pessoas, culturas, histórias e contextos. É importante perceber que a Igreja se comunica por meio das linguagens bíblica, simbólico-litúrgica, doutrinal e performativa que devem passar pelo processo de inculturação na ação catequética.

Há uma verdadeira riqueza de linguagens na catequese em que se destacam a narrativa, a arte e as digitais. A linguagem narrativa é aquela que ocorre de forma figurativa possibilitando que cada pessoa entenda a si própria bem como a realidade que a circunda. Essa linguagem é apropriada para a transmissão da fé na nossa cultura atual que demonstra fraqueza no entendimento de uma linguagem mais abstrata e teórica. A narrativa, por ser uma linguagem de caráter mais concreto, tem a capacidade de harmonizar as linguagens da fé em torno do seu núcleo, o Mistério Pascal.

A linguagem da arte é também de salutar importância no itinerário metodológico da catequese. As imagens da arte cristã constituem um tesouro do primeiro milênio da Igreja, pois ajudavam a conhecer e a memorizar os eventos da história da salvação de forma rápida e imediata. Atualmente, as imagens podem ajudar na percepção da presença viva do Senhor na Igreja e na história, por ajudarem na contemplação de Deus e de sua beleza. Não devemos nos esquecer do patrimônio musical da Igreja cujo valor artístico e espiritual é capaz de suscitar no espírito humano o desejo pelo infinito, além da transmissão de uma riqueza doutrinal que atinge melhor a mente e o coração. O Diretório também convida a uma abertura eclesial à arte contemporânea, já que ela tem o mérito de abrir a pessoa à linguagem dos sentidos, fazendo com que a pessoa não seja apenas espectadora, mas se envolva na própria obra de arte, o que pode ajudar na superação de certo intelectualismo na catequese.

Embora o Diretório de 1997 tenha abordado a importância da comunicação social na metodologia catequética, esse atual trata as ferramentas digitais como linguagens importantes para a transmissão da fé. As novas tecnologias foram responsáveis pela criação de nova infraestrutura cultural influenciando na comunicação e na vida das pessoas, visto que favorecem a interação no mundo virtual. A Igreja precisa aprender a usar bem as redes sociais, a fim de promover maior interação entre as pessoas, sempre com o cuidado de não cometer exageros no que se refere a atitudes que negligenciam a vida eclesial e sacramental.

Nos números 218 a 220, o Diretório trata sobre a importância do *grupo* na comunidade cristã, por ser o lugar privilegiado para a vivência dos valores evangélicos, uma vez que ele favorece as relações interpessoais fundamentais para o desenvolvimento do sentido de pertencimento eclesial e ajuda no crescimento da fé. O catequista é convidado no grupo a fazer a experiência da comunidade como expressão de vida eclesial, isto porque ele é lugar de acolhimento, de florescimento, troca de comunicação profunda, lugar da recepção da mensagem salvífica. Não devemos esquecer que ele se constitui tanto como realidade social como lugar da eclesialidade conduzido e animado pelo Espírito Santo.

Por fim, nos números 221 a 223 do capítulo sete, há uma breve abordagem acerca do *espaço catequético* que é um fator importante no procedimento metodológico. O documento expressa que da mesma forma que as culturas se exprimem num determinado espaço, a Igreja também criou seus espaços adequados para a celebração, a partilha fraterna e o ensino. Também ressalta que na comunidade, além da existência do espaço litúrgico, deve haver espaços destinados à catequese que sejam acolhedores e bem cuidados, adaptados ao efetivo sentido da ação catequética distanciando-se do modelo escolar. No entanto, a comunidade não pode ficar fechada a esses espaços específicos, mas agir como Igreja em saída realizando a catequese ocasional em outros espaços como casas, pátios, ambientes educacional, culturais, recreativos, cadeias e outros de acordo com a realidade.

2. O processo metodológico no Magistério da Igreja

Conforme o exposto, constatamos que a questão da metodologia da catequese no Diretório (DC) não pode ser definida separadamente dos critérios com os quais motivaram a reflexão e a redação dele, e que tem como ponto de partida as palavras do Papa Francisco sobre o primeiro anúncio e de uma Igreja em saída. Portanto, uma metodologia que auxilie qualitativamente no anúncio do querigma, sem esquecer, porém, o conteúdo, a mistagogia, o testemunho, a caridade, a comunidade, o interlocutor e a compreensão missionária da catequese (cf. DC 5).

Deste modo, o Diretório se coloca numa direção de continuidade com os últimos documentos eclesiais sobre a educação da fé. Ele retoma o n. 34 do DCG quando este descreve que "a fidelidade a Deus e a fidelidade ao homem" são os meios e as duas preocupações de uma única pedagogia divina. O mesmo conceito se pode exprimir com as palavras da *Catechesi Tradendae* quando afirma que a catequese autêntica é sempre aquela de iniciação ordenada e sistemática à revelação que Deus fez de Si mesmo ao homem, em Jesus Cristo. Tal princípio, descreve o DGC, leva a evitar toda contraposição, separação artificial ou neutralidade entre método e conteúdo (cf. DCG 149). O imprescindível é que haja uma necessária correlação e interação entre ambos, igualmente, advertido pelo DC, renomeando-o como princípio de correlação (cf. DC 196).

Igualmente se pode afirmar do reconhecimento da pluralidade de métodos. A catequese, diz o Diretório, não tem um método único (cf. DC 195). Esta pluralidade presente, também, nos demais documentos legitimam que a metodologia da catequese é desenvolvida amplamente nestes últimos anos (cf. *EN* 45, 63; DCG 73; DGC 35, 72-74, 150-151, 159, *CT* 22, 51). O saber fazer, portanto, tem como ponto de partida acenos diversos, indo daqueles mais centrados nos fatos da vida, orientados à mensagem da fé, das situações concretas dos sujeitos, dos acontecimentos pessoais ou sociais da vida e da história, ou daqueles de situações hermenêuticas interpretadas a partir da existência humana, do anúncio cristão ou do querigma.

Em vista disso, o catequista é chamado a construir uma obra de discernimento, por meio da qual, ele seja capaz de examinar todas as coisas e manter o que é bom (cf. DC 196). Ele é o guardião da memória (DC 139), e é o que educa e facilita o amadurecimento da fé realizada com a ajuda do Espírito Santo, considerando neste setor decisivo da formação a pedagogia original da fé. Reconhecendo, também, que o seu interlocutor é um sujeito ativo no qual a graça de Deus atua dinamicamente e, por isso, deve apresentar-se como alguém que facilita respeitosamente uma experiência de fé da qual ele não é o protagonista.

Desta realidade presente surge uma terceira continuidade com os documentos precedentes: a preocupação e a busca da integridade dos conteúdos estejam ligadas aos seus destinatários por uma metodologia ajustada à realidade de cada ouvinte, grupo ou situação especial. Já o Diretório de 1997 destacava muito bem isso, dedicando na sua quarta parte, um capítulo sobre a catequese por idade (cf. DGC 171-188), e três capítulos sobre a catequese em cenários, mentalidades, ambientes, culturas e situações sociorreligiosas (cf. DGC 189-214). O Diretório de 2020 acentua em um mesmo capítulo, na sua segunda parte, estes interlocutores, e projeta para a terceira a catequese nas igrejas particulares, ambientes e cenários culturais contemporâneos.

Talvez aqui acentue uma novidade do documento em estudo: propor uma metodologia com a qual a pessoa do catequizando ou catecúmeno não pertença apenas a um grupo, mas se insira verdadeiramente como protagonista e ouvinte no caminho do discipulado. Essa nova relação entre conteúdo e método, doutrina e evangelização, catequese e catecismo devem ser iluminadas pelo direito que cada batizado tem de amadurecer a sua fé. E a Igreja, na sua missão, deve dar uma resposta satisfatória a esse direito, pois o Evangelho não se destina ao homem abstrato, mas a cada homem, real, concreto, histórico, enraizado numa situação particular e marcado por dinâmicas psicológicas, sociais, culturais e religiosas, porque "todos e cada um foram compreendidos no mistério da Redenção" (cf. DC 224).

Portanto, uma tarefa eclesial que acolha e ofereça uma metodologia e linguagem bidirecional capaz de ouvir e falar, propor e receber, programar e deixar-se conduzir pelo Espírito. Em vista disso, buscar a plenitude do discernimento como dom necessário para uma Igreja sinodal, pois a catequese como serviço à Palavra não se faz apenas com cálculos humanos, mas ultrapassa os limites do espaço e do tempo para se apresentar a cada geração o anúncio da pessoa de Jesus Cristo como a novidade oferecida a todos para alcançar o sentido da vida.

3. A metodologia catequética nos Diretórios Catequéticos

Quando comparamos o Diretório para a catequese com os outros dois existentes, uma primeira novidade em relação aos elementos escolhidos de metodologia é a quantidade. O de 1997, por exemplo, elenca dez elementos de metodologia, o de 2020, resume em seis, igualando-se na mesma quantidade descrita pelo de 1971. O atual apresenta a relação entre método-conteúdo e pluralidade de métodos agregados nos três primeiros números do capítulo, enquanto o método indutivo e dedutivo, presente tanto no primeiro quanto no segundo foi substituído por aquilo que o de 2020 chamou de princípio de correlação (cf. DC 196).

No entanto, duas noções de agir se tornam novidade: a obra do discernimento e a capacidade hermenêutica da realidade. O catequista não é aquele que se utiliza unicamente de um método, mas à luz do Espírito busca examinar todas as coisas e manter o que é bom (1Ts 5,21). Encontramos aqui uma alusão ao pensamento pneumatológico do Papa Francisco: cada cristão e cada comunidade há de discernir qual é o caminho que o Senhor lhe pede (*EG* 20). Essa atenção ao Espírito Santo corrige, portanto, uma catequese que antes acentuava, demasiadamente, a doutrina ou ao seu conteúdo, sem ter em consideração a ação do Espírito, resultando daí limitada eficácia pastoral e senso de evangelização.

A segunda noção refere-se à capacidade interpretativa da realidade. O catequista é aquele que não apenas vê a comunidade, mas deve ter a ousadia de interpretá-la, encontrando na sua existência o significado da vida e o sentido para o anúncio do Evangelho que é o próprio Cristo. Tal atitude concentra a sua capacidade criativa e ao mesmo tempo o instiga a sair do grupo, como realização da catequese para a comunidade de fé, como sujeito dela, da qual ele mesmo é representante.

O elemento da experiência humana, por sua vez, está presente nos três Diretórios. Na conjuntura atual ganha força a proposta do último devido à nova interpretação que se pode dar a esse elemento. No destaque à cultura digital e globalizada há uma indeterminação do que seja experiência e aquilo que é vivido. L. Mortani distingue bem, quando afirma que o último "é modo direto e natural de viver no horizonte do mundo, enquanto a experiência toma forma quando o vivido torna objeto de reflexão e o sujeito se apropria conscientemente para compreender seu significado".[54] Portanto, a experiência na catequese é a revisão de vida de cada pessoa humana através da qual se faz conhecer e reconhecer o agir de Deus na história, em um vínculo de circularidade entre situação de vida, o confronto com a revelação e o retorno ao concreto vivido da experiência cotidiana. Por isso, a dimensão experiencial, como afirma o Diretório, é espaço no qual Deus fala (cf. DC 197), é mediação e situação da qual Deus se utiliza para comunicar realidades transcendentes e indicar atitudes a serem assumidas (cf. DC 200).

O terceiro elemento metodológico é a memória. O Diretório a valoriza e a coloca como a chave que abre a porta para o acesso à primazia da graça, a manter nos corações os acontecimentos que atestam a iniciativa de Deus e, ainda, como aspecto constitutivo da Igreja desde o início do cristianismo (cf. DC 201). Aqui, faz-se necessário à sua compreensão em três dimensões: a primeira, a memória como aspecto teológico; a segunda como aspecto pedagógico e, por última, como elemento de interiorização em uma sociedade hiperconectada, mas vazia, externa e solitária.

Como aspecto teológico a memória foi a chave interpretativa com a qual o Povo de Israel compartilhou a ação libertadora de Deus, bem como contou para os demais a

---

54. MORTARI, Luigina. *Apprendere dall'esperienza*: Il pensare riflessivo nella formazione. Roma: Carocci Editore, 2017, p. 15.

bondade divina em suas vidas. Graças a esse processo, a comunidade pode falar, comunicar-se e transmitir para as gerações seguintes os grandes feitos, mantendo-se, assim, a presença viva do Senhor. Essa forma narrativa deu origem à passagem da comunicação oral para a escrita dos textos sagrados.

Na dimensão pedagógica, por sua vez, se valoriza a memorização das grandes fórmulas de fé. Aliás, neste sentido, os três diretórios são unânimes em reconhecê-la. Contudo, o Diretório de 2020 faz ecoar que ela seja compreendida no curso tradicional e profícuo exercício da *traditio, redditio, recepcio* (cf. DC 203), isto é, uma catequese que corresponda a resposta do destinatário da mesma forma que seja possível transmiti-la, levando-o a uma interiorização da mensagem.

Assim sendo, longe de ser um obstáculo para o nosso tempo (cf. *CT* 55) e prática de uma memorização estéril, devemos considerar que esta interioridade se faz necessária em uma época de tanta exterioridade, vazia e delirante de ideias e pensamentos. A finalidade da memória, portanto, não está em si mesma, e sim quando ela se torna capaz de ser colocada em relação com os demais elementos do processo catequético, como, por exemplo: a relação, o diálogo, a reflexão, o silêncio e o acompanhamento (cf. DC 203).

Tal compreensão se completa com a linguagem a ser articulada na catequese. São quatorze números para descrever a linguagem narrativa, da arte, as linguagens e as ferramentas digitais, enquanto o de 1997 apenas trabalhou em três, priorizando a comunicação social como primeiro areópago dos tempos modernos (DGC 160). De fato, o Diretório não tem como objetivo descrever uma metodologia única para toda a Igreja, isso seria impossível, da mesma forma, eleger uma particular linguagem capaz de exprimir unicamente a catequese para nosso tempo. No entanto, ele propõe uma linguagem autêntica capaz de colocar em relação a experiência, a pessoa, sua vida e o modo como vive a comunidade e o povo. Essa interação recíproca alcança "uma intensidade quando o conteúdo do qual se fala atinge o eco do coração humano, gerando confiança e um espaço de recíproca compreensão".[55]

Em uma época do vazio, da imagem e da persuasão, propor uma narrativa dos grandes acontecimentos da fé e do mistério pascal, envolve, certamente, a pessoa nas suas diversas dimensões, bem como auxilia na sua compreensão a perceber a arte como uma verdadeira linguagem da fé, distinguindo, na era das fotografias, a reconhecer e memorizar os eventos da história da salvação de modo mais rápido e imediato (cf. DC 210).

---

55. MEDDI, Luciano. *Catechesi: proposta e formazione della vita cristiana*. Padova: EMP, 2004, p. 288.

Por isso, em um contexto de cultura digital, como assim o nosso tempo é descrito pelo Diretório, identificar estas *nuances* nos leva a compreender aquilo que ele chamou atenção para linguagem e linguagens digitais (cf. DC 213). As novas tecnologias provocaram uma linguagem "mais fragmentada, cheia de movimento, veloz, múltipla e plural".[56] Elas promoveram, ao mesmo tempo, a uma comunicação bidirecional, em que o destinatário e o emissor estão no mesmo patamar da conversação. Esta interação real produz possibilidades mais abertas e, por esta razão, pode-se garantir uma presença na rede e uma comunicação autêntica e profunda. Sem dúvidas, as ferramentas digitais, hoje, são necessárias para a evangelização, contudo, devemos manter vigilantes para aquilo que o próprio Diretório chamou atenção: "não se faz catequese usando apenas os instrumentos digitais, mas oferecendo espaços de experiências de fé. Só assim se evitará uma virtualização da catequese que se arrisca a tornar a ação catequética fraca e sem influência" (DC 371).

O grupo, quinto elemento da metodologia, ajuda nesta compreensão. Ele é um lugar autêntico e propício para acolher e compartilhar a mensagem salvífica através de uma comunicação existencial, isto é, mediante uma relação clara e dialogal, por meio da qual o catequista mantém com as demais pessoas. Deste modo, ele tem uma posição que o sustenta como membro interno do grupo e aquela externa que o assegura ligado e representante da comunidade. Animados, portanto, pelo Espírito Santo, ambos são chamados a viver este progresso da fé na assembleia dominical. Esta passagem, do grupo à assembleia, presente nos últimos dois diretórios, confirmam a vitalidade e o significado do grupo para o processo catequético em nosso tempo, mas o atual dá um passo à frente ao estimulá-lo à prática caritativa e testemunhal no mundo (cf. DC 220).

Por fim, o espaço compreendido como lugar e instrumento que a comunidade exprime sua forma de evangelizar e catequizar (cf. DC 222). É um método novo e antigo que o Diretório apresenta: novo, pois se destaca apenas neste em estudo, e velho, porque a Igreja deu significados específicos ao longo dos séculos, em função de apresentar e anunciar a mensagem cristã nos seus variados espaços. No entanto, a chamada desta nova concepção se encaminha em três direções. A primeira, compreender a liturgia, formação, socialização, apostolado e caridade como espaço de catequese. Unidos pela missão e diferentes em sua natureza, cada um se mantém como lugar de amadurecimento da fé. Por causa disso, tais estruturas não podem ser confundidas com ambientes escolares, mas acolhedores e bem cuidados, a fim de cumprirem o sentido da catequese (cf. DC 222).

---

56. NENTWIG, Roberto. *Catequese no mundo comunicacional*. Petrópolis: Vozes, 2021.

Esta segunda direção provoca não apenas uma preparação melhor dos lugares, mas também alarga a compreensão do que seja espaço dentro de uma Igreja em saída.

Pensando nisso, o Diretório chama atenção para uma catequese ocasional que perpassa a comunidade de fé em vista daqueles lugares diversos, como condomínios, cadeias etc. (cf. DC 223). Porém, nesta cultura digital ganha cada vez mais destaque os ambientes em detrimento aos lugares. Os não lugares vistos como encontros virtuais entre famílias, pessoas amigas ou por afinidades, se utilizam destas ferramentas para rezarem, estudarem e alimentarem a fé. Aqui, a catequese deve se tornar mais visível como espaço de fortalecimento e integração entre fé e vida, suscitando um desejo e engajamento na vida da comunidade. Presentes, portanto, nas redes, essas pessoas conseguirão ir além dos instrumentos e tomarão conhecimento das mudanças fundamentais que elas mesmas e a sociedade devem experimentar nesse contexto. Jesus fez bem isso quando ele colocava as pessoas em contato consigo mesmas e com o próximo marcadas pelas suas relações.

4. Aprender com Jesus o saber fazer

Há vários textos bíblicos, sobretudo, no Novo Testamento que podem ser utilizados como farol para uma melhor compreensão dessa temática na ação catequética. Dentre os existentes em que podemos verificar os passos metodológicos, destacamos a perícope do Evangelho de João 1,35-51. O relato escolhido trata da vocação dos primeiros discípulos de Jesus, de acordo com a ótica joanina. A cena catequética apresentada pelo evangelista é constituída de vários elementos importantes para o entendimento do aspecto metodológico, conforme o enfoque dado pelo Diretório, envolvendo a pluralidade de métodos, a experiência, a memória dos fatos, a linguagem, o grupo e o espaço. Isto se dá em virtude de o encontro de Jesus com os discípulos ser marcado por várias fases, conforme serão apresentados a seguir:

> a) *Fase da preparação dos discípulos para o seguimento de Jesus (vv. 35-36)*: aqui, João, ao avistar Jesus passando, diz aos que o seguiam que aquele é o Cordeiro de Deus. Isso significa que antes de a catequese ter seu início propriamente dito, o candidato deve receber um convite de alguém que auxilie no seu despertar para acolher essa mensagem de Jesus. Este testemunho recebido pode contribuir para o desejo do seguimento.

> b) *Fase da curiosidade que os discípulos têm em relação a Jesus (vv. 37-38)*: aqui surgem perguntas tanto da parte de Jesus, que indaga o que aqueles homens estavam procurando, como dos discípulos que querem saber onde Jesus mora.

Para haver o processo catequético, é preciso que haja esse desejo do catequizando querer saber quem é Jesus e onde encontrá-lo. No processo da iniciação à vida cristã, de acordo com o Diretório, essa é a fase do pré-catecumenato ou da catequese querigmática (DC 66). Nesse estágio do itinerário a pessoa ainda está simpatizando com a ideia do seguimento, daí a necessidade de não apresentar logo a doutrina teórica, mas estabelecer o diálogo como ocorreu entre Jesus e os primeiros discípulos.

c) *Fase do encontro e da experiência com Jesus (v. 39)*: nesta parte da narrativa, verificamos que os discípulos foram, viram onde Jesus morava e permaneceram com Ele naquele dia e o momento foi tão marcante que o evangelista faz o registro do horário afirmando que se deu na hora décima, isto é, quatro horas da tarde. Para o Diretório, essa fase corresponde ao tempo da iniciação cristã propriamente dita, em que o candidato já tendo aderido ao projeto de Cristo e da comunidade pretende buscar um aprendizado essencial, orgânico e integral (cf. DC 71). Assim, a catequese tem a missão de ajudar na interpretação das experiências da vida à luz do Evangelho, como ocorreu nesse primeiro encontro entre Jesus e aqueles discípulos, a fim de promover cada vez mais o encantamento da pessoa com Cristo e a comunidade de fé.

d) *Fase da partilha da experiência feita com Cristo (vv. 40-41)*: André fica tão contente com aquele encontro com o Mestre que resolve não apenas contar ao seu irmão Simão o que aconteceu, mas convida-o ao seguimento, conduzindo-o até Jesus, o qual muda o nome Simão para Pedro. Também Felipe, ao se encontrar com Cristo, comunica essa experiência a Natanael, afirmando que Jesus é o Messias prometido. Quando o catequista promove um bom encontro de catequese partindo das experiências de vida e valorizando-as, isso pode impactar a vida de seus catequizandos levando-os a se tornarem missionários, convidando seus amigos e colegas para também participarem desse processo na comunidade de fé.

Além de fazermos a leitura da perícope percebendo essas fases metodológicas que o texto apresenta, o evangelista também tem o cuidado de mostrar que há certa preocupação em fazer a memória do povo eleito. Quando Felipe se encontra com Natanael e lhe diz "Encontramos Jesus, o filho de José, de Nazaré, aquele sobre quem escreveram Moisés, na Lei, e os profetas" (v. 45), há uma forte referência à Torá e aos profetas, ou seja, o resgate da tradição está aqui presente, já que ela é muito cara para o Povo de Israel. Jesus, ao dizer a Natanael que ele veria coisas ainda maiores, como os anjos de Deus subindo e descendo sobre o Filho do Homem, faz alusão ao sonho do patriarca Jacó, que neste momento não é apenas mera recordação, mas se cumpre em sua plenitude e que os discípulos poderão participar dessa glória.

Outro aspecto importante que os versículos 38 ao 40 destacam diz respeito à importância do grupo no processo metodológico. Jesus convida os discípulos e eles permanecem durante o dia com o Senhor, formando uma pequena comunidade. Nela, o clima é agradável, de confiança e sem pressa. Há uma relativização do tempo, igualmente no encontro de Jesus com a Samaritana (cf. Jo 4,1-42). As primeiras necessidades, agora, não são mais urgências, algo acima disso foi conhecido e alcançado. Uma catequese em que o grupo oferece segurança, pertença e afeto, torna-se imagem de um povo convocado pelo próprio Deus, tendo como base sua iniciativa divina e a resposta humana deste mesmo povo. Daí a necessidade de uma metodologia catequética que favoreça essa passagem de grupo catequético para a assembleia litúrgica. Em resumo, a práxis catequética e litúrgica devem chegar a assumir uma mesma dinâmica e um mesmo fim: o encontro com Cristo.

O versículo 48 remete ao espaço como ambiente de formação e evangelização. Jesus vê Natanael sob a figueira, um lugar ocasional. Semelhante circunstância àquela de Zaqueu que sobe a uma árvore para ver Jesus (cf. Lc 19,1-10). O espaço, portanto, torna-se significativo em uma Igreja em saída, em que a catequese querigmática e missionária tem um valor qualitativo no discipulado, na educação e amadurecimento da fé das pessoas. Somente neste Espírito a Igreja alcançará o que o Papa Francisco tem nos advertido com a conversão pastoral (*EG* 25).

Por fim, os versículos 36-39.45 remetem ao uso da linguagem que o Diretório chamou atenção. Jesus, mediante perguntas feitas e respostas dadas, traça um diálogo tão necessário para a catequese. Com este exemplo, Ele indica que a educação da fé não se dá apenas por meio de uma comunicação unidirecional onde se prega, ensina e apresenta sínteses dogmáticas (cf. DC 214). Hoje, em um mundo cada vez mais rápido, dinâmico, cheio de palavras e imagens, se exige a necessidade de escutar, reunir, convocar, guardar o silêncio para que a Palavra possa penetrar nos corações, convertendo-se em frutos evangélicos, gestos de caridade e interioridade da própria mensagem salvífica.

5. Implicações pastorais: desafios e possibilidades

Cada vez mais o nosso tempo exige o anúncio qualificado de Cristo. O Evangelho permanece o mesmo, mas tem se mudado os interesses das pessoas. A catequese sempre existiu, a transmissão de conteúdo, também. No entanto, hoje, o como fazer se tornar uma prioridade catequética urgente, a fim de que solucione uma dupla impostação: como suscitar interesse no coração do homem para seguir Jesus no caminhar juntos e, depois, como suscitar nele a corresponsabilidade desta missão?

Um primeiro desafio é propor um caminho formativo que leve a pessoa passar da sua vivência de fé isolada para aquela experenciada em comunidade. Isso não significa desconsiderar os pequenos grupos como expressão e ambiente de primeiro anúncio, igualmente, desautorizar a comunidade como lugar celebrativo da dimensão da fé. A questão se refaz em um contexto atual de individualismo, buscas de espiritualidade intimistas e realização pessoal que o sujeito busca alimentar e formar-se em detrimento de uma fé que se torne pertença, compromisso e engajamento, que na Igreja, quer na sociedade. O Papa Francisco, relendo o pensamento de São João Paulo II, disse bem isso ao afirmar que "para se chegar a um estado de maturidade, isto é, para que as pessoas sejam capazes de decisões verdadeiramente livres e responsáveis, é preciso de uma pedagogia que introduza a pessoa passo a passo até chegar à plena apropriação do mistério" (*EG* 171).

Conforme a proposta do Diretório para a catequese, uma Igreja que vive a sinodalidade deve, portanto, possibilitar que a pessoa passe da catequese apenas como conhecimento e aprofundamento dos conteúdos da fé à missão. Essa renovada consciência missionária possibilita uma maior capacidade de se encontrar e comunicar a fé, de modo que se possa caminhar juntos no seguimento de Cristo e na docilidade ao Espírito, contrastando o isolamento das partes ou dos indivíduos (cf. DC 289).

Neste sentido, precisa-se considerar um segundo desafio: pensar, metodologicamente o processo catequético favorável à resposta de fé da pessoa. Uma vez tendo aceitado o convite do Concílio na *Christus Dominus*, 14, com o qual se modifica a finalidade da catequese passando da doutrina à fé e a sua interiorização, a catequese agora tem a missão de envolver a pessoa não apenas como destinatário, mas de aprofundar o momento da sua resposta oportunizando descobrir e elaborar o significado daquilo que foi transmitido, comunicado e explicado. Suscitar esse interesse, acolher a mensagem, reinterpretá-la e evoluir na sua compreensão, coloca não somente a pessoa destinatária ou como sujeito eclesial, mas, ao mesmo tempo, favorece uma catequese sinodal capaz de uma escuta recíproca, onde cada um tem algo a aprender (cf. DC 289).

Por fim, a dimensão pneumatológica da metodologia catequética. O Diretório faz menção 64 vezes ao Espírito Santo. No número 23, ele diz: "O Espírito Santo, verdadeiro protagonista de toda a missão eclesial, age tanto na Igreja como naqueles que ela deve alcançar, e pelos quais, de certo modo, deve também deixar-se alcançar, uma vez que

Deus trabalha no coração de cada homem". Portanto, o catequista como educador que facilita o amadurecimento da fé que o catecúmeno ou o catequizando realiza com a ajuda do Espírito Santo deve respeitar a pedagogia original da fé (cf. DC 148). O Diretório, desta forma, nos ajuda a compreender a ação do Espírito e nos confirma que no processo do amadurecimento da fé e da evangelização não se pode ater apenas a cálculos puramente humanos, mas, também, uma atitude de fé que se refere sempre à fidelidade de Deus, a qual não nos deixa nunca de corresponder (cf. *CT* 15). Isso nos enche de esperança, pois "através da obra do Espírito Santo e sob a guia do Magistério, a Igreja transmite a todas as gerações aquilo que foi revelado em Cristo" (DC 27).

No processo catequético, a metodologia, como vimos, não é um elemento a ser desconsiderado. Há quem se pergunte se a catequese em nossas comunidades, hoje, corresponde satisfatoriamente aos anseios das pessoas em seus diferentes modos de compreensão e vivência da fé. Talvez houvesse uma outra pergunta anterior: a forma como se realiza os encontros de catequese possibilita a interiorização deste conteúdo de fé, pertença, engajamento da pessoa na comunidade, tornando-a ser discípula de Cristo?

É importante perceber, neste sentido, a complementaridade destes elementos. Eles não são separados, distantes e praticados isoladamente. Há e deve haver sempre uma reciprocidade e concomitância no agir catequético. Talvez seja, hoje, um dos grandes desafios para a catequese: propor caminhos formativos com os quais se apontem para a necessidade de fazer interagir os dados da fé e da experiência humana, considerando a catequese, como esta etapa privilegiada, para se comunicar o Mistério da Encarnação, Deus-homem, o Jesus corretamente proclamado, o coração da catequese.

6. Para refletir

1. A partir dos elementos metodológicos apresentados pelo Diretório e que foram analisados neste texto, qual deles chamam mais atenção e por quê?

2. Sendo um catequista iniciante, que método(s) você acha mais útil para anunciar Jesus hoje?

3. A experiência humana é constitutiva da catequese. Quais são as melhores experiências para aproveitar ou evitar em um encontro de catequese?

CAPÍTULO 7

O Catecismo da Igreja Católica no Diretório

Dom Armando Bucciol[57]

Introdução

A missão permanente da Igreja é evangelizar, isto é, anunciar Jesus Cristo como Senhor e Salvador! O Concílio Ecumênico Vaticano II, desde as suas primeiras palavras, manifestou essa consciência em definir a sua finalidade: "Fomentar cada vez mais entre os fiéis a vida cristã" (SC 1). Estas palavras abrem o primeiro documento conciliar *Sacrosanctum Concilium*, sobre a Sagrada Liturgia. Em seguida, com recordações paulinas, justifica-se a escolha da Liturgia como primeiro assunto tratado pelo Concílio: "A Liturgia, enquanto edifica dia a dia aqueles que já estão na Igreja, como templo santo no Senhor e morada de Deus no Espírito (Ef 2,21-22), para atingir a medida da plenitude de Cristo (Ef 4,13.15), ao mesmo tempo e de modo admirável, fortalece as suas energias para pregar Cristo" (SC 3).

---

57. Dom Armando Bucciol, presbítero da diocese de Vittório Véneto – Itália (1971). Tem especialização em Catequese e Ensino religioso, cursou Liturgia no Mosteiro beneditino de Santa Justina (Pádua) e tem doutorado em Sagrada Teologia, com especialização em Liturgia Pastoral. Missionário *fidei donum* na diocese de Caetité – Bahia (1991). Ordenado Bispo em 2004, tomou posse da diocese de Livramento de Nossa Senhora – Bahia. Na CNBB foi presidente da Comissão Episcopal Pastoral para a Liturgia (2011-19); é membro da Comissão de Textos litúrgicos (desde 2006) e da Comissão Episcopal Pastoral para a animação Bíblico-Catequética (2019).

1. O Catecismo da Igreja Católica no Diretório para a Catequese

É nossa tarefa aqui refletir sobre a importância do Catecismo da Igreja Católica e sua relação com a catequese. Para tanto, vamos compreender a organização proposta no capítulo VI, do DC, que trata sobre o Catecismo da Igreja Católica de estar organizado em dois tópicos. No primeiro, aborda o Catecismo propriamente dito: a perspectiva histórica (182-183), identidade, finalidade e destinatários do Catecismo (184-186), fontes e estrutura (187-189), significado teológico catequético (190-192); em segundo, o Compêndio do Catecismo (193).

1.1. O Diretório para a Catequese para dar novos impulsos à vida eclesial

O *Diretório,* citando o Diretório Geral da Catequese (n. 124), reconhece que o *Catecismo* é "um texto oficial do Magistério da Igreja que, com autoridade, reúne, de forma precisa, na forma de síntese orgânica, os eventos e as verdades salvíficas fundamentais, que exprimem a fé comum do Povo de Deus e constituem a indispensável referência de base para a catequese" (DC 184). Portanto, nele temos uma "síntese orgânica do patrimônio da fé" e um "instrumento fundamental para aquele ato com que a Igreja comunica o conteúdo inteiro da fé" (*Lumen Fidei*: Carta Encíclica do Papa Francisco sobre a fé, 2013, n. 46).

Portanto, *destinatários* do *Catecismo* são "primeiramente para os pastores e fiéis, e dentre esses especialmente para aqueles que têm uma responsabilidade no ministério da catequese na Igreja" (DC 185). Diante de tantas ideias de teólogos, biblistas e estudiosos de diferentes disciplinas, a Igreja procurou recolher, de forma orgânica, o essencial e o mais seguro nas expressões da fé. Nas escolas de teologia ou nos debates entre estudiosos, pode-se aventar hipóteses bíblicas e teológicas. Mas a Igreja, mãe amorosa, tem a necessidade de manter firme o patrimônio da fé que recebeu da antiga Tradição eclesial. Não se trata de mortificar ou excluir, mas de "orientar com solidez" a caminhada de todos os discípulos e discípulas de Jesus.

A essa preocupação, todavia, é preciso acrescentar uma nota: a doutrina é necessária, mas insuficiente para evangelizar! O Papa Bento XVI o reconhece em sua Carta Encíclica *Deus Charitas est* (*Deus é Amor*), quando escreve uma clara e já, tantas vezes, repetida advertência: "Ao início do ser cristão não há uma decisão ética ou uma grande ideia, mas o encontro com um acontecimento, com uma Pessoa que dá à vida um novo horizonte e, desta forma, o rumo decisivo" (*DCE* 1; cf. *EG* 7). O Papa Francisco observa: "Aqui está a fonte da ação evangelizadora. Porque, se alguém acolheu este amor que lhe devolve o sentido da vida, como é que pode conter o desejo de o comunicar aos outros"? (*EG* 8).

Considero muito significativo que o Papa Bento XVI faça essa observação e aponte caminhos do "encontro experiencial" com Cristo para motivar a fé. Ele, mestre e doutor na doutrina, tão preocupado pela ortodoxia, nessas palavras manifesta sua espiritualidade e profunda sabedoria, reconhecendo que a doutrina não basta para se apaixonar por Jesus e tomar a decisão de segui-lo! É advertência que nunca deve ser esquecida por aqueles que conduzem outros irmãos e irmãs pelos exigentes caminhos da fé! A catequese é chamada a transmitir claros ensinamentos, mas iluminando-os com um forte sentimento místico! Retorna o que recomendava o Papa São Paulo VI, em *Evangelii Nuntiandi*, grande página pós-conciliar que continua nos iluminando:

> Conservemos o fervor do espírito, portanto; conservemos a suave e reconfortante alegria de evangelizar, mesmo quando for preciso semear entre lágrimas! [...] O mundo do nosso tempo procura, ora na angústia, ora com esperança, receber a Boa-nova dos lábios, não de evangelizadores tristes e descoroçoados, impacientes ou ansiosos, mas sim de ministros do Evangelho cuja vida irradie fervor, pois foram quem recebeu primeiro em si a alegria de Cristo, e são aqueles que aceitaram arriscar a sua própria vida para que o reino seja anunciado e a Igreja seja implantada no meio do mundo (*EN* 80; cf. *EG* 10).

1.2. O Diretório para manter unida a Igreja na profissão da fé

O *Diretório* reconhece que o *Catecismo* tem como finalidade principal a comunhão e a unidade da Igreja no ato de professar a fé (cf. DC 186). Os conteúdos da fé nós os recebemos pela Palavra de Deus. Essa preocupação acompanha a Igreja desde os seus primeiros passos. São Pedro escrevia aos cristãos de suas comunidades:

> Não foi seguindo fábulas habilmente inventadas que vos demos a conhecer o poder e a vinda de nosso Senhor Jesus Cristo... Assim, tornou-se ainda mais firme para nós a palavra da profecia, que fazeis bem em ter diante dos olhos, como lâmpada que brilha em lugar escuro... Deveis saber que nenhuma profecia da escritura é de interpretação particular (2Pd 1,16.19a.20).

Essa preocupação se encontra, também, em São João que abre a sua primeira carta, manifestando a real humanidade de Jesus: "O que era desde o princípio, o que ouvimos, o que vimos com os nossos olhos, o que contemplamos e nossas mãos apalparam da Palavra da Vida" (1Jo 1,1). Em seguida, denuncia a presença do Anticristo: "Não creiais em qualquer espírito, mas examinai os espíritos para verdes se são de Deus, pois muitos falsos profetas vieram ao mundo" (1Jo 4,1). Jesus mesmo, pelas palavras do Evangelista Mateus, denuncia a presença de *falsos profetas* atuando na Comunidade (Mt 7,15).

Voltemos para o Diretório, onde se reconhece a necessidade da "inculturação", no qual a catequese tem uma tarefa importante diante dos diversos e novos contextos atuais (cf. DC 186). O *Catecismo* proporciona aos bispos, antes de tudo, o referencial permanente e seguro de doutrina; eles, quais "arautos da fé", em comunhão com o bispo de Roma, são chamados a ser na Igreja "mestres autênticos dotados da autoridade de Cristo, que pregam ao povo a eles confiado a fé que deve ser crida e aplicada e a ilustram sob a luz do Espírito Santo" (*LG* 25; 289).

Na II Carta a Timóteo (4,1-6), lê-se: "Diante de Deus e do Cristo Jesus... proclama a Palavra de Deus, insiste oportuna e inoportunamente, convence, repreende, exorta com toda a longanimidade e ensinamento... Vigia em tudo, faz obra de um evangelizador, desempenha bem o teu ministério". Numerosas são as recomendações do mesmo teor presentes na Palavra de Deus. Como atualizá-las e traduzi-las em orientações pastorais? Os numerosos documentos eclesiais, começando pelas orientações do Concílio, conduzem a nossa experiência de fé.

2. O Catecismo na Tradição e no Magistério da Igreja

Um importante documento conciliar que nos ajuda a aprofundar essa temática é a Constituição dogmática *Dei Verbum* sobre a Revelação divina, ela assim afirma: "Seguindo os passos dos Concílios de Trento e Vaticano I, se propõe a expor a genuína doutrina sobre a revelação divina e a sua transmissão, para que o mundo todo, ao ouvir o anúncio da salvação, creia; crendo, espere e, esperando, ame" (DV 1). São palavras tiradas de um antigo escrito, de Santo Agostinho, sobre catequese: *De Catechizandis rudibus*. Trata de como *catequizar os principiantes*, de como iniciar na fé os que a procuram. Belo testemunho da Igreja, preocupada, desde o início, dessa sua missão: introduzir na fé, aos poucos, com método adequado, linguagem compreensível, atenta à cultura e sensibilidade não só dos povos, mas de cada pessoa.

A esse respeito, vale a pena recordar aquele que, na história da Igreja, pode ser considerado o primeiro *Catecismo*, anterior aos Evangelhos, como informam os estudiosos: a *Didaqué* ou *Doutrina dos Apóstolos*. Pequeno e precioso documento que, em poucas páginas, resume o essencial para conhecer e seguir Jesus de Nazaré. Os Evangelhos também nascem com uma preocupação catequética. São Lucas o reconhece, desde as primeiras palavras de sua obra, que dirige ao "caríssimo Teófilo": "Para que conheças a solidez dos ensinamentos que recebeste" (Lc 1,4).

Por isso, o Diretório para a Catequese (DC) abre o capítulo VI: *O Catecismo da Igreja Católica*, recordando que "a Igreja, desde os tempos dos escritos neotestamentários, tem adotado fórmulas breves e concisas por meio das quais professa, celebra e testemunha sua fé" (DC 182). Sem demorar em outras recordações históricas que documentam a preocupação de transmitir a fé de maneira organizada, o Diretório evidencia o percurso histórico entre o Concílio de Trento até o pós-Concílio Vaticano II e descreve a necessidade de oferecer não só de maneira organizativa, mas também uma exposição orgânica da fé através de um Catecismo que pudesse servir de base para a toda a Igreja em qualquer situação e lugar (cf. DC 182), cujo objetivo está em apresentar um "compêndio da doutrina católica a respeito da fé e da moral" (DC 183).

O *Catecismo da Igreja Católica* começou com o pedido no Sínodo Extraordinário dos Bispos que celebrava o XXV aniversário do encerramento do Concílio Vaticano II, é fruto de um longo processo colegial que, para além da participação dos bispos, contou com a contribuição de especialistas em catequese e demais áreas afins, resultando assim como fruto do Concílio (cf. DC 183). O *Catecismo* não visava diminuir o valor dos textos bíblicos, mas oferecer uma sólida proposta dos conteúdos da fé da Igreja, com o objetivo de inspirar as Igrejas particulares ou de uma região ou país na elaboração de seus catecismos. De fato, na Constituição Apostólica *Fidei Depositum* – apresentação do *Catecismo da Igreja Católica* – o Papa São João Paulo II recorda que os Padres do Sínodo de 1985 "expressaram o desejo de que seja composto um Catecismo ou compêndio de toda a doutrina católica, tanto em matéria de fé como de moral, para que ele seja como um ponto de referência para os catecismos que venham a ser preparados nas diversas regiões".

Nos anos após o Vaticano II, vários países prepararam seus catecismos. Na época, a Igreja da Holanda foi entre as primeiras com *O Novo Catecismo. A fé para adultos*,[58]

---

58. BISPOS DA HOLANDA. *O Novo Catecismo* – A fé para adultos. "Obra redigida pelo Instituto Superior de Nijmegen, em colaboração com diversos, e por ordem dos Senhores Bispos da Holanda". São Paulo: Editora Herder, 1972. Essa edição tem uma nota do Card. Agnelo Rossi, com as propostas "elaboradas sob responsabilidade da Comissão Cardinalícia, com que a Santa Sé encerra o debate que corrige as partes controvertidas do *Novo Catecismo*".

gerando um vivo debate. Escrito em linguagem cativante, criou polêmicas por alguns conteúdos julgados não conformes com a fé da Igreja. Também, outros países elaboraram catecismos pelas diferentes idades e, também, *Diretórios* de Catequese. Dentre os Diretórios, o da Igreja italiana foi um documento de grande riqueza de conteúdo, elaborado numa linguagem nova e expressiva. Tive a sorte de ser introduzido nessa significativa e articulada proposta por estudiosos de catequese que colaboraram em despertar na Igreja da Itália e, consequentemente, em outras realidades, uma profunda relação entre estudo e a práxis na catequese e evangelização.

Nesse clima de intenso fervor eclesial e de viva criatividade que o Concílio gerou, na busca de expressões mais significativas para propor as perenes verdades da fé, houve excessos, no âmbito da catequese, como nas expressões litúrgicas e no testemunho da solidariedade social. Por isso, nesse contexto eclesial e cultural, amadureceu a urgência de propor os conteúdos da fé de maneira mais definida.

Vivi com intenso entusiasmo o tempo do Concílio. Os jovens seminaristas da época percebiam o evento conciliar como um sopro do Espírito Santo na Igreja. Sentíamos que novos impulsos evangelizadores estavam se gerando e que a *primavera* eclesial, prenunciada pelo Papa Pio XII, estava a caminho do verão. Cada novo documento que saía da sala do Concílio era estudado e partilhado com juvenil alegria; crescia o desejo de levar ao mundo a *Bela Notícia* de Jesus com o mesmo ardor com que os apóstolos, conta o Evangelista Marcos, foram e voltaram do *estágio pastoral* (Mc 6,7-13.30).

De verdade, acontecia o que escreve o Papa Francisco: "A alegria do Evangelho enche o coração e a vida inteira daqueles que se encontram com Jesus [...]. O Evangelho, em que resplandece gloriosa a Cruz de Cristo, convida insistentemente à alegria" (*EG* 1; 5). Relembrar esses tempos é como rejuvenescer o entusiasmo missionário! Entusiasmo convicto que retorna nas palavras de Papa Francisco. A Exortação Apostólica *Evangelii Gaudium* respira esse clima de confiança no futuro; contra toda resignação, propõe a urgência de renovar ânimos e métodos. Todavia, não basta bons sentimentos e propósitos. É preciso ter instrumentos adequados para traçar caminhos de longa e segura duração. Por isso, segundo a orientação do Diretório, é legítima a preocupação dos pastores em proporcionar a todos os fiéis o acesso ao direito de que cada batizado tem de ser educado na fé e, ao mesmo tempo, lhe ser garantido o acesso a essa fé da Igreja de forma íntegra, sistemática e capaz de compreensão (cf. DC 185).

2.1. O Catecismo para transmitir a Palavra na fidelidade

O *Catecismo* assume, de forma clara e explícita, a missão evangelizadora da Igreja, propondo, como vimos, os conteúdos essenciais "para uma catequese renovada nas fontes da fé (*Fidei Donum*, 1)" (DC 187). Se de um lado visa alimentar a fé, do outro supõe, ao menos, a disponibilidade interior de quem procura conhecer Jesus e seguir seus passos. Por isso, ouso afirmar que, antes de tudo, para acolher os ensinamentos pede-se honestidade intelectual, desejo de definir o sentido da vida, superação de vários preconceitos que impedem a compreensão viva e transformadora. Nenhum passo é possível, também com a Bíblia nas mãos, se não houver essa disponibilidade a procurar o *rosto* do *Invisível*, e a sede interior da *Verdade*.

Os caminhos de Deus traçados por cada ser humano são infinitos e pessoais. Tantas vezes, constato que o empecilho maior nos caminhos da fé tem estes nomes: preconceito, indiferença ou coração já ocupado pelos numerosos ídolos que o *mundo* oferece. Retorna a palavra de Paulo a Timóteo: "Vai chegar um tempo em que muitos não suportarão a sã doutrina e se cercarão de mestres conforme seus desejos" (2Tm 4,3), e a Tito: "Quanto a ti, ensina a sã doutrina" (Tt 2,1). Que diria o apóstolo nestes tempos de tantos "mestres da suspeita", como o filósofo francês Paul Ricoeur chamava a Marx, Freud, Nietzsche? E nestes dias de radicalismos, *Fake News*, acirradas contraposições ideológicas, também no seio da Igreja?

Todavia, considero um *sinal dos tempos* o desejo de conhecer mais a Bíblia, presente em muitos, católicos e não, até fora de qualquer igreja cristã. O nosso Diretório lembra o que se lê no Diretório Geral de Catequese, 102, que afirma: Deus "pronuncia uma só Palavra, seu Verbo único" (DC 187). Destacamos que "entre as fontes primeiramente estão as Escrituras Sagradas divinamente inspiradas (DC 187). Nossa Igreja, especialmente no Brasil, manifesta enorme empenho para favorecer o conhecimento da Bíblia. O recente documento da Conferência Nacional dos Bispos do Brasil: *E a Palavra habitou entre nós* visa, com renovado impulso, "estimular todas as forças evangelizadoras para que a Palavra de Deus esteja ainda mais na vida das pessoas, nutrindo-as e fortalecendo-as no anúncio do Reino" (Documento 108, Apresentação, p. 12).

Fonte para a Catequese, junto com a Palavra, é a *Tradição*. O *Catecismo*, 83, ensina que se trata da "Tradição que vem dos apóstolos e transmite o que estes receberam do ensinamento e do exemplo de Jesus e o que receberam por meio do Espírito Santo". Ainda, o *Catecismo* recorda o que escreveu o Concílio Vaticano II na Constituição dogmática *Dei Verbum*, 9: "A Sagrada Tradição é a Palavra de Deus confiada pelo Cristo Senhor e o Espírito Santo aos apóstolos e integralmente transmitida aos seus sucessores. [...] Assim sendo, a Igreja haure a sua certeza sobre tudo o que é revelado, não apenas da Sagrada Escritura" (cf. CIgC 81-82).

2.2. A Liturgia, referencial perene dos conteúdos da fé

Seguindo os ensinamentos conciliares (DV 9), o *Diretório*, n. 188, afirma que, na *fonte* da Catequese da Igreja Católica temos o Magistério pontifício, a ritualidade litúrgica oriental e ocidental, bem como o direito canônico. Sobretudo as orações litúrgicas têm um valor muito grande para obter o conhecimento certo na proclamação da fé. Vale lembrar o que afirmava Próspero de Aquitânia, secretário do Papa Leão Magno, quando ensinava que a Igreja deve se reconhecer no axioma: *ut legem credendi statuat lex suplicandi* ("para que a norma do orar estabeleça a norma do crer").[59] A Igreja manifesta e alimenta a sua fé com e na liturgia. Por isso, é preciso reconhecer à oração litúrgica a primazia para definir os conteúdos da fé que a Igreja recebeu dos apóstolos e transmitiu dos ensinamentos e dos exemplos de Jesus, por meio do Espírito Santo. Analisando a história da teologia ao longo do segundo milênio, o renomado teólogo Cesare Giraudo observa que aconteceu "uma grave ferida infligida sobretudo à compreensão da Eucaristia, subtraindo o dado da fé de seu *chão* primeiro e natural que é o culto e, em consequência, tornando-a estática".[60]

O *Diretório*, no n. 188, observa que o correto ensinamento da Igreja se alimenta também através de escritos extraídos de uma diversa variedade de escritores eclesiásticos, entre eles, santos e Doutores da Igreja. Sem dúvida, é preciso buscar sempre palavras que favoreçam a transmissão dos ensinamentos perenes em uma linguagem compreensível e agradável, que nada tire à sã doutrina, mas torne mais compreensível a mensagem da fé. Entre todas as *fontes*, deve ficar claro que a Bíblia e a Liturgia são as nascentes perenes e inesgotáveis na *Iniciação à Vida Cristã*, e que o *Catecismo* não substitui, mas auxilia.

O *Diretório*, no n. 189, lembra que o *Catecismo* é formado por quatro partes, que correspondem às dimensões fundamentais da vida cristã. Elas já se encontram em Atos

---

59. GIRAUDO, Cesare. *Num só corpo* – Tratado mistagógico sobre a eucaristia. Tradução do italiano de TABORDA, Francisco. São Paulo: Edições Loyola, 2003, p. 14-19.

60. Ibidem, p. 19.

dos Apóstolos (2,42): *Eles eram perseverantes no ensinamento dos apóstolos, na comunhão fraterna, na fração do pão e nas orações.* Em poucas palavras, o Evangelista Lucas resume as características dos membros da comunidade dos discípulos de Jesus. Temos os quatro assuntos de toda proposta catequética.

A Igreja dos primeiros séculos – na grande época da patrística – definiu, entre acirradas discussões e conflitos, os conteúdos do seu Credo ou *Símbolo*, isto é, o que unia, pela fé, os membros de uma Igreja. Os assuntos da Catequese encontravam na *Liturgia* iluminação através de um processo mistagógico. O *mistério* do amor de Deus para com a humanidade, que se tornou nossa história no *mistério pascal* de Jesus, nas celebrações litúrgicas, é "experiência que envolve todas as faculdades cognitivas do homem", assim afirma o liturgista Boselli. Continua: "Na liturgia, se conhece escutando, se conhece dizendo, se conhece vendo, cheirando, tocando, de modo que os sentidos são o caminho para o sentido".[61] O texto bíblico fala de *fração do pão*, gesto que caracteriza e expressa a *Eucaristia*. "A qualidade da relação que os Padres da Igreja estabeleceram entre as Escrituras e a Eucaristia... – é neste horizonte de compreensão, como o único mistério do corpo sacramental do Cristo – que tem origem a mistagogia".[62]

A fidelidade a Jesus define, ainda, um estilo de vida, coerente com os seus ensinamentos. Agora, também as *Dez Palavras* de Moisés devem ser interpretadas e vividas à luz do "*Eu, porém, vos digo*" (Mt 5,22.28.32...), como repete Jesus. Com isso, não se descartam os ensinamentos do passado, mas eles devem ser entendidos seguindo o seu ensinamento e exemplo.

2.3. Catequese e Liturgia para iniciar à vida cristã

Enfim, uma dimensão da vida religiosa que pertence a todas as religiões: a *oração*; essa também deve ser vivida à luz dos ensinamentos e, sobretudo, do exemplo de Jesus: *Quando orardes não useis de muitas palavras como fazem os gentios... Vós, portanto, orais assim* (Mt 6,7.9).

O *Diretório*, no n. 189, recorda esses elementos como "pilares da catequese e paradigma para a formação à vida cristã". Portanto, na elaboração dos catecismos, são os assuntos que devem receber especial desenvolvimento. Ainda mais, devem encontrar

---

61. BOSELLI, Goffredo. *O sentido espiritual da Liturgia.* (Coleção Vida e Liturgia da Igreja,1). Brasília: Edições CNBB, 2015, p. 27.

62. Ibidem, p 24.

atenções e propostas pedagógicas na catequese mesma. Constatamos, de fato, em boa parte dos membros de nossas comunidades, uma escassa compreensão desses quatro pilares da vida cristã: a falta de sólidos conhecimentos teológicos, a dificuldade em compreender que a participação à Eucaristia *no dia do Senhor* é parte integrante da identidade cristã, a coerência entre fé professada e fé vivida é outra grave falha; enfim, a oração que acompanha e ilumina a vida de todos os que temem a Deus; oração que é preciso aprender a viver com o coração e o Espírito do Senhor.

O *Diretório*, no n. 189, encerra, de forma bem resumida, qual é a finalidade da catequese: "Abre a Deus uno e trino e ao seu plano de salvação; educa à ação litúrgica e inicia à vida sacramental da Igreja; sustenta a resposta dos fiéis à graça de Deus; introduz à prática da oração cristã". Os que na Igreja assumem o serviço de *ensinar* (1Cor 12,28) devem ter clareza dessas dimensões da formação! Deve ser a principal responsabilidade dos líderes religiosos – bispos, padres, diáconos – a formação de catequistas, ministros da Palavra, formadores de opinião e demais colaboradores. Não faltam experiências significativas em nossas Igrejas particulares. Nem faltam orientações e instrumentos. Das primeiras, refiro-me, sobretudo, ao documento da CNBB: *Iniciação à Vida Cristã*. Itinerário para formar discípulos missionários;[63] entre os instrumentos de catequese com adultos, coloco em nota alguns que conheço.[64]

Na minha experiência, todavia, constato que, frequentemente, a iniciação à vida litúrgica é quase ausente. Por isso, acontece que os meninos celebram a "Primeira Eucaristia", mas muitos deles não tiveram "educação ritual",[65] por causa da escassa participação à vida eclesial dos pais. Isso continua no tempo de preparação ao Sacramento da Crisma. O liturgista Grillo insiste na necessidade de "resgatar a delicadeza e a presteza das mediações rituais", confiando aos ritos, qual "verdadeira prioridade", "um papel de-

---

63. CNBB. *Iniciação à vida cristã*. Itinerário para formar discípulos missionários (Documento 107). Brasília: Edições CNBB, 2017.

64. BRUSTOLIN Leomar A. (Dom). *Casa da Iniciação cristã* – Catequese com adultos. Batismo, Crisma, Eucaristia. São Paulo: Paulinas, 2018; PROVÍNCIA ECLESIÁSTICA DE POUSO ALEGRE: *Aprofundamento da fé. Tempo de cultivar*. Iniciação cristã com adultos, de inspiração catecumenal. São Paulo: Paulus, 2018. FACCINI PARO, Thiago (Pe.). *Catequese e liturgia na iniciação cristã*. O que e como fazer. Petrópolis: Vozes, 2018; IDEM. *O Caminho*. Iniciação à Vida Cristã com Adultos. Petrópolis: Vozes 2021.

65. GRILLO, Andrea. *Ritos que educam* – Os sete sacramentos. (Coleção Vita e Liturgia da Igreja, 4). Brasília: Edições CNBB, 2017, p. 13.

cisivo na formação do sujeito cristão. Os ritos comunicam, também, conteúdos, mas esses são decisivos, sobretudo, para 'dar forma' àquilo que somos".[66]

Tenho prova de que é possível realizar essa formação mais integral, e que, com a graça de Deus, adolescentes e jovens conseguem saborear o mistério de Cristo e a pertença eclesial de forma serena, progressiva, positiva. Os catequizandos sejam envolvidos na animação da liturgia dominical, com adequada preparação. A catequese facilite a compreensão da linguagem simbólica da liturgia. Esse caminho, favorecido pela catequese e sustentado pela participação na comunidade, vai *iniciando à vida de fé* seus filhos e filhas.

2.4. Significado teológico-catequético do Catecismo

O *Catecismo*, todavia, não apresenta uma metodologia e pedagogia catequética, ou seja, a dinâmica usada para a práxis em nossas comunidades (cf. DC 190). Nele, encontramos as grandes linhas e temas que devem ser alimento sólido para quem pretende conhecer os conteúdos da vida cristã, assim como a Igreja é chamada a guardar e anunciar. O conhecimento da Palavra de Deus, antes de tudo, deve iluminar as mentes, aquecer o coração e despertar a vontade de quem acolhe o Evangelho qual luz em sua vida.

Para isso, exige-se as *mediações* catequéticas, isto é, o paciente e permanente trabalho de esmiuçar as grandes verdades da fé, sem diminui-las, mas procurando torná-las acessíveis a cada ouvinte da Palavra. Nessa metodologia, devemos aprender que Jesus "ensinava como quem tem autoridade, não como os (seus) escribas" (Mt 7,29). O povo sente em Jesus algo novo, sobretudo porque as suas palavras são confirmadas pela vida, fiel a Deus e ao povo, homem de íntima oração e de estressante solidariedade com todos que precisavam de cura, de atenção e perdão.

A catequese pede, sim, conhecimento dos conteúdos, um método que considere as idades e a realidade sociocultural do grupo, mas, ainda mais, é de testemunhas críveis da Palavra! O *Diretório*, n. 190, afirma que o *Catecismo* não apresenta simplesmente ideias, mas oportuniza a experiência eclesial, na qual, como assembleia de batizados, acontece o encontro com Jesus Cristo para provocar na pessoa um processo de conversão e, consequentemente, de amadurecimento. Por isso, observemos sempre o *estilo* de Jesus e imitemos suas atitudes; essas não podem faltar em quem acompanha o *processo* da iniciação da fé de irmãos e irmãs. Retornam as palavras de Papa São Paulo VI: "O

---

66. Ibidem, p. 16.

homem contemporâneo escuta com melhor boa vontade as testemunhas do que os mestres... Se escuta os mestres, é porque eles são testemunhas" (*EN* 41).

3. O Catecismo da Igreja Católica nos Diretórios Catequéticos

O Diretório Catequético Geral de 1971, ao ser elaborado, atendeu a solicitação direta do Concílio Vaticano II através do Decreto *Christus Dominus*, n. 44. Ao ser um fruto direto do pós-Concílio, este Diretório tem como finalidade a apresentação dos principais fundamentos teológicos-pastorais que provêm do Magistério da Igreja, e sobretudo do Concílio Vaticano II. Nessa perspectiva, a catequese está associada ao Ministério da Palavra.

Em 1992 é publicado o Catecismo da Igreja Católica, ele por sua vez, promove a necessidade de aprimorar o Diretório de 1971, que tem por finalidade "a assunção dos conteúdos da fé propostos pelo Catecismo da Igreja Católica" (DGC 7). Embora esse Diretório conserve a estrutura do anterior, na segunda parte, o segundo capítulo é completamente novo, no qual, por ele se apresenta o Catecismo da Igreja Católica como um texto de referência no processo de transmissão da fé no ato da educação da fé, bem como para a elaboração dos Catecismos nas Igrejas particulares (cf. DGC 8).

Ao estabelecer a relação entre o Diretório Geral para a Catequese e o Catecismo da Igreja Católica, afirma-se que são dois instrumentos distintos, mas que se complementam no serviço da evangelização. Enquanto o Catecismo é uma *exposição* da fé da Igreja e da Doutrina Católica, o DGC é uma *proposição* do Concílio Vaticano II que tem como finalidade propor os fundamentais princípios teológico-pastorais para a catequese (cf. DGC 120). No DGC, o termo Catecismo da Igreja Católica aparece ao todo 79 vezes, evidenciando, assim, a sua importância e estreita relação com a educação da fé.

No Diretório para a Catequese de 2020, o Catecismo da Igreja Católica continua a ser apresentado na segunda parte em relação ao Diretório anterior. No DC, o Catecismo da Igreja Católica é apresentado no capítulo VI em seu significado teológico-catequético (cf. DC 8). O DC retoma as orientações que o DGC apresentava em relação ao Catecismo ao afirmar que ele não pode ser confundido com o método catequético, mas que faz referência à globalidade da vida cristã em sua doutrina e conteúdo (cf. DC 190). Nisso não há novidades na forma de apresentar o Catecismo e sua finalidade na catequese. O DC menciona 33 vezes o termo Catecismo da Igreja Católica. Em relação ao Diretório anterior há uma significativa reconsideração do uso, não da sua importância.

4. Na escola permanente de Jesus, Mestre e Senhor

O Diretório, ao afirmar que o *Catecismo* orienta a olhar sempre para Jesus, está definindo uma das tarefas da catequese, na qual, a capacidade de compreensão das palavras está intimamente ligada à abertura do coração para despertar o desejo de seguimento. Essa finalidade oferece uma consequência direta no ato de educar na fé possibilitando a harmonização da fé que é professada, celebrada, vivida e rezada. Dessa forma, podemos afirmar que o encontro com Cristo se dá de maneira gradual (cf. DC 190). Apresentaremos aqui um itinerário baseado nos próprios gestos de Jesus. Esse jeito de ser de Jesus deve ser, também, o estilo de vida dos seus seguidores, sobretudo dos catequistas, educadores da fé.

a) Jesus *acolhia* cada pessoa com sua história, suas feridas e pecados, também. Não apontava o dedo, mas abria os braços. E por Ele se sentiam atraídos todos que se aproximassem com coração sincero, acolhendo a sua proposta de vida repleta de amor. São Paulo podia afirmar: "Sede meus imitadores como eu o sou de Cristo" (1Cor 11,1; 4,16; Fl 3,17; 4,9).

b) Jesus *curava* todo tipo de mal: paralíticos, cegos e coxos, endemoninhados, pessoas com febre e mulheres perdendo sangue... até chamava de novo à vida. Nele tinha uma *força divina*, uma energia que provinha de dentro, uma sensibilidade em perceber o sofrimento alheio, e criava empatia que atraía as pessoas de toda parte.

c) Jesus *falava* de Deus não só com as palavras, mas fazendo-o sentir presente com sua vida. Sim, Ele é Deus, é Único. Todavia, algo parecido deve acontecer em todos que falam de Deus não apresentando teorias, mas experiências de vida que queimaram dentro e deixaram marcas.

d) Jesus *escutava*. Quantas vezes terá escutado seus discípulos desabafar suas preocupações. Imagino a alegria de um lado e a atenção do outro. Uma página memorável é a longa escuta e conversa com os dois discípulos de Emaús que, com linguagem de rara beleza, o Evangelista Lucas recorda, mostrando uma atitude constante de Jesus.

e) Jesus *orava,* com uma intensidade que questionava os seus amigos. De fato, um dia lhe pedem: "Senhor, ensina-nos a orar como também João ensinou a seus discípulos" (Lc 11,1), apesar de alguns deles provir da escola do Batista. Por que pedem a Jesus que os ensine a orar? Com certeza, como escrevem os evangelistas Mateus (6,3-13) e Lucas (11,2-4), o exemplo de Jesus era único.

Por isso, a crítica a certa oração, feita "nas sinagogas e nas esquinas das praças, em pé, para serem vistos dos homens" (Mt 6,5).

5. Linhas de inspiração para ações pastorais

O processo de educação da fé exige de toda a Igreja, nos dias atuais, um percurso que seja capaz de colocar a pessoa em contato com Jesus através de uma comunidade cristã. Entre os mais variados desafios pastorais que se apresentam ao nosso tempo, abordaremos dois: primeiro, a catequese entre ideal e realidade; segundo, a necessidade em renovar o empenho em iniciar à vida de fé.

5.1. A Catequese entre ideal e realidade

Em nossa linguagem eclesiástica nós perseguimos ideais. Esses estão sempre além do nosso alcance. Questiono-me, às vezes, com certo desânimo: por que existem tantas contradições entre o Evangelho e a vida concreta dos *discípulos e discípulas* de Jesus? Constato que irmãos de nossa Igreja contradizem vergonhosamente a igualdade entre todos, a atenção privilegiada aos mais pobres e marginalizados, a transparência que Jesus pediu, a humildade, humanidade e simplicidade, junto com outras virtudes humanas que vêm do ensinamento de Jesus!

E o que dizer da insensibilidade no que se refere à defesa da vida nascente, da partilha com quem passa necessidade e fome, da frieza e até oposição diante das propostas de políticas públicas justas e solidárias? Quanta política que é somente "fazer carreira", quantas profissões liberais exercidas para ganhar mais, quanta hipocrisia entre a palavra e a vida! E quantas traições nos afetos e compromissos assumidos, e quantos sacramentos recebidos por tradição e conformismo! A lista poderia continuar.

A catequese deve ser sempre proposta de *Iniciação à Vida Cristã* e de *conversão*; deve mexer com essas dimensões da nossa humanidade e convivência social. Catequese dirigida não só a crianças e adolescentes, mas tendo os adultos como referenciais principais. Somente por essas trilhas poderá acontecer harmonia, coerência, fidelidade.

O *Diretório*, no n. 191, observa, ainda, que o *Catecismo* tem uma "estrutura sinfônica", isto é, nele se encontram mensagens de diferentes naturezas: teologia e vida cristã, haurindo de fontes diferentes, da Tradição ocidental e oriental. Assim, aparece a "beleza harmoniosa que caracteriza a verdade católica". Conclui-se: "Evidentemente, o *Catecismo*, assim ordenado, promove a importância do equilíbrio e da harmonia na apresentação da fé".

Em seguida, o *Diretório,* no n. 192, reconhece que o *Catecismo* apresenta os conteúdos da fé "de forma a manifestar a pedagogia de Deus", e que "reserva um lugar de absoluta importância para Deus e para a obra da graça". Com poucas palavras, resumem-se esses conteúdos: "a centralidade trinitária e cristológica, a narrativa da história da salvação, a eclesialidade da mensagem, a hierarquia das verdades, a importância da beleza": tudo para "suscitar o desejo por Cristo, apresentando o Deus desejável que deseja o bem da pessoa humana".

5.2. Para um renovado empenho em iniciar à vida de fé

Essas orientações manifestam um empenho constante na vida da Igreja. Vimos a preocupação de Santo Agostinho em tornar a catequese mais sólida nos conteúdos e agradável na acolhida por parte dos ouvintes. Os grandes pastores deste mesmo período – só um exemplo: as *Catequeses mistagógicas* de São Cirilo de Jerusalém (+ 387) – manifestam a preocupação de formar cristãos de fé sólida: "melhor preparados para aprender os mistérios todo-divinos que se referem ao divino e vivificante batismo"[67] e chamados a "progredirem em boas obras e a se tornarem agradáveis ao autor de nossa salvação, Cristo Jesus".[68] Essa é a finalidade permanente da Igreja: evangelizar! Podemos abrir as páginas das *Diretrizes Gerais da Ação evangelizadora da Igreja no Brasil, 2019-2023,* e encontrarmos o n. 11, o vivo desejo de tornar o Evangelho fermento na massa.

> Inserida na vida das pessoas e povos, a Igreja busca escutar suas angústias, compartilhar suas alegrias, compreender suas mentalidades e interpretar seus contravalores. Por isso, ela anuncia a testemunha "o nome, a doutrina, a vida, as promessas, o reino, o mistério de Jesus de Nazaré, Filho de Deus" (EN 22).

Em sua recente Carta Apostólica *Antiquum Ministerium* (AM) – com a qual instituiu o ministério do Catequista – o Papa Francisco observa que "olhar para a vida das primeiras comunidades cristãs, que se empenharam na difusão e no progresso do Evangelho, estimula também hoje a Igreja a perceber quais podem ser as novas expressões para continuarmos permanecendo fiéis à Palavra do Senhor, a fim de fazer chegar o seu Evangelho a toda criatura" (AM 2). Nessa fidelidade, com renovado ardor missionário,

---

67. São CIRILO de Jerusalém. *Catequeses mistagógicas* – Introdução e notas de Frei Fernando Figueiredo, O.F.M. Petrópolis: Vozes, 2004 (II edição), p. 25.

68. Ibidem, p. 41.

os(as) catequistas hoje são chamados a continuar, cientes de que "toda a história da evangelização, manifesta... como foi eficaz a missão dos catequistas" (AM 3).

6. Para refletir

1. O que mais chamou a atenção nesse texto?

2. Quais são os quatro pilares apresentados no Catecismo e qual a sua relação com o texto Bíblico de Atos dos Apóstolos 2,42-47?

3. A partir da resposta da questão anterior, quais são as implicações diretas no ato de preparar o encontro catequético?

4. No processo catequético em nossas comunidades, qual é a verdadeira finalidade do Catecismo da Igreja Católica?

CAPÍTULO 8

Planejar a ação catequética sob a luz do Espírito

Pe. Roberto Nentwig[69]

Introdução

O capítulo 12 do Diretório para a Catequese tem como título *Organismos a serviço da catequese*. A finalidade desta seção é tratar da organização eclesial, levando em consideração todos os âmbitos (local, nacional, internacional) que estão dispostos para a pastoral catequética.

Um primeiro olhar leva-nos a pensar em um tema mais árido do que os demais assuntos que se relaciona à catequese, pois está relacionado com a instituição. Deste modo, cabe uma ressalva inicial antes de estudarmos o capítulo 12. É preciso ter em conta que a Igreja é instituição, mas também é carisma.

De um lado, a Igreja é uma instituição organizada, que evoluiu suas estruturas ao longo da história. A institucionalização auxilia na sua durabilidade, unidade, capacidade de adaptação e sustento dos seus princípios diante dos ventos contrários do tempo e dos personalismos. A Igreja não está à mercê das opiniões, das ideologias, das vontades humanas. As estruturas eclesiais, do mesmo modo, não estão a serviço de si

---

69. Roberto Nentwig é presbítero da Arquidiocese de Curitiba, reitor do Seminário Filosófico Bom Pastor e do Instituto Discípulos de Emaús (IDE). É doutor em Teologia pela PUC-Rio, professor de teologia da PUC-PR e do Studium Theologicum (Claretianos). É membro da Sociedade Brasileira dos Catequetas (SBCat) e do GREBICAT.

mesma, mas da evangelização. A Igreja vive da Palavra de Deus e dos Sacramentos em prol da missão de ser sal e luz no mundo. Antes de ser uma instituição hierarquizada, a Igreja é o Povo de Deus, como nos disse muito bem o Concílio Vaticano II. A Igreja "é mais do que uma instituição orgânica e hierárquica; é, antes de tudo, um povo que peregrina para Deus" (*EG* 111).

Por outro lado, a Igreja, com toda a sua institucionalização é nascida do Espírito e conduzida pelo Espírito, que atua como alma do Corpo (*LG* 7). O Espírito é a força que impulsiona a Igreja a estar alinhada ao seu projeto fundador, ou seja, identificada com Cristo. É o Espírito Santo que faz o elo da comunidade – Ele é o amor que nos faz viver como irmãos e irmãs. Existe uma diversidade de carismas, ministérios, movimentos, mas, um é o Espírito que age para que tudo tenha uma utilidade comum (cf. 1Cor 12,7).

Hoje, as instituições estão sendo muito questionadas, estão se *liquefazendo*, como nos diz o sociólogo Zygmunt Bauman. Mesmo que não deixemos de lado toda a necessária organização institucional, é preciso que estejamos atentos ao tempo propício à valorização do Espírito. Vivemos no tempo da liberdade, da pluralidade, da decisão, das subjetividades. Aqui estão os impulsos do Espírito. É ele, sobretudo, que nos ajuda a discernir os caminhos da história, a fazer escolhas. Estamos caminhando para a Igreja do Espírito. Uma Igreja sem o Espírito valoriza a imposição, o rigorismo, a intransigência. Pela presença do Espírito, todas as realidades eclesiásticas devem se transformar em fonte de paz, de alegria e liberdade. É neste contexto que devemos ler o capítulo 12 do Diretório. Vamos a ele.

1. Os organismos e as fontes do Magistério a serviço da catequese no Diretório para a catequese

Faremos um rápido percurso, passando por cada tópico do capítulo 12, ressaltando aspectos importantes e esclarecimento de possíveis dúvidas que podem surgir na sua leitura.

1.1. Santa Sé

Quem cuida da Catequese no âmbito internacional é o Conselho Pontifício para a Promoção da Nova Evangelização, criado em 2010 pelo Papa Bento XVI. É ele que emite este Diretório. Lembrando que o Diretório anterior foi emitido pela Congregação para o Clero. Entre suas tarefas, destacam-se: cuidar da formação religiosa, emitir normas, aprovar catecismos, documentos como um Diretório Nacional (por exemplo), assistir os organismos das conferências episcopais responsáveis pela catequese (DC 410).

Para entender nossa vinculação com um organismo da Santa Sé, é preciso lembrar que a Igreja é Sacramento de Comunhão (*LG* 1). O papa e os bispos, por vezes, são interpretados como papéis de autoridade. Antes, devem ser vistos como sinais de unidade, como servidores e pastores. É o que nos recorda um importante documento, *Pastor Bonus*:

> O poder e a autoridade dos bispos têm o caráter de diaconia, segundo o modelo de Cristo mesmo, que "não veio para ser servido, mas para servir e dar a vida em resgate por muitos" (Mc 10,45). É preciso, portanto, entender e exercer o poder na Igreja segundo as categorias do servir, de modo que a autoridade tenha a pastoralidade como caráter principal (PB 2).

O papa não pode fazer tudo sozinho. Por isso, também o seu ministério se serve de assessoria, de mãos que se prolongam para o benefício da Igreja. A Cúria Romana existe para auxiliar o *ministério petrino* (*PB* 3). É neste sentido que devemos entender o vínculo da pastoral catequética com o Conselho Pontifício para a Promoção da Nova Evangelização, organismos da Santa Sé.

1.2. Os Sínodos dos Bispos ou os Conselhos dos Hierarcas das Igrejas orientais

Interessante observar que o Diretório trata das igrejas orientais, dando-lhes algumas orientações gerais e relembrando a elas que devem emanar as normas a respeito da catequese em um diretório (DC 411).

Alguns talvez desconheçam a existência das Igrejas orientais que estão em comunhão com o bispo de Roma. A grande maioria dos católicos no Brasil é de rito romano (Igreja latina), no entanto, existem outras 23 Igrejas no Oriente. Cada uma delas possui sua própria hierarquia, espiritualidade e normativas específicas. São governadas por um Patriarca, Arcebispo Maior ou Metropolita. O importante é ter em conta a beleza da diversidade e a importância da comunhão das igrejas na Igreja Católica, como nos diz o Catecismo:

> Desde a origem, no entanto, esta Igreja apresenta-se com uma grande diversidade, proveniente ao mesmo tempo da variedade dos dons de Deus e da multiplicidade das pessoas que os recebem. No seio da comunhão da Igreja existem legitimamente Igrejas particulares, que gozam das suas tradições próprias. A grande riqueza desta diversidade não se opõe à unidade da Igreja (CIgC n. 814).

1.3. A Conferência episcopal

O Diretório orienta que cada Conferência episcopal tenha um Secretariado ou Comissão Nacional para a catequese (DC 412). No Brasil, a Conferência Nacional dos Bispos tem *Comissões Episcopais*. A *Comissão Episcopal para a Animação Bíblico-Catequética* é organismo responsável pela catequese em todo o país. É presidida por um bispo, com dois outros bispos integrantes e por dois assessores. No Brasil a comissão catequética é também bíblica. Portanto, prioriza-se o vínculo entre a Sagrada Escritura e a Pastoral Catequética. A própria organização eclesial nos mostra que estes dois âmbitos jamais podem caminhar distintamente.

O Diretório explicita as tarefas da Comissão Catequética Nacional (DC 413). Entre elas, destacam-se: definir linhas, diretrizes e orientações catequéticas, elaborar instrumentos de caráter reflexivo e orientativo e ser ponto de referência para a formação de catequistas. A Comissão Nacional deve orientar e ajudar as Igrejas particulares. No Brasil, é preciso considerar a existência de 18 Regionais, pois o nosso país tem uma dimensão continental. Convém destacar que há uma riqueza catequética proveniente da diversidade brasileira. A Comissão considera esta pluralidade e tem uma tarefa orientativa. Um bom exemplo de orientação catequética para todo o Brasil foi a elaboração do *Diretório Nacional de Catequese*, em 2006. Este documento não teve a sua origem nas mesas dos escritórios de especialistas, mas nasceu da partilha e da ânsia de catequistas espalhados por todo Brasil. Mais recentemente, o Documento 107 – *Iniciação à Vida Cristã* (2017) trouxe novo estímulo para a tarefa constante de uma catequese de inspiração catecumenal, uma exigência ainda muito presente. Até hoje bebemos do impulso destes documentos para a caminhada catequética.

O Diretório destaca ainda a missão da Comissão Nacional em "promover a formação dos coordenadores regionais e diocesanos" (DC 414) e a importância do cuidado das dioceses que mais necessitam de ajuda. Certamente, a Comissão de Animação Bíblico--Catequética deve aqui respeitar as instâncias regionais, já destinadas para este serviço.

Comissão Episcopal Pastoral para a Animação Bíblico-Catequética

"A CNBB em sua organização inclui a *Comissão Episcopal Pastoral para a Animação Bíblico--Catequética*, com o objetivo de animar a pastoral bíblica e dinamizar a catequese" (DNC 329). Suas tarefas são: impulsionar a animação bíblica de toda a pastoral; estimular a implantação da Iniciação à Vida Cristã, com inspiração catecumenal, uma catequese mistagógica; promover iniciativas de formação, especialmente as escolas bíblico-catequéticas; elaborar subsídios para a formação; fazer da animação bíblico-catequética uma ação transformadora focada no cuidado de toda a vida.

1.4. As dioceses

As dioceses não são apenas organizações jurídicas, canônicas e administrativas. São chamadas de *porção da Igreja universal*, ou seja, nelas contêm tudo o que existe na Igreja inteira. O concílio ainda as chama de *comunidades locais de fiéis*, reforçando a tese de que as dioceses são a visibilidade da Igreja que se espalha no mundo todo e que não podem ser reduzidas a unidades burocráticas (*LG* 26). Uma diocese não está isolada, mas unida às demais igrejas e ao papa. O bispo "é princípio e fundamento visível da unidade" das igrejas (*LG* 23). O princípio de comunhão é muito importante, sobretudo na mentalidade que tem se desenvolvido nas últimas décadas.

Tendo presente tais pressupostos, podemos verificar em que medida o Diretório Catequético propõe a organização da catequese nas comunidades locais, sejam elas arquidioceses, dioceses, eparquias ou prelazias.

O DC fala, sobretudo, das tarefas da Coordenação Diocesana de Catequese (DC 417). Antes de discorrer sobre a missão desta equipe, afirma o documento que a coordenação seja constituída de um serviço diocesano verdadeiramente ministerial (nós preferimos o termo *equipe de coordenação* ou *comissão*), e que seja ele composto por uma diversidade representativa: presbíteros, religiosos, religiosas, leigos e leigas (DC 417). Posteriormente, o documento trata das grandes tarefas da coordenação diocesana: a) Análise da situação; b) Coordenação da catequese; c) Programa de ação; d) Projeto diocesano de catequese; e) Formação dos catequistas.

a) Análise da situação (DC 418-419)

É interessante observar que um documento da Santa Sé fala que a primeira tarefa de uma Igreja particular é *olhar* para a realidade. O chamado *ver* é o ponto de partida do planejamento pastoral, como notamos nos sínodos latino-americanos e nas Diretrizes da Ação Evangelizadora. Entretanto, o Diretório adverte para que este *ver* não seja uma análise puramente sociológica. É preciso um "discernimento evangélico", um discernimento à luz da fé, à luz do Espírito, como tem constantemente insistido o Papa Francisco em seu pontificado.

b) Coordenação da catequese (DC 420-421)

Ao tratar do tema da Coordenação, o Diretório alerta para que ela não seja "um fato meramente estratégico" (DC 420). Hoje há o risco de pensarmos a Igreja como uma empresa, esquecendo da graça, da ação de Deus. A Evangelização não é avaliada pela quantidade, pelo que se pode medir. Por outro lado, podemos ir para o outro extremo: a improvisação. É preciso ter equilíbrio.

O Diretório ainda diz que seria oportuno a constituição de uma *Comissão de Iniciação à Vida Cristã*. Em nossa realidade brasileira, é preciso discernir se esta comissão é necessariamente distinta da coordenação diocesana ou se poderia ser uma mesma equipe. É interessante observar que o Diretório chama a atenção para a pastoral orgânica. Sugere-se que a Comissão da IVC conte com membros de outras pastorais, não só da Catequese. Hoje, vemos o quão importante é esta comissão ampla, pois a Iniciação à Vida Cristã atinge a Igreja toda, faz das paróquias verdadeiras comunidades evangelizadoras. A principal pastoral que deve compor a equipe da IVC é a pastoral litúrgica.

c) Programa operacional (DC 424)

O Diretório prefere diferenciar o Projeto Diocesano do programa operacional. Se tecnicamente, pode-se dizer que a operacionalização é o último item de um Plano pastoral, o Diretório diferencia uma coisa da outra, com o objetivo de dar destaque para a etapa final. Ou seja, é preciso saber que não basta ter um projeto cheio de ideias, objetivos, se não há uma concretização com atividades bem definidas para médio e curto prazo. Há dois extremos a serem evitados: ênfase teórica e/ou programas sem fundamentos. Um bom plano contempla um olhar para a realidade, os referenciais teóricos, o diagnóstico pastoral (que confronta a teoria com a prática). Só por fim, vem a operacionalização, ou seja, o programa de ação.

Para clarificar melhor, convém aqui uma diferenciação terminológica importante: a) projeto é um processo de tomada de decisões: ações, reuniões e reflexões para pensar a ação; b) plano é o registro das decisões; c) programação: uma lista de ações a serem realizadas de acordo com um cronograma/agenda.[70]

d) Projeto diocesano de catequese (DC 422-423)

O Diretório indica a necessidade de um Projeto Pastoral diocesano. O documento destaca que este projeto deve ter em vista "o princípio organizador". Ou seja, deve-se elaborar um plano que contenha processos articulados. Hoje, percebe-se a necessidade de se superar um planejamento da IVC sem organicidade. É preciso realizar a organiza-

---

70. Sobre os passos do planejamento pastoral e elaboração do plano, cf. BRIGHENTI, Agenor. *A pastoral dá o que pensar*, p. 215-221.

ção das pastorais e dos processos: pastoral do Batismo, catequese infantil, catecumenato de adultos, pastoral litúrgica etc.

O Projeto diocesano pode ser pensado a partir das diferentes idades, mas também deve-se considerar a situação existencial dos interlocutores. Por exemplo: a catequese com pessoas com deficiência, a catequese com os indígenas, as pessoas em situações de fragilidades. O Diretório fala da prioridade à catequese com adultos. Este tema tem sido discutido no Brasil, especialmente, a partir de 2001, quando foi realizada a 2ª Semana Brasileira de Catequese (com adultos, catequese adulta). De fato, Jesus evangelizava os adultos e abençoava as crianças, enquanto historicamente parece que a Igreja preferiu, por vezes, fazer o contrário. O Diretório, neste sentido, tem uma palavra muito forte, afirmando que não basta "acrescentar algumas atividades para os adultos à catequese de crianças e jovens, mas de uma nova compreensão de toda a atividade catequética" (DC 422). A questão que se coloca para os responsáveis pela catequese é se, de fato, levamos a sério esta prioridade dos adultos em nossos programas. Certamente a implementação do Catecumenato de adultos é um grande passo neste sentido.

e) Formação de catequistas (DC 425)

O Diretório trata da formação de catequistas no capítulo 4. Neste capítulo, ele aborda o mesmo tema, enfatizando que a Coordenação Diocesana deve ter "cuidado particular com a formação de catequistas" (DC 425). De fato, vários documentos tratam da formação de catequistas como uma grande prioridade. Atualmente, sobretudo depois das novas questões suscitadas a respeito da *instituição do ministério dos catequistas*, o planejamento de uma *política formativa* é fundamental. Todos os níveis de catequistas precisam de uma formação condizente, uma formação permanente. Convém destacar que o Diretório fala de uma formação específica para os coordenadores paroquiais.

2. Novidades e destaques em relação aos Diretórios anteriores

Quando aproximamos o Diretório para a Catequese de outros documentos da Igreja, é possível abrir a leitura do diretório para perspectivas que merecem nossa reflexão. Destacamos a seguir, alguns temas neste sentido.

2.1. Catequese e Nova evangelização

É importante aqui se compreender bem a expressão *Nova evangelização*. Muitos a interpretaram com uma evangelização mais ardorosa e atualizada, como se bastasse uma midiatização da transmissão da fé. Hoje, sobretudo depois dos estudos sobre o Documento de Aparecida, está mais claro que a nova evangelização consiste em uma importante tarefa que está intimamente ligada a uma profunda postura de permanente conversão pastoral (cf. DAp 366), uma pastoral que seja cheia de audácia, de ímpeto, mas também aberta aos novos contextos. Vivemos em tempos que o cristianismo não é mais hegemônico, muitos são os que não têm os rudimentos da fé. A ação pastoral e a catequese de maneira particular não pode pressupor que todos os batizados já tenham realizado em suas vidas uma profunda experiência de encontro com Jesus Cristo e que tenham claro o percurso de fé a ser realizado. Por isso, esse contexto de secularização exige, entre outras coisas, uma evangelização que comece pelo Cristo, com ênfase no querigma, além de uma catequese revestida do ardor evangelizador (cf. DAp 549).

A catequese é entendida como segundo momento do processo evangelizador, já o querigma é o primeiro. Porém, não se pode entender estes momentos como estanques: a catequese deve ser imbuída do querigma, pois o primeiro anúncio é *primeiro* no sentido *qualitativo*, que impregna todo o processo evangelizador, como nos recorda o próprio Diretório para a Catequese, retomando as palavras do Papa Francisco (cf. DC 68; EG 168). A mesma exigência já se encontra no Diretório anterior: "Na situação atual, requerida pela 'nova evangelização' esta tarefa se realiza por meio da 'catequese querig-mática', que alguns chamam de 'pré-catequese', porque, inspirada no pré-catecumenato, é uma proposta da Boa-nova de acordo com uma sólida opção de fé" (DGC 62).

Uma catequese que leva em conta o contexto de Nova evangelização é uma cate-quese evangelizadora: veste a roupagem do primeiro anúncio e é toda impregnada da inspiração catecumenal, como nos sugere o papa ao nos indicar uma "catequese querig-mática e mistagógica" (*EG* 163-168).

2.2. O ministério da Coordenação

O Diretório Nacional de Catequese já havia nos dado uma visão bem pastoral a respeito do ministério da Coordenação. Destacamos aqui algumas características deste ministério a partir de algumas imagens bíblicas importantes.

a) *Um serviço de corresponsabilidade.* "Jesus não assumiu a missão sozinho. Fez-se cercar de um grupo (cf. Mc 3,13-19; Jo 1,35-51). Com ele vai criando sua comunidade. Em Jesus, o ministério da coordenação e animação carac-teriza-se pelo amor às pessoas e pelos vínculos de caridade e amizade. Ele conquista confiança e delega responsabilidades" (DNC 314). O ministério da catequese, em qualquer âmbito de ação, deve ser um trabalho de conjunto. A proximidade dos termos *coordenar* e *cooperar* indica que não deve haver centralização, mas comunhão na divisão de tarefas. "A palavra-chave deste ministério é articulação. O coordenador não acumule funções, nem se apascente a si mesmo, mas sim as ovelhas (cf. Ez 34,2)" (DNC 317).

b) *Um serviço de pastoreio* (DNC 315). A exemplo do Cristo Bom Pastor (cf. Jo 10), a coordenação deve ser um serviço de cuidado, que abre a porta de acesso, sem exclusões. Diferente do mercenário, do ladrão, o pastor não busca se favorecer a si mesmo, mas em beneficiar a ovelha. Assim, é um ministério que gera a vida, incentiva, compreende, dialoga. Por isso, quem é escolhido para a função de coordenar deve ter as requeridas qualidades humanas, equilíbrio psicológico, capacidade de estabelecer relações.

c) *Um serviço de planejamento* (DNC 319). Jesus nos diz que antes de começar a obra, é preciso sentar e verificar se há condições de concluí-la (cf. Lc 14,28-29). Um dos grandes indicativos que nos concede o tema da Organização Catequética é a necessidade de eliminar a improvisação da atividade catequética. Para isso, deve-se aplicar recursos, pessoal e temporal, dando ao ministério catequético o valor que lhe é devido.

O Diretório Nacional de Catequese estabelece as tarefas de cada âmbito de organização catequética. A releitura destes números é importante para planejar e avaliar a atividade da coordenação, além de atualizar o que nos diz o Diretório para a Catequese à realidade brasileira.
- Em nível paroquial (DNC 323-326).
- Em nível diocesano (DNC 327).
- Em nível regional (DNC 328).
- Em nível nacional (DNC 329).

2.3. O Projeto Diocesano de Iniciação à Vida Cristã

Como já mencionamos anteriormente, o DC trata no capítulo 12 sobre o projeto diocesano de catequese. Neste âmbito de reflexão, é fundamental um resgate das propostas do Documento 107, ao tratar do *Projeto Diocesano de Iniciação Cristã*, nos números 138-153.

> Para responder aos desafios da evangelização, principalmente na transmissão da fé, é fundamental ter um projeto diocesano de Iniciação à Vida Cristã, através do qual seja possível promover a renovação das comunidades paroquiais. Não se trata de fazer apenas "reformas" na catequese, mas de rever toda a ação pastoral, a partir da Iniciação à Vida Cristã (IVC 138).

Escutando este apelo, o grande desafio da coordenação diocesana é a elaboração de um projeto abrangente, uma proposta concreta, que visa a renovação catequética a partir da Iniciação à Vida Cristã. Toda a reflexão neste sentido tem contado com a partilha de experiências muito positivas de inspiração catecumenal, no entanto, observa-se que grande parte destas experiências são locais e, por vezes, isoladas. Aos poucos vamos testemunhando experiências diocesanas. Isso é fundamental, pois a Iniciação à Vida Cristã deve ser um projeto assumido por toda a Igreja local. Cada comunidade deverá, ao seu modo, adaptar-se de modo inculturado à proposta para a sua realidade, mas sempre em consonância com o projeto diocesano – o primeiro passo para uma pastoral orgânica.

Um projeto precisa ser gestado e construído de modo participativo. Logicamente, a Igreja não cresce à base de decretos, mas de projetos assumidos em conjunto. Por isso, uma das grandes tarefas da coordenação diocesana é promover um processo participativo para a construção de um projeto que, após contar com certa solidez, possa ser oficializado em um Diretório.[71]

O que deve ser considerado para a elaboração do Projeto Diocesano da Iniciação à Vida Cristã?

• O projeto deve ser realizado com a participação de uma diversidade de agentes, não apenas com catequistas (IVC 140). A principal integração deverá ser realizada com a Pastoral Litúrgica, mas não somente com ela.

• O objetivo do projeto não é apenas renovar a catequese, mas renovar a comunidade paroquial (IVC 141). Tal intento é efetivado pelo envolvimento de diversos agentes, pela integração das pastorais e pelo nascimento de novos agentes e missionários que testemunhem a fé na sociedade.

• O princípio do projeto é realizado a partir da formação. Por isso, os coordenadores paroquiais e agentes de outras pastorais deverão ser formados no espírito da inspiração catecumenal (IVC 144, n. 1-3).

• Sobretudo, deve-se envolver agentes ligados aos sacramentos da iniciação (Batismo, Confirmação e Crisma). O objetivo é a integração, sem que cada sacramento esteja desconexo de um mesmo processo (IVC 144, n. 4).

• A prioridade deve ser a Iniciação à Vida Cristã de adultos (IVC 144, n. 6). Um bom caminho para a implantação do projeto é, certamente, o incentivo do Catecumenato de adultos nas comunidades, pois ele é o paradigma de toda a inspiração catecumenal.

---

71. CNBB. *Iniciação à vida cristã: um processo de inspiração catecumenal.* Brasília: Edições CNBB, 2009 (Estudo da CNBB n. 97), n. 152.

♦ Renovar a preparação de pais e padrinhos do Batismo e da Crisma (IVC 144, n. 8). É preciso superar a mentalidade de *cursinhos preparatórios*, optando por propostas mais personalizadas e celebrativas.[72]

♦ Realizar a catequese familiar com os responsáveis pelas crianças que participam da catequese de iniciação, lembrando que o envolvimento das famílias é indispensável para uma adequada inserção dos filhos na comunidade.

♦ Por fim, o projeto deve considerar a Igreja em saída. Deve-se aproveitar todas as oportunidades para integrar os que estão indiferentes: visita às famílias (preparação pré-batismal, catequese familiar...), o querigma realizado pelos introdutores do catecumenato, o envolvimento dos participantes e seus familiares nas atividades da comunidade etc.

3. Um itinerário bíblico: Paulo e a comunhão com os apóstolos

Propomos a leitura bíblica de **Gl 1,15ss.; 2,11-14**.

São textos de um mesmo contexto. Parece que a autoridade apostólica de Paulo havia sido questionada. O apóstolo diz que seu chamado é divino. Mas, ele não age sozinho, por isso, deixa claro à comunidade que sua missão é realizada em acordo com os apóstolos anteriores a ele, sobretudo, *Cefas* (Pedro), que se destaca em sua autoridade diante dos demais apóstolos.

A Igreja primitiva precisou resolver suas questões pastorais, não sem discussões e um processo longo. A questão que estava em jogo era a aceitação dos pagãos ao cristianismo. Deveriam eles ser admitidos antes ao judaísmo. Embora isso tenha sido decidido em Jerusalém (cf. At 15,1-35), as polêmicas permaneciam. Ao que indica o texto, Pedro privou-se de comer com os pagãos convertidos, por imposição do grupo mais fechado, aquele que não admitia com facilidade a abertura da Igreja aos gentios. Paulo admite a autoridade apostólica, quer caminhar em comunhão, mas não deixa de questionar *Cefas* sobre o que estava acontecendo.

Algumas questões que brotam dos textos de São Paulo aos Gálatas:

♦ Como vivemos a comunhão eclesial? Reflitamos sobre nossa unidade com o papa, os bispos e mesmo a nossa comunhão eclesial.

♦ São sempre visíveis as resistências às mudanças, como vemos acontecer com o próprio Pedro. Somos também resistentes? Como dialogar com aqueles que pensam diferente?

---

72. Para auxiliar em um processo catecumenal de formação de pais e padrinhos, cf. CNBB. *Catequese Batismal: itinerário de inspiração catecumenal para preparação de pais e padrinhos para o Batismo de crianças.* Brasília: Edições CNBB, 2019 (com encartes inclusos).

4. Linhas de inspiração para ações pastorais

Um documento da Igreja é mais do que uma normativa, é antes de tudo um motivador pastoral. O capítulo 12, em especial, aponta reflexões práticas para coordenadores de catequese em todos os âmbitos. Vejamos algumas pistas pastorais a partir do que já refletimos.

4.1. Eclesialidade: unidade com a Igreja particular

Os diretórios catequéticos sempre tratam dos organismos responsáveis pela catequese. Como já dissemos, não se trata de enfatizar a burocracia, mas de olhar para Igreja como povo que caminha sob à luz do Espírito, promotor da comunhão eclesial. É muito importante ter em conta a *eclesiologia de comunhão* trazida pelo Concílio. De fato, a Igreja é sinal e instrumento de unidade (*LG* 1).

Outro grande benefício do Concílio Vaticano II foi a redescoberta da Igreja particular: a Igreja, "vive e age [...] nas diversas comunidades cristãs, isto é, nas Igrejas particulares, espalhadas pelo mundo inteiro" (PB 1). Elas são *porções* do Povo Deus. Mais do que unidades geográficas, é o Povo de Deus que incultura e vive o Evangelho em um determinado contexto, sempre em comunhão com o seu bispo, sinal de unidade.

Neste sentido, é fundamental o cultivo da eclesialidade. Ou seja, as instâncias menores jamais trabalham de um modo autônomo, como se bastassem a si mesmas. As paróquias não podem realizar o seu projeto de Iniciação à Vida Cristã, senão em sintonia com o Projeto diocesano, como já dissemos acima. Como vimos, umas das grandes colunas da Igreja – São Paulo – mesmo tendo suas posições muito fortemente enraizadas, foi até *Cefas* e aos outros apóstolos, pois não pretendia caminhar sozinho, sem a comunhão apostólica.

4.2. Sinodalidade e projeto paroquial de IVC

Nos últimos tempos, o tema da sinodalidade tem ganhado espaço. Não se trata apenas de pensar nos grandes sínodos realizados por convocação pontifícia. Precisamos mais do que isso. Necessitamos de *uma Igreja toda sinodal*, ou seja, que as decisões de todas as instâncias sejam de responsabilidade compartilhada. As críticas movidas contra o clericalismo e todo o movimento em prol do protagonismo laical serão consolidadas quando a diversidade plural da Igreja tiver voz.

Para isso, será necessário a constituição de equipes plurais como nos propõe o DC, além da valorização dos conselhos. Para que a participação sinodal seja garantida, é necessário superar a ênfase na eficiência. O processo é mais importante, mesmo que se gaste mais tempo para se chegar aos objetivos almejados.

O Projeto de Iniciação à Vida Cristã, no âmbito paroquial, é um importante exercício de sinodalidade. Na mesma linha do que já foi dito sobre o projeto diocesano, também o projeto paroquial não poderá apenas contar com lideranças da catequese. Conscientes de que a Iniciação à Vida Cristã renova toda a comunidade, é fundamental que o projeto que a efetiva seja elaborado pelo conselho paroquial de pastoral.

Quando o Projeto de Iniciação à Vida Cristã paroquial é assumido pelo conselho de pastoral e quando há envolvimento das pastorais neste projeto, efetiva-se a pastoral orgânica. Um bom exemplo desta organicidade é o Catecumenato de adultos, paradigma da inspiração catecumenal. Em seu itinerário se pode facilmente perceber a multiplicidade ministerial: os introdutores podem ser provenientes de pastorais ligadas à visitação, a pastoral litúrgica será envolvida nas celebrações ao longo do itinerário; além disso, no tempo da mistagogia, convém buscar integrar os neófitos nas pastorais e grupos da comunidade.

4.3. O planejamento da formação dos catequistas

A insistência sobre a importância da formação dos catequistas é visível nos documentos magisteriais. O DC reitera a prioridade desta ação da pastoral catequética. Ao instituir o ministério laical do catequista, o Papa Francisco chama a atenção para a formação, dizendo que os homens e as mulheres convidados a este ministério "recebam a devida formação bíblica, teológica, pastoral e pedagógica, para ser solícitos comunicadores da verdade da fé".[73] De fato, a estabilidade e a importância que ganha o ministério catequético na atualidade deve vir acompanhada de uma formação sólida.

---

73. FRANCISCO. *Carta apostólica sob forma de Motu Proprio Antiquum Ministerium*: pela qual se instituiu o ministério do catequista, n. 8. Online.

Diante deste desafio premente, é preciso pensar nos critérios gerais da formação dos catequistas[74], mas também em sua organização. É por isso que este tema volta no capítulo 12, pois é necessário que os organismos responsáveis pela catequese assumam tal responsabilidade de um modo discernido, conscientes de que a formação de catequistas é permanente e gradual.

Basicamente, para efetivar um plano de formação de catequistas, deve-se considerar:

• Os níveis de formação: básica inicial, (candidatos ao ministério catequético ou catequistas iniciantes) média (catequistas mais experientes, responsáveis pela reflexão catequética local) e superior (pessoas capazes de realizar uma formação acadêmica mais aprofundada).

• Os tipos específicos de catequistas: de crianças, de adultos, coordenadores paroquiais e de comunidades, formadores de catequistas, demais agentes da Iniciação à Vida Cristã (introdutores, catequistas de pais e padrinhos etc.).

• A definição do âmbito em que se realizam cada um dos níveis e cada formação específica: se acontecerá na paróquia, no setor (decanato, forania, região pastoral...), ou se será promovida pela diocese...

• Definir a modalidade: não bastam conjuntos de palestras, mas processos que realmente sejam efetivos no envolvimento e que despertem novas atitudes. Além disso, novos canais se tornaram usuais, sobretudo aproveitando-se bem o mundo digital. Também uma formação sobre este universo se faz necessária.

* A respeito deste último ponto, é preciso considerar um critério fundamental, presente no antigo Diretório "Seria muito difícil para o catequista improvisar, na sua ação, um estilo e uma sensibilidade para os quais não tivesse sido iniciado durante a sua própria formação" (DGC 237). Se desejamos uma catequese querigmática e mistagógica, visando a inserção na comunidade, será necessário que a formação de catequistas seja realizada nesta mesma pedagogia.

A coordenação diocesana deve elaborar um plano de formação de catequistas:

• que considere todos os níveis de catequista e os âmbitos onde serão realizadas as formações: diocesano, setorial (decanal, forânico...), paroquial;

• que esteja claro qual é a formação básica necessária para se receber a instituição do ministério de catequista;

• que disponibilize formação específica para: coordenadores paroquiais e de comunidades, formadores de catequistas, demais agentes da Iniciação à Vida Cristã;

• que oriente os coordenadores paroquiais e os catequistas sobre o modo de integrar-se neste plano de formação, tendo consciência de suas responsabilidades e da comunhão eclesial necessária para que se favoreça a comunhão na Igreja particular;

A coordenação paroquial, por sua vez, elabora, em conjunto com a sua equipe, o Plano de formação de catequistas paroquial, auxiliando catequistas e demais agentes a se integrarem nele, dependendo do seu nível e especificidade.

* Importante destacar que o Diretório sugere a criação de Centros de formação de catequistas: cf. DC 154-156!

---

74. O Diretório para a Catequese (DC) trata deste tema no capítulo 4.

5. Para Refletir

Reafirmamos que acima das estruturas está o Espírito que nos impele. Ele age, mas não sem a nossa docilidade. Algumas questões para nos ajudar no aprofundamento da tarefa que o Espírito confia a cada um de nós no processo de evangelização.

1. Tendo em conta que a organização catequética deve ser orientada pelo princípio de uma eclesiologia de comunhão, refletia: como o seu âmbito de organização catequética (regional, diocesano, paroquial) tem vivido a eclesialidade com os demais?

2. Um dos grandes desafios da organização catequética é o Projeto da Iniciação à Vida Cristã. Como o seu âmbito de ação (regional, diocesano ou paroquial) pode contribuir para a implementação deste projeto? Há este projeto em sua diocese? Se a reposta for negativa, o que falta ainda para que a Iniciação à Vida Cristã não seja apenas um tema refletido, mas se torne prática planejada?

3. Como está o planejamento da formação de catequistas em seu regional, em sua diocese e em sua paróquia? Há formação para todos os níveis e para os diversos ministérios? Há uma formação de inspiração catecumenal?

PARTE III

DESAFIOS E POSSIBILIDADES PARA A CATEQUESE

Nessa terceira parte iniciamos com a reflexão *A comunidade cristã: lugar da educação da fé e da práxis missionária* do Pe. Leandro Francisco Pagnussat. Em seu artigo, o autor destaca que a tarefa primeira da comunidade cristã é formar discípulos. A comunidade é o lugar onde se realiza o exercício da fé, da vocação cristã e da ação missionária em que cada batizado é chamado a proclamar com a vida a mensagem evangélica. Sua reflexão prima em aprofundar o capítulo nono do Diretório.

Na sequência, ao aprofundar o capítulo décimo, nos é apresentado *Os desafios da catequese em uma cultura plural, complexa e digital* de Moisés Sbardelotto. Este texto reflete uma das novidades evidenciadas pelo atual Diretório, a cultura digital. Na afirmação do próprio autor "o Documento aproxima as suas lentes de leitura sobre o ambiente sociocultural da iniciação à vida cristã" e com isso, chama a atenção que, diante de cenários tão desafiantes onde exige a capacidade das comunidades cristãs se reinventarem, a profecia de cada batizado e da Igreja é o ponto de partida na evangelização e catequese.

Por fim, nessa terceira parte com a reflexão da Ir. Lucia Imaculada Cnsb, *Inculturação da fé na catequese... é possível?*, a autora quer ajudar o leitor na compreensão de que a inculturação tem por finalidade o processo de interiorização da experiência da fé. Por isso, é preciso considerar o processo de recepção que as pessoas são capazes de realizar não limitando apenas ao conteúdo, mas que deve estar em relação à vida concreta das pessoas. Nesse texto a autora aprofunda o décimo primeiro capítulo do Diretório para a Catequese.

CAPÍTULO 9

A comunidade cristã
Lugar da educação da fé e da práxis missionária

Pe. Leandro Francisco Pagnussat[75]

Introdução

Apresentaremos, aqui, as reflexões a partir do nono capítulo do Diretório para a Catequese (DC) que equivalem aos números 283-318. É nossa intenção oferecer uma reflexão que tem como objetivo a tarefa da comunidade cristã, bem como sua finalidade no processo de evangelização e da catequese. A reflexão sobre a comunidade cristã encontra-se na terceira parte do DC, a qual apresenta a catequese nas Igrejas particulares. No capítulo, objeto da nossa reflexão, a comunidade cristã é concebida como *sujeito* da catequese.

O Diretório subdividiu em sete temáticas a reflexão sobre a relação existente entre catequese e comunidade cristã: a Igreja e o Ministério da Palavra de Deus (DC 283-289); as Igrejas orientais (DC 290-292); as Igrejas particulares (DC 293-297); as paróquias (DC 298-303); as associações, os movimentos e os grupos de fiéis (DC 304-308); a es-

---

75. Leandro Francisco Pagnussat é presbítero da Diocese de Goiás. Coordenou o curso de pós-graduação da Diocese de Goiás em parceria com a CNBB e com a PUC Goiânia (2014-2018). Possui pós-graduação em Aconselhamento Pastoral e Formação Humana, IATES (2012). Pós-graduação em Pedagogia Catequética, PUC-GO (2014). Pós-graduação em Pedagogia Bíblica: Animação Bíblica da Pastoral (2016). Mestre em Catequese pela Universidade Pontifícia Salesiana de Roma. Doutorando em Catequese pela mesma Universidade.

cola católica (DC 309-312); o ensino da religião católica na escola (DC 313-318). É nosso objetivo agora aprofundar a relação existente entre catequese e comunidade cristã.

1. A comunidade cristã no Diretório para a Catequese

Assumimos, como ponto de partida, que a catequese é uma ação eclesial e tem origem no mandato missionário de Jesus: ide e fazei discípulos meus (cf. Mt 28,16). Logo, a finalidade primeira da catequese em comunidade é *formar discípulos*. Na globalidade do processo formativo dos discípulos de Jesus, é necessário considerar para além da dimensão do conteúdo, como também a metodologia e o aspecto organizacional da comunidade. O capítulo nono, objeto de nossa reflexão, traz o aspecto mais organizacional da catequese. Dentre eles, destacamos dois: primeiro, a Igreja e o ministério da Palavra; segundo, as estruturas a serviço do anúncio da Mensagem.

Antes, porém, convém afirmar que a *ekklesia* ou comunidade cristã, segundo C. Theobald, pode ser compreendida a partir da ideia de *convocação* (*ék-logé*) de Deus (*ek-klesia* = Igreja e *ék-logé*). Segundo o autor, essa convocação, que é iniciativa de Deus, é experimentada a partir da experiência coletiva dos batizados. Desse modo, é vivida concretamente no seu jeito de considerar as pessoas.[76] Em nossa compreensão, a comunidade cristã torna-se sujeito da catequese à medida que é capaz de possibilitar a educação dos batizados, o testemunho cristão e promover a comunicação da fé.

Neste primeiro e relevante tema da relação entre Igreja e o ministério da Palavra de Deus (283-289), o DC retoma a Exortação pós-sinodal de Bento XVI *Verbum domini*, indicando que "a Igreja funda-se sobre a Palavra de Deus, nasce e vive dela" (*VD* 3). Ao alicerçar a Igreja sobre a primazia da Palavra de Deus, o DC destaca, entre outros, dois elementos importantes: no primeiro, é que todo e qualquer serviço a ser desenvolvido na comunidade está associado ao *Ministério da Palavra*. Isso significa que cada serviço e ministério é doado pelo mesmo Espírito que inspirou a Sagrada Escritura. Assumir essa reflexão traz sérias consequências para a ação evangelizadora e catequética; no segundo, a partir do primeiro, da Igreja lhe é exigida uma atitude: a capacidade de uma escuta atenta dessa Palavra fundadora e, a partir dessa escuta, suscitar o surgimento, a compreensão e o exercício dos ministérios que nela existem. Neste caso, o anúncio da mensagem de Jesus Cristo, tarefa primeira da Igreja, é consequência da sua "arte de escutar". À medida que a Palavra de Deus está na origem da missão da Igreja

---

76. Cf. CHRISTOPH THEOBALD. *Vocazione?!* Bologna: EDB, 2001, p. 136.

(cf. DC 284) e é acolhida, a comunidade cristã é a primeira anunciadora da mensagem evangélica de Jesus.

A comunidade compreendida como *sujeito* da catequese revela que, antes de ser "mestra", aquela que *ensina*, ela é na sua essência "mãe", isto é, aquela capaz de *gerar*. Dito de outra forma, na linguagem do Papa Francisco, ela é *uma mãe de coração aberto* (cf. *EG* 46-49). Destaca-se que, a partir dessa capacidade de gerar, a catequese é definida tanto na *EG* (cf. 163-168) quanto no DC (cf. 57-60; 63-64.98) como *kerigmática* e *mistagógica*, o que implica um itinerário de *acompanhamento pessoal* no processo de crescimento e interiorização da fé em cada pessoa. Uma comunidade compreendida sob esta perspectiva resulta em desempenhar, "com seu ministério, um papel de *mediação*" (DC 285) que tem por finalidade fazer amadurecer a fé cristã *nas* pessoas e *da* própria comunidade, o que revela de maneira intensa, uma profunda *interação* entre comunidade cristã e catequese.

Ao evidenciar as *estruturas* a serviço da Palavra, o DC considera as Igrejas orientais, onde a catequese não pode ser dissociada da liturgia, sendo que é na liturgia que o Mistério de Cristo ao ser celebrado é inspiração para a catequese (cf. DC 291). Portanto, uma catequese mistagógica vai para além da explicação do sacramento e seu objetivo está em ajudar a realizar a *experiência* da vida cristã em um lugar concreto. É uma ação pela qual, através do visível, realiza-se a experiência do invisível por meio dos sinais concretos no cotidiano da existência de cada pessoa. Foi o Concílio Vaticano II que apresentou uma perspectiva da renovação catequética centrada na educação da fé que faz realizar a experiência da *interação* fé e vida e, com isso, destaca a verdadeira natureza da mistagogia. Neste caso, por mistagogia podemos compreender a ação educativa da *Ecclesia Mater* que tem a tarefa de introduzir e acompanhar o crente que deseja viver inspirado em Cristo. Logo, a educação e a formação dos cristãos, são um acompanhamento mistagógico. Trata-se de um verdadeiro processo de acompanhamento do batizado que é tarefa de toda a comunidade cristã através dos seus diversos ministérios.

Outro elemento considerado pelo DC é a Igreja particular que é a porção do Povo de Deus e cita a *EG* n. 30 ao afirmar duas características: uma Igreja encarnada num espaço concreto e com rosto local, onde estão presentes os elementos constitutivos da Igreja: o Evangelho, os Sacramentos e o bispo em comunhão com seu presbitério. Isso implica afirmar que "cada Igreja particular é sujeito da evangelização" (DC 294) e que toda a comunidade cristã é responsável pela catequese, por meio dos catequistas, que agem em *nome da Igreja* (cf. DC 296) no anúncio da Mensagem evangélica. Mesmo não citando explicitamente os números 11 e 33 da Exortação *Evangelii Gaudium*, o Diretório além de propor que toda a ação catequética esteja fundamentada sob a perspectiva da evangelização, aponta para a necessidade de considerar a dimensão missionária da catequese, o que implica diretamente em repensar a Iniciação à Vida Cristã a partir da *pedagogia catecumenal* solicitada no Decreto Conciliar *Ad gentes* (n. 14). O que faz mudar drasticamente a compreensão de catequese, comunidade cristã e missão. É tarefa das comunidades aprofundar a compreensão de catecumenato como *pedagogia da Igreja*.

Nesta concepção, o Diretório alcança as paróquias que, fundadas sob a "Palavra, os sacramentos e a caridade" (DC 299), possuem em chave catequética três tarefas. As tarefas delineadas da paróquia são retomadas do Diretório de 1997, no parágrafo 257, a saber: *ensino, educação* e *experiência vital*. O que exige fortemente a necessidade do aprofundamento de uma pedagogia educativa, neste nosso caso, o catecumenato. Na compreensão do DC, a paróquia é o lugar para a realização da conversão missionária que vai para além da administração dos sacramentos. Ela deve ser para as comunidades, para os movimentos e os pequenos grupos, um ponto de referência para o exercício da *koinonia* e do serviço fraterno. A conversão pastoral passa necessariamente a assumir, em perspectiva missionária, a ação evangelizadora, na qual toda a catequese precisa ser planejada sob o viés missionário. Ainda, nesta mesma direção, os movimentos devem se integrar na pastoral orgânica e as escolas têm como finalidade a transmissão dos valores e da cultura humana em perspectiva cristã.

Nas paróquias dá-se a promoção de pequenas comunidades. Elas, por sua vez, além de surgirem para auxiliar na vida da Igreja, buscam uma dimensão mais humanizadora (cf. *EN* 58), que, segundo o Diretório, possuem várias tarefas como: promover a renovação da missão e do diálogo entre Evangelho e cultura, valorizar a dignidade humana, fomentar experiências de vida comunitária mais acolhedoras e envolver as pessoas em uma participação mais consciente na evangelização (cf. DC 306). Conforme a Conferência de Santo Domingo (SD), são consideradas células vivas da Igreja (cf. SD 41). A comunidade é o lugar onde se expressará a comunhão dos seus membros entre si para "alcançar a salvação mediante a vivência de fé e de amor" (Documento de Medelín 6.13), no *acompanhamento* para a educação e o crescimento na fé (cf. DP 644). A comunidade cristã "vem a ser para o cristão o lugar de encontro, de fraterna comunicação de pessoas" (DP 644). É o lugar onde se ouve a *convocação* feita por Deus. Se a comunidade tem por finalidade primeira o anúncio da Mensagem, sua tarefa prioritária está no acompanhamento do batizado.

No pós-Concílio, buscou-se uma recuperação da comunidade como eixo central de toda a ação evangelizadora como núcleo da vida eclesial e da formação de cada batizado. Por conseguinte, ela é comunidade catequizadora. Ao definirmos o que é uma comunidade cristã, considera-se que ela se funda sob a perspectiva antropológica que, por sua vez, está ligada primeiramente à vida e à experiência do ambiente e das pessoas que ali convivem. Na etimologia da palavra comunidade encontramos o significado de *colocar em comum*.

Portanto, em uma perspectiva eclesiológica, *comunidade* e *comunhão* estão na base constitutiva da formação cristã do batizado. Ao retomar a *Evangelii Nuntiandi* 58 e *Redemptoris Missio* 51, o DC estabelece as finalidades da comunidade cristã ao afirmar que a tarefa da comunidade está alicerçada na escuta da Palavra de Deus, na capacidade de tornar o Evangelho inculturado com um destaque para as realidades das periferias existenciais, sobretudo na preferência aos pobres. Além disso, articular uma pedagogia que seja capaz de tornar as pessoas conscientes para participarem da obra em tornar o Evangelho comunicado com eficácia para que chegue ao coração das pessoas com a finalidade de provocar uma séria e profunda transformação (cf. DC 306).

2. O tema da comunidade cristã no Magistério da Igreja

Entre todos os documentos que o DC faz referência ao Magistério, o Diretório atual, sem excluir a importância de cada um deles, dá um maior destaque a *Evangelii Nuntiandi* (1975) de Paulo VI, *Catechesi Tradendae* (1979) de João Paulo II e, *Evangelii Gaudium* (2013) de Francisco. No n. 55, o DC, ao afirmar a identidade da catequese, define-a como um "ato de natureza eclesial". Ao reconhecer que a catequese é ato da comunidade cristã, atesta que é "uma realidade dinâmica" que está a *serviço* da Palavra. A Palavra inspirada pela ação do Espírito Santo está na origem da missão da Igreja. Ao assumir esta reflexão, o DC aprofunda o debate já iniciado com a *Christus Dominus* 14.

Foi o Concílio Vaticano II que promoveu uma mudança de paradigma na compreensão de *Igreja*, influenciando diretamente a forma de conceber a comunidade cristã. Com a *Lumen Gentium* (*LG*), passou-se de uma Igreja compreendida como sociedade hierárquica, para uma Igreja como comunidade cristã, definindo-a como Povo de Deus (cf. *LG* 9) no exercício do sacerdócio comum dos fiéis (cf. *LG* 10) e na comunhão com Jesus Cristo e entre os irmãos (cf. *LG* 7). Sendo assim, a Igreja é compreendida como *sinal* e *instrumento* de união em Cristo, destinada a promover a unidade de todo o gênero humano (cf. *LG* 1). O que propõe uma nova maneira de viver sua *práxis* porque reafirma a participação de *todo* o Povo de Deus na missão profética de Cristo (cf. *LG* 35). Tudo isso traz uma forte consequência na maneira de pensar não somente os processos educativos da fé, mas a principal tarefa da comunidade frente a esta finalidade.

2.1. Toda a comunidade compreende o testemunho cristão (LG 12)

A Constituição Dogmática *Lumem Gentium* (LG) evidencia a passagem de uma compreensão de Igreja como *sociedade perfeita,* sustentada por Trento, para a interpretação de uma Igreja como *Corpo de Cristo* (cf. *LG* 7), *sacramento de salvação* (cf. *LG* 8) e *Povo de Deus* (cf. *LG* 9-17). Ao apresentar a Igreja como Povo de Deus, este documento do Concílio Vaticano II, mostra-a como povo messiânico (cf. *LG* 9), que recebeu dons e carismas (cf. *LG* 12), como povo peregrino (cf. *LG* 14) e missionário (cf. *LG* 17).

Ao aprofundar o nono capítulo do DC acerca da comunidade cristã como sujeito da catequese, apoiamo-nos sobre o parágrafo 12 da Constituição Dogmática *LG* que intuiu a estrutura orgânica da Igreja, ou seja, a sua forma de se organizar no mundo. A grande novidade que este documento do Concílio Vaticano II apresentou para toda a Igreja é, na compreensão de Dario Vitali, a forma de repensar a lógica de governo do corpo eclesial que não está tanto no *fazer*, mas no *ser*, na graça e não naquele que a comunica, na dignidade dos batizados e não nos papéis desempenhados e nas funções da Igreja. O título de pertença à Igreja não está associado às funções exercidas, mas ao fato de sermos filhos de Deus, todos irmãos em Cristo; isso, por sua vez, constitui uma radical igualdade que conduz ao pleno ato de colocar a vida a serviço de Cristo.[77] O ponto de partida constitui-se no Batismo (cf. Ef 4,5).

Após se ocupar da primeira característica do Povo de Deus, que é o *sacerdócio comum* (cf. *LG* 10), a *LG* no n. 12 torna evidente sua segunda característica, que é ser um *povo profético* que também *participa* da missão profética de Cristo, quer pelo *testemunho* (no exercício na vida de fé e de caridade), quer pelo *culto* (na vida e nos sacramentos). Em outras palavras, a identidade cristã não está em vista das funções exercidas internamente na comunidade cristã, mas nos dons e carismas recebidos (1Pd 4,10), cuja dignidade é atestada em função do que nos foi oferecido no Batismo (cf. *LG* 10).

---

77. Cf. DARIO VITALI. *Il popolo di Dio*. In NOCETI, S. & REPOLE, R. (a cura di). *Commentario ai documenti del Vaticano II 2. Lumen Gentium*. Bologna: EDB, 2015, p. 143-208, 149.

Na perspectiva acima evidenciada, a *LG* relaciona o sacerdócio profético ao Povo de Deus e não ao ministério hierárquico. Aqui está a grande mudança apresentada pelo Concílio: o Povo de Deus inteiro não é meramente um receptor da mensagem, mas sim agente ativo tanto da acolhida quanto no testemunho da Palavra de Deus, apresentando, assim, uma grande influência em afirmar que o Povo de Deus é *sujeito* e *lugar* necessários no processo educativo da fé. Desse modo, na missão profética do Povo de Deus, a comunidade cristã está ligada ao múnus profético de Cristo (cf. *LG* 12), quer pelo testemunho, quer pela Palavra (cf. *LG* 35).

A *LG* dá uma real importância na Igreja ao *consensus fidei*, ou seja, a experiência da fé. Ele é aquilo que remete à raiz, sua origem é a experiência comunitária da fé, suscitada e sustentada pelo Espírito, que nos constitui como Igreja. O *consensus fidei* atualiza-se na comunidade cristã. Assim, o carisma é um dom do Espírito pelo qual um grupo de pessoas é movido para realizar uma tarefa que contribui para a edificação da Igreja; "É algo que está diretamente destinado à comunidade e cuja finalidade é levar a comunidade inteira à posse do Espírito, como fonte única, criadora de comunhão".[78] Ao retomar o conceito de carisma, o Concílio coloca-o na linha histórico-profética do Povo de Deus, aludindo à prática evangélica das Comunidades Eclesiais de Base (CEBs) como o lugar por excelência da ação prática dos carismas.

A *experiência da fé* é uma realidade que está na origem constituinte da Igreja. Contudo, essa experiência que originou a comunidade cristã não é de cunho individual, mas comunitária. Segundo a *LG*, nessa experiência da fé, está a ação gratuita de Deus, que é origem de tudo, e pela sua Palavra criadora, é uma ação *convocatória*. A primeira ação que esse ato provoca é a *convocação de Deus*, que é a Igreja,[79] cujo primeiro fruto é o nascimento do Povo de Deus e sua convocação. Nessa *con-vocação*, Deus quer "santificar e salvar os homens, não singularmente, sem nenhuma conexão uns com os outros, mas formando com eles um povo" (*LG* 9), uma comunidade que vive a experiência da fé, não isolada, mas na dinâmica das relações de comunhão. Evidentemente, não há comunidade sem *koinonía*/comunhão, realidade que constitui a Igreja, seu ser e sua missão, horizonte último do seu existir cuja finalidade está no exercício da *profecia* e *diakonía* no mundo e na *liturgia* da vida.

---

78. RUFINO VELASCO. *A Igreja de Jesus*: processo histórico da consciência eclesial. Petrópolis: Vozes, 1995, p. 282.

79. Cf. Idem, p. 256.

2.2. Toda a comunidade é sujeito da comunicação da fé (DV 8)

O segundo texto de que nos servimos para essa reflexão encontra-se na constituição Dogmática *Dei Verbum* (*DV*) sobre a Revelação Divina que tem por objetivo estabelecer a relação entre Escritura, Tradição e Magistério como uma única fonte da Revelação. Neste sentido, toda a tradição é um *processo* vivo no qual a Palavra de Deus, Jesus Cristo, "continua" no Espírito Santo a autocomunicar-se aos homens para convidá-los à mesma comunhão que Ele tem com Deus Pai. Compreendida desta maneira, a revelação possui um caráter histórico e sacramental que se realiza na história humana, numa determinada realidade cronológica, geográfica e cultural. Esse processo possui um caráter dinâmico porque, na relação entre Escritura e Tradição, é necessário considerar o "ato" da transmissão e não as "coisas" transmitidas, ou seja, considera-se o ato comunicativo.[80]

A novidade e a síntese oferecidas no capítulo segundo da *DV*, mais precisamente no parágrafo oito, estão em apresentar a Tradição como "um processo de comunicação", no qual o sujeito é a comunidade cristã. Acontece que são a *traditio* da Palavra e a sua *receptio* no coração dos crentes que geram a Igreja em si mesma, constituindo-a e dando forma à sua estrutura e, com isso, a vida da Igreja torna-se o "lugar" por excelência dessa comunicação da Mensagem evangélica de Jesus. Ela é o sujeito da comunicação da fé. Todavia, é uma comunicação do amor de Deus e do apelo a uma transformação através do Sacramento de Comunhão com Ele, para que o homem tenha vida.

A Igreja, ao ser compreendida como comunhão (mistério invisível), somente pode existir com estruturas *comunicativas* (mistério visível), o que implica sua maneira de conceber e organizar-se ao considerar que todos: 1) possam ser reconhecidos como interlocutores; 2) expressem a comunidade ideal de comunicação através dos sinais do Reino; 3) assumam a profecia; 4) assumam os acordos comunicativos e de diálogo. Desta forma, pensar a Igreja como comunidade de comunicação também permite favorecer a comunhão apresentada pela *LG*, na qual a corresponsabilidade de todos os fiéis batizados implica a sua natureza, a fim de que todos participem tanto da *definição da fé* como das *escolhas* políticas da Igreja.[81]

---

80. Cf. DI PILATO, Vincenzo. *La trasmissione della divina rivelazione*. In: NOCETI, S. & REPOLE, R. (a cura di), *Commentario ai documenti del Vaticano II 5, Dei Verbum*. Bologna: EDB, 2017, p. 151-213, 152.

81. Cf. MORAL, José Luiz. *Comunità, Giovani e prassi cristiana*. Roma: Anno accademico 2019-2020, p. 33-35.

Para C. Floristán, a comunidade cristã é *unidade comunicativa* dos crentes quando é capaz de conjugar quatro elementos básicos: 1) Os crentes que se comunicam com Deus (*fides qua*); 2) O símbolo da fé (*fides quae*); 3) Deus que se comunica através da Palavra, dos sacramentos e através da opção pelos pobres (*fides in quem*); 4) O Povo de Deus como espaço social da fé (*fides in qua*).[82] Esses elementos, uma vez conjugados, são capazes de favorecer o processo de comunhão entre os batizados que possibilitam dar sentido à existência da vida cristã e ao mesmo tempo personalizar a fé.

Paralelamente, G. Routhier compreende que a Igreja é o sujeito da tradição no sentido de que a ela cabe a *ação de transmitir*, mas isso se faz a partir da ação do Espírito Santo. Nessa lógica, assegura o autor, é o Espírito Santo, mais que a Igreja, o verdadeiro sujeito da ação, porque é através do Espírito que a Igreja faz ressoar as Palavras do Evangelho no coração do ser humano e no mundo.[83] Tal pensamento está em sintonia com a *LG* ao afirmar que o Espírito Santo, que é dado aos crentes pelos diversos dons e carismas (cf. *LG* 12), é o sujeito principal da ação. Ele é o promotor da ação missionária da Igreja, do agir do catequista e do catequizando. Somente quando a ação evangelizadora nas comunidades for capaz de pensar e assumir um processo de Iniciação à Vida Cristã sob esta perspectiva missionária da Igreja, é que se dará a insistente *conversão pastoral* desejada pelo Papa Francisco.

O texto conciliar, ao mencionar os "apóstolos, transmitindo o que eles mesmos receberam" (*DV* 8), não mostra, segundo a perspectiva de V. Di Pilato, que se trata de "instruir" (*instruere*) os outros, mas de *transmitir com a própria vida* (o que equivale ao testemunho) aquilo que ouviram, viram e tocaram no próprio Cristo, morto e ressuscitado. Nesse sentido, coloca-se a interpretação de sentir-se *parte ativa* no processo de Tradição.[84] Logo, a dinamicidade da Tradição deve expressar-se "por meio de ações e palavras intimamente relacionadas entre si" (*DV* 2), como a experiência de vida e o testemunho com o "auxílio interior do Espírito Santo" (*DV* 5). São duas formas capazes de favorecer a comunidade como sujeito da *comunicação* da experiência de fé.

Dentro dessa perspectiva, em afirmar a comunidade cristã como sujeito da catequese, está em compreender que a Revelação possui, por sua natureza, uma dimensão

---

82. Cf. FLORISTÁN, Casiano. *La Iglesia comunidad de creyentes*. Salamanca, Sígueme, 1999, p. 445.

83. Cf. ROUTHIER, Gilles. *La Chiesa "soggetto" di tradizione*. Reflessioni a partire dal Concílio Vaticano II. In: ASSOCIAZIONE TEOLOGICA ITALIANA. *Fare teologia nella tradizione*, a cura di F. Scanziani. Milano: Glossa, 2014, p. 295.

84. Cf. DI PILATO. *La trasmissione della divina rivelazione*, 171.

antropológica e pessoal. Isto é, envolve a reciprocidade dos sujeitos pela qual toda a história da salvação pode ser chamada Palavra de Deus que se dirige pessoalmente ao ser humano. Segundo Luciano Meddi, esse complexo emaranhado de comunicação vital acontece com eventos e palavras e a Revelação realiza-se também nesses eventos *e* palavras como produtora de história. É um processo que indica o papel da comunidade, que é *mediadora* da Revelação e ao mesmo tempo é *gerada* por meio dela.[85] Portanto, a transmissão da mensagem evangélica na catequese não pode ser compreendida somente como comunicação de uma informação, mas deve gerar algo novo na vida dos batizados e da própria comunidade: a capacidade em ler os *sinais dos tempos* (cf. *GS* 44) a partir da Palavra e interpretá-la a partir da vida.

Como afirmamos nos parágrafos precedentes, a Igreja, sob a ação do Espírito Santo, é o sujeito da Tradição. É dela a tarefa de possibilitar a continuidade e a autenticidade porque "as tradições, recebidas dos apóstolos, abrangem tudo quanto contribui para a santidade de vida do Povo de Deus" (*DV* 8), o que requer a ação para além da doutrina como "conjunto de verdades", mas também atinge a vida cotidiana (*diaconia*) e o culto (*liturgia*). A comunicação da fé precisa ser traduzida em gestos humanos que conduzam ao exercício da comunhão e da profecia até se tornarem hábito, expressão do Evangelho que conduz para um *estilo de vida cristã*. Por isso, a principal tarefa da comunidade cristã é favorecer que cada batizado realize em sua vida o exercício de continuar a escrever páginas novas do Evangelho com a própria vida, como sujeitos ativos no processo da Tradição, o que equivale a uma vida baseada no testemunho evangélico. Somente assim, alcançaremos o objetivo do Concílio Vaticano II e poderemos afirmar que a comunidade cristã é sujeito da catequese.

3. A comunidade cristã nos Diretórios Catequéticos

O termo *comunidade cristã* aparece 11 vezes no DCG 1971. Quanto a esse tema, não há no primeiro Diretório um capítulo específico que aprofunde a sua finalidade e tarefa no processo de educação da fé. O tema é tratado em todo o Documento. É importante considerar que o DCG 1971 não é um Diretório direcionado aos catequistas, mas aos bispos e especialistas da catequese. Destaque necessário é afirmar que na sexta parte do Diretório se coloca o serviço catequético no complexo *Ministério da Palavra* que

---

85. Cf. MEDDI, Catechesi. *Proposta e formazione della vita cristiana*. Padova: Edizioni Messaggero Padova, 1994, p. 116-118.

é desenvolvido na comunidade cristã e cabe às Igrejas particulares a sua organização, a elaboração de diretórios locais, a formação dos catequistas, a produção de textos de catequese, bem como a sua programação (98-134).

Já no DGC 1997, o termo *comunidade cristã* aparece no texto 49 vezes. Em quatro momentos significativos, o DGC aborda a comunidade cristã em relação à catequese. No segundo capítulo da primeira parte quando aborda a educação permanente à fé na comunidade cristã (69-70); no segundo capítulo da terceira parte quando trata dos elementos de metodologia ao relacionar os temas da comunidade, pessoa e catequese ao estabelecer a comunidade cristã como *fonte*, *lugar* e *meta* da catequese, favorecendo a visibilidade do testemunho da fé (158); na quinta parte, no primeiro e terceiro capítulos, respectivamente, a comunidade cristã e a sua responsabilidade de catequizar (220-221) e a comunidade cristã como lugar da catequese (253-264) onde nasce o anúncio do Evangelho e a tarefa do acompanhamento do crente. Ao compreender a comunidade cristã como lugar da catequese, o DGC estabelece a família (255), o catecumenato batismal de adultos (256), a paróquia (257-258), a escola católica (259-260), as associações, movimentos e grupos de fiéis (261-262) e as comunidades eclesiais de base (263-264) como lugares para a educação e crescimento da fé.

Já no DC 2020, o termo *comunidade cristã* surge 47 vezes. Além de ter um capítulo específico, que trata da comunidade cristã como *sujeito* da catequese, o DC, no capítulo quarto, no que se refere à formação dos catequistas, dedica dois números à comunidade cristã como o lugar privilegiado de formação (133-134) no qual retoma o DGC 1997 ao afirmar que a "comunidade cristã é a origem, o lugar e a meta da catequese", é útero capaz de gerar e formar novas vocações para a Igreja, entre elas, a do catequista. Dentro da comunidade, há um papel relevante: a pequena comunidade ou grupo dos catequistas que ajuda a amadurecer sua identidade no projeto de evangelização. Neste sentido, *a comunidade cristã é o principal sujeito da catequese*, porque é lugar concreto onde se cultivam as dimensões da vida cristã que tem por principal finalidade desenvolver a pertença eclesial e o crescimento da fé (cf. DC 218).

Esta constatação não é somente uma questão de retórica e de terminologia, mas de fato revela de modo particular que o novo Diretório se propõe a compreender e debater o que culmina em uma determinada práxis e reforça a íntima relação e dependência existente entre comunidade e catequese. Neste âmbito, é decisivo compreender o uso linguístico que o DC faz da expressão comunidade cristã. Se analisada do ponto de vista pedagógico, a expressão *comunidade* não apresenta termos centrados sobre o ato comunicativo e sobre o ato educativo-formativo.

4. O testemunho diante da comunidade cristã

A comunidade eclesial, alicerçada sob a Palavra, torna-se o primeiro agente de comunicação da sua mensagem. Propomos, aqui, a indicação de três relatos bíblicos para ajudar no aprofundamento deste tema tão precioso para o DC: no primeiro, o relato de Pentecostes em At 2,1-11, o que implica compreender que o Espírito, embora doado a cada um dos presentes, evidencia que os dons e carismas são dados em vista da comunidade cristã. Desta forma, a comunidade inteira será protagonista da proclamação da Palavra de Jesus; no segundo relato, a referência ao modelo de comunidade cristã: At 2,42-47; 4,32-35; 5,12-16, sendo a *koinonia* a expressão última que sintetiza e revela a comunhão nas primeiras comunidades cristãs com Jesus Cristo; por fim, no terceiro relato o encontro de Jesus com a samaritana em Jo 4,4-42. É a partir deste último relato do Evangelho de João que propomos, agora, um breve itinerário para as comunidades e que está organizado em cinco passos.[86]

a) *Jesus encontra a samaritana (Jo 4,4-6)*: no poço de Jacó se dá o encontro de Jesus com a mulher samaritana. A samaritana com o gesto de ir ao poço, está procurando algo que dê sentido à sua existência, algo que sacie a sua sede. É a partir do lugar que faz parte do cotidiano desta mulher que Jesus irá proclamar o anúncio. A proclamação da mensagem evangélica precisa sempre considerar a realidade das pessoas e de suas respectivas comunidades. É preciso encontrar as pessoas onde elas estão.

b) *Jesus estabelece o diálogo com a samaritana (Jo 4,7-9)*: diante da mulher anônima, Jesus toma a iniciativa do diálogo. Através do diálogo humanizado que Jesus estabelece com a samaritana, Ele realiza o anúncio que provoca o despertar da fé nesta mulher. O objetivo de um processo catequético em comunidade é sempre desejar um encontro pessoal com Jesus. Aqui, o anúncio não pode estar separado da vida daquele que o comunica. A isso chamamos de testemunho.

c) *O aprofundamento e o amadurecimento da fé (Jo 4,10-24)*: a fé sempre é um dom gratuito. Jesus estabelece o diálogo que tem como finalidade fazer "conhecer o dom de Deus". Logo, o conhecimento não se resume no saber das coisas, mas em uma experiência capaz de transformar a vida, gerar algo novo no interior de cada pessoa, a fim de promover um desejo e uma atitude:

---

86. Para um aprofundamento detalhado da experiência da samaritana no encontro com Jesus, conferir: RIXEN, Dom Eugênio; PAGNUSSAT, Pe. Leandro Francisco; BORGES, Maria Augusta. *Itinerário da fé*: a experiência da samaritana e a formação do discípulo missionário. Petrópolis: Vozes, 2018.

"dá-me de beber". Nasce nesta mulher, a partir do dom da fé, o desejo de viver *com* amor o seguimento a Jesus.

d) *Celebrar a fé (Jo 4,25-29)*: após ser acompanhada no percurso de fé, a samaritana deixa seu cântaro, e está disposta a seguir livremente Jesus, tanto que decide ir para a sua cidade e anunciar aos demais seu encontro com Jesus. Ela, enfim, descobriu sua vocação.

e) *Testemunhar Jesus para a sua comunidade (Jo 4,39-42)*: a samaritana ao realizar um itinerário progressivo na descoberta de quem é Jesus, agora não guarda para si mesma esta experiência. O encontro com Jesus a despertou para a missão e para a capacidade de testemunhá-lo, a fim de conduzir toda a comunidade a uma profissão de fé: "sabemos que esse é verdadeiramente o Salvador do mundo" (Jo 4,42).

No processo de evangelização, sobretudo em nosso tempo, a partir de cada realidade nas diversas Igrejas particulares e da convocação realizada pelo Concílio Vaticano II, o testemunho em comunidade é uma das mais eficazes formas de evangelização. Inspirados nos gestos e atitudes de Jesus, cada catequista e, consequentemente, cada comunidade cristã tem por tarefa testemunhar a face de Deus e educar os seus para o testemunho. Isso não se faz sem o aprendizado da convivência e da pertença eclesial.

5. Linhas de inspiração para ações pastorais

A base fundamental que constitui uma comunidade cristã é aquela constituída por pessoas crentes em Jesus de Nazaré, as quais encontraram na força da Palavra, a capacidade de se deixarem ser encontradas e tocadas por Jesus, porque começa-se a ser cristão "pelo encontro com um acontecimento, com uma Pessoa, que dá um novo horizonte à vida e, com isso, uma orientação decisiva" (*DCE* 1). Isso, de certa forma, exige que "anunciar Cristo significa mostrar que, crer n'Ele e segui-lo não é algo apenas verdadeiro e justo, mas também belo, capaz de cumular a vida dum novo esplendor e duma alegria profunda, mesmo no meio das provações" (*EG* 167).

Afirmar que a catequese tem como finalidade educar e acompanhar na fé, requer um critério básico: esta tarefa não é ato individual, mas está associada a vocação da comunidade dos seguidores de Jesus. O seguimento a Jesus não está separado da pertença a comunidade. Assim, uma primeira implicação para o cotidiano da ação evangelizadora e pastoral, está em viver o sinal da *Koinonia* como sentido para recuperar a relação entre comunidade e catequese promovendo uma práxis catequética que tem como sujeito principal as famílias. Nesta perspectiva, busca-se sair da compreensão de que a catequese está associada ao catecismo e, por isso, sacramentalista, para promover o protagonismo dos adultos em um contexto capaz de *gerar* a experiência da fé, isto é, compreender a comunidade como lugar de *educação* e de *acompanhamento*. Ao tomar consciência da sua vocação educativa, a comunidade é capaz de gerar pertença e educar para a experiência da fé com uma potencialidade formativa, na qual os adultos iniciados em torno de pequenas comunidades são capazes de habilitar as crianças, adolescentes, jovens e adultos para a experiência do Mistério e na educação da fé pelo testemunho.

Uma comunidade capaz de educar é identificada na sua capacidade de escuta atenta do drama das pessoas. É uma comunidade que supera a separação entre ministério da Palavra e sacramento. É aquela que tem uma prática sinodal, isso equivale a dizer que é uma comunidade que, sob a orientação do Espírito, os seus membros sabem caminhar juntos, na mesma direção e, sobretudo, de *forma organizada* – compreendemos sinodalidade a partir desta dinâmica. É aquela que catequiza mais pelo testemunho do que com as palavras. O que implica que ela mesma deve propor a construção e a realização de um itinerário para a educação da fé.

Ao pensar um processo de formação da vida cristã, torna-se necessário experimentar a vida cristã no cotidiano e, para isso, a necessidade de participar da vida da comunidade a partir das diversas linguagens, das variadas tramas de relações e dos processos vividos a partir da historicidade de cada pessoa. Enfim, é compreender a catequese como *acompanhamento da resposta de fé* de cada batizado.

A tarefa da comunidade é ajudar o catequista a trabalhar em equipe. Em comunidade, os catequistas educam com o modo de ser. Neste sentido, a catequese em comunidade é também o lugar no qual se faz a experiência daquilo que constitui a Igreja. Então, a catequese vem compreendida como o lugar no qual se faz a *experiência* de Igreja. Contudo, catequista e comunidade cristã possuem uma íntima relação, porque o catequista colabora para tornar a comunidade cristã espaço de encontro de pessoas, sinal da presença do Cristo (cf. Mt 18,20) para torná-las *uma nova criatura* (2Cor 5,17). A prática do anúncio de uma comunidade cristã está ligada à sua experiência originária que se dá pela via do *testemunho*. Um dos maiores desafios das comunidades, hoje, está em desenvolver um itinerário de acompanhamento do catequista.

Por fim, o desafio pastoral para o nosso tempo está no sentido de que a Igreja deve superar a autorreferencialidade. Para isso, a missão precisa ter como via principal o *testemunho*, a doutrina deve se referir ao *Evangelho* e a catequese não pode estar unicamente centrada sobre a comunicação da graça, mas sobre o *testemunho da proximidade* e da *misericórdia*, isto é, conduzir cada batizado na realização da *experiência da fé*. Trata-se de organizar a vida pastoral e missionária a partir de um tema *gerador* renovado e, com isso, realizar uma reorganização da pastoral e da catequese nas comunidades. Isso implica abandonar a repetida frase expressada com frequência pelo Papa Francisco: "sempre se fez assim". Isso acontecerá quando esta organização for pensada em *perspectiva missionária*, cujo sujeito da missão é a própria comunidade guiada pela ação do Espírito, o que implica uma reorganização da missão e dos processos formativos que desenvolvem de modo adequado *a pertença eclesial*.

6. Para refletir

1. Até que ponto a Palavra é central em nossas catequeses? Quais são os sinais desta centralidade?

2. Como é o testemunho das nossas comunidades hoje?

3. Como são planejados os processos de educação na fé? Eles consideram o envolvimento e os processos de amadurecimento da comunidade cristã?

CAPÍTULO 10

Os desafios da catequese em uma cultura plural, complexa e digital

Moisés Sbardelotto[87]

Introdução

A terceira parte do Diretório para a Catequese (DC) aborda o tema "A catequese nas Igrejas particulares". Após refletir sobre a comunidade cristã como sujeito da catequese, o documento apresenta, em seu capítulo décimo, "A catequese diante dos cenários culturais contemporâneos". Nesses parágrafos, o Diretório *desce à realidade prática*, depois de refletir sobre questões centrais em torno da missão evangelizadora da Igreja. Aqui, portanto, o documento aproxima as suas lentes de leitura sobre o ambiente sociocultural da Iniciação à Vida Cristã.

---

87. Moisés Sbardelotto é jornalista, mestre e doutor em Ciências da Comunicação e consultor em Comunicação para diversos órgãos e instituições civis e religiosos. É professor da PUC Minas, pesquisador do Núcleo de Estudos em Comunicação e Teologia (Nect/PUC Minas), membro do Grupo de Reflexão sobre Comunicação da Conferência Nacional dos Bispos do Brasil (Grecom/CNBB) e colaborador do Instituto Humanitas Unisinos (IHU). Seu livro mais recente é *"Comunicar a fé: por quê? Para quê? Com quem?"* (Vozes, 2020). Foi membro da Comissão Especial para o "Diretório de Comunicação para a Igreja no Brasil", documento aprovado pela CNBB, em 2014. De 2008 a 2012, coordenou o escritório brasileiro da Fundação Ética Mundial, fundada pelo teólogo suíço Hans Küng. E-mail: m.sbar@yahoo.com.br.

1. A catequese diante dos diversos cenários culturais

O capítulo inicia reconhecendo que a catequese tem uma íntima relação com a questão cultural e social, já que a Igreja vive inserida na comunidade humana, compartilhando a vida marcada pelas alegrias e esperanças, pelas tristezas e angústias dos homens e mulheres de hoje. É tarefa da Igreja e, por sua vez, da catequese, a necessidade de ler os *sinais dos tempos* presentes nas culturas e sociedades contemporâneas, particularmente na mudança de época atual. Por isso, o Diretório solicita que uma das tarefas da catequese hoje é a capacidade de estar ao serviço da inculturação da fé e do Evangelho (cf. DC 319). O capítulo foca, especificamente, três grandes âmbitos: as situações de pluralismo e de complexidade; o contexto ecumênico e de pluralismo inter-religioso; e os contextos socioculturais contemporâneos.

Ao abordar primeiramente a "Catequese em situação de pluralismo e complexidade", o Diretório parte da constatação de que a cultura contemporânea é uma realidade muito complexa, heterogênea e mutável. Devido aos fenômenos da globalização e do uso massivo de meios de comunicação, a sociedade se tornou mais conectada e interdependente. É sob essa luz que também pode ser entendido o pluralismo cultural e religioso, cada vez mais acentuado. Diante disso, no espírito do Concílio, cada Igreja particular com suas respectivas comunidades eclesiais, são chamadas a olhar a sociedade na qual estão inseridas com espírito de fé (cf. DC 324), buscando se pôr a serviço do ser humano concreto, desenvolvendo as mesmas atitudes de Jesus de Nazaré: capacidade de escuta e diálogo (cf. DC 325). A catequese, de modo especial, busca formar nos cristãos "uma identidade clara e segura, serenamente capaz de, em diálogo com o mundo, dar razão da esperança cristã com mansidão, respeito e consciência reta" (DC 322).

A partir desse contexto de pluralismo religioso e cultural, no qual há uma ampla e diversa maneira de assimilar e expressar a realidade, faz com que a fisionomia interior do ser humano de hoje também seja provocada na sua forma de conceber a vida e as relações, considerando-a como dinâmica e complexa (cf. DC 325). Por isso, o Diretório convida a levar em consideração os "espaços humanos" contemporâneos e a fazer um discernimento pastoral para que o anúncio do querigma seja mais adequado às mentalidades de hoje e para que o processo de catequese esteja verdadeiramente inculturado nas mais variadas situações. Entre esses espaços, o Diretório destaca o contexto urbano (cf. DC 326-328), o contexto rural (cf. DC 329-330) e o contexto das culturas locais tradicionais (cf. DC 331-336), além de ressaltar a importância da piedade popular no contexto de pluralismo e de complexidade da cultura contemporânea (cf. DC 336-342).

Em seguida, refletindo sobre a "Catequese em contexto ecumênico e de pluralismo religioso", o Diretório chama a atenção para a convivência entre diversas crenças nos vários ambientes de vida hoje. Tal realidade é reforçada pelo fenômeno da mobilidade humana e da migração, levando ao encontro entre povos diferentes. Diante disso, a Igreja se sente solicitada, além de considerar a vida das pessoas, a reconsiderar a sua práxis pastoral e a maneira de comunicar a mensagem evangélica (cf. DC 343). Para isso, o Diretório reflete, particularmente, sobre a catequese em contexto ecumênico de modo geral (cf. DC 344-346) e, especificamente, em relação ao judaísmo (cf. DC 347-348), às outras religiões (cf. DC 349-351) e aos novos movimentos religiosos (cf. DC 352-353).

A esse respeito, de modo geral, o Diretório afirma que "a catequese está intrinsecamente marcada por uma *dimensão ecumênica*, na linha do movimento, suscitado pelo Espírito, que impele a Igreja Católica a procurar, juntamente com as outras Igrejas ou confissões cristãs, a unidade perfeita desejada pelo Senhor" (n. 344). Reitera-se ainda que há hoje um fenômeno de pluralismo religioso, e, por isso, a catequese precisa ser pensada também no contexto de *outras religiões*. O documento reconhece que o encontro com religiões diferentes foi uma constante na história da Igreja. Por essa razão, a catequese é convidada a olhar com sincero respeito para esses outros modos de viver a fé, com seus preceitos e doutrinas próprios, mesmo que estejam em discordância com aquilo que a própria Igreja ensina, pois estes homens e mulheres também estão em busca da Verdade que ilumina a todos (cf. DC 349). Quanto a isso, o Diretório ressalta que a catequese precisa levar em conta a necessidade de um aprofundamento da própria identidade religiosa de cada fiel, de um discernimento das *sementes do Verbo* presentes em outras religiões e de um impulso missionário dos cristãos e cristãs por meio do testemunho da fé (cf. DC 350).

Em sua terceira parte, o capítulo examina o papel da "Catequese em contextos socioculturais", analisando oito deles e suas inter-relações, a saber: a mentalidade científica (cf. DC 354-358), a cultura digital (cf. DC 359-372), a bioética (cf. DC 373-378), a integridade da pessoa (cf. DC 379-380), o compromisso ecológico (cf. DC 381-384), a opção pelos pobres (cf. DC 385-388), o compromisso social (cf. DC 389-391) e o mundo do trabalho (cf. DC 392-393). Analisaremos brevemente tais contextos, deixando aquilo que se refere à cultura digital para uma seção à parte, dada a novidade e a relevância do tema (inclusive pelo número de parágrafos dedicados a ele pelo Diretório), que foram particularmente evidenciadas em tempos de pandemia.

Sobre a *mentalidade científica*, o documento afirma que o juízo da Igreja sobre a cultura científica é positivo, considerando-a que por esse legítimo trabalho, cada pessoa participa da obra criadora de Deus e para o desenvolvimento dos povos para a promoção do bem comum (cf. DC 355). Ao mesmo tempo, a Igreja reconhece os desafios antropológicos trazidos à tona pelo progresso das ciências e faz deles razão e tarefa de um sério processo de discernimento (cf. DC 356). Por isso, segundo o Diretório, é tarefa da catequese além de despertar a capacidade de suscitar questões, escutar os diversos temas que surgem na sociedade atual para discernir a luz do Evangelho a práxis pastoral catequética (cf. DC 357), como a complexidade do universo, a Criação, a origem e o fim do ser humano e do cosmos, evitando as simplificações midiáticas e, poderíamos dizer, também as mentiras e as teorias da conspiração que circulam em rede com aura de cientificidade. A própria abertura à fé, conforme o Diretório, depende do fato de a catequese conseguir oferecer respostas satisfatórias a tais questões ou de indicar o caminho adequado para as encontrar.

Isso também diz respeito às *questões de bioética*, que envolvem o início e o fim da vida (aborto, fertilização, eutanásia), e a experimentação sobre a saúde do ser humano em geral (como no caso da engenharia genética e das biotecnologias). O Diretório afirma que a pesquisa científica e suas aplicações "não são moralmente neutras" (DC 373), e os critérios de orientação não podem se basear apenas na eficiência técnica, na utilidade dos processos em jogo ou nas ideologias dominantes, mas precisam estar sob a dimensão ética e moral para a promoção da vida em plenitude sem alterar a ordem natural das coisas (cf. DC 374). Segundo o Diretório, as questões suscitadas pela bioética interpelam propriamente a tarefa da catequese e a sua finalidade formativa na vida dos cristãos e sua atuação no mundo contemporâneo (cf. DC 378). Por isso, os agentes de pastoral são convidados a promover momentos de formação sobre a vida humana, o desenvolvimento integral da pessoa, a ciência e a técnica, sempre à luz do Magistério da Igreja.

Daí também a relevância de refletir sobre a *integridade da pessoa*, que tem uma dignidade intrínseca e inalienável. No âmbito da catequese, o Diretório no n. 379, pede que se assuma urgentemente "um compromisso concreto em defesa da vida e da sua dignidade diante das várias expressões da cultura de morte que se torna cada vez mais presente".

Outro âmbito de preocupação eclesial em relação à catequese é o *compromisso ecológico*. O desenvolvimento da técnica e da ciência fez surgir uma crise ecológica, que se manifesta em problemáticas como as mudanças climáticas, a perda de biodiversidade e a deterioração da qualidade de vida individual e social, dentre outras. Diante disso, a catequese é chamada a promover, em sintonia com o debate atual promovido pelo Papa

Francisco e por organismos da sociedade civil, uma verdadeira conversão ecológica (cf. DC 381), que leve o fiel a assumir a vocação do ser humano por excelência: ser corresponsável na Obra da Criação e ao Criador (cf. DC 382) como parte da sua fé.

O Diretório, em sintonia com a Exortação Apostólica *Laudato Si'* do Papa Francisco, também afirma que o grito da terra está relacionado intrinsecamente com o grito dos pobres (cf. DC 382): esconde-se aí um apelo que vem de Deus. Por isso, o documento também reflete sobre a relação entre a catequese e a *opção pelos pobres*. O amor pelos pobres, afirma o documento, está presente em toda a Tradição da Igreja, pois o próprio Deus, em Jesus Cristo, se fez pobre para enriquecer a humanidade (cf. Fl 2,6-8). Os pobres para Jesus ocupam o centro da sua ação. Eles são sua prioridade no anúncio do Reino de Deus. São considerados por Jesus não simplesmente como destinatários da sua mensagem, mas como sujeitos de sua própria história (cf. Lc 4,18-19; Mt 11,5). Jesus de Nazaré se identifica com os pobres a ponto de nascer e morrer como um deles: "a mim o fizestes" (Mt 25,40) (cf. DC 386).

Falar de pobreza é também reconhecer o vínculo entre a catequese e o *compromisso social*. À luz da fé, na perspectiva da catequese, o anúncio e a vivência cristã sempre precisam estar na direção de provocar um engajamento na direção dos pobres e das causas defendidas pela Igreja no que diz respeito à sua doutrina social (cf. DC 389). A fé nunca é cômoda nem individualista, mas envolve um desenvolvimento humano integral, que passa pela eliminação das injustiças, a construção da paz, a salvaguarda da criação, a promoção de formas de solidariedade etc. Por isso, com base no ensino social da Igreja, a catequese deve provocar nas pessoas e, respectivamente, nas comunidades cristãs, a consciência em reconhecer as estruturas de pecado na sociedade e no ambiente (cf. DC 390), motivando os fiéis a agirem em favor do bem comum, como expressão concreta da caridade cristã.

Por isso, enfim, a catequese também tem algo a dizer e a fazer em relação ao *mundo do trabalho*. O Diretório lembra que o próprio Jesus, ao trabalhar com suas mãos na oficina de Nazaré, conferiu ao trabalho uma altíssima dignidade. E é oferecendo a Deus o seu trabalho que o ser humano se associa à obra de redenção de Cristo, expressando também a dignidade da sua existência. Por isso, em um contexto de globalização e de precarização, o mundo do trabalho necessita de uma precisa catequese formando agentes de transformação nesse campo (cf. DC 392), por exemplo, junto às agregações laicais de trabalhadores e por meio da ação pastoral nos diversos ambientes de trabalho, estimulando o compromisso em favor da "humanização do trabalho" e a defesa dos direitos dos mais fracos (cf. DC 393).

2. A análise da cultura plural, complexa e digital no Magistério da Igreja

Ao abordar os cenários culturais contemporâneos, o capítulo décimo do Diretório reflete sobre questões atuais e, portanto, busca inspiração, dentre outros, nos principais documentos do Papa Francisco, como a Encíclica *Laudato Si'* e a Exortação Apostólica Pós-sinodal *Christus Vivit* (principalmente ao abordar as questões ligadas à cultura digital). Entretanto, das 68 notas de referências desse capítulo, nada menos do que 27 remetem à Exortação Apostólica *Evangelii Gaudium,* a "carta magna" de Francisco.

O capítulo parte de uma das grandes afirmações da *Evangelii Gaudium*, segundo a qual "evangelizar é tornar o Reino de Deus presente no mundo" (*EG* 176). Daí a importância de se refletir sobre a dimensão cultural e social da catequese. Para isso, o Diretório recorre a parágrafos da exortação papal nos quais Francisco reflete sobre alguns desafios culturais e para a inculturação da fé. Neles, o papa defende, por exemplo, que a evangelização e a presença da Igreja iluminem e promovam novas maneiras de relacionamento com Deus, com o outro, com a cultura e o ambiente, baseadas na gratuidade e na fraternidade (cf. *EG* 74). Para isso, segundo o papa, é preciso escutar a realidade humana, acolher suas perguntas e dores das pessoas de nosso tempo e propor o testemunho como forma de evangelização para chegar ao coração dos homens e mulheres de nosso tempo (cf. *EG* 75).

Como afirma Francisco, "o ser humano está sempre culturalmente situado [...]. A graça supõe a cultura, e o dom de Deus encarna-se na cultura de quem o recebe" (*EG* 115). A catequese também não ocorre em um "limbo" histórico e social, mas é uma ação sempre "encarnada" em um "aqui-e-agora" específico, que cada catequista é chamado a discernir junto com seus catequizandos e catequizandas. Nesse sentido, a tarefa da Igreja está em assumir o jeito e a expressão de cada povo (cf. *EG* 116).

Daí a importância da inculturação também para a catequese, por meio da qual a Igreja na sua vocação materna é chamada a iniciar os povos com suas respectivas culturas e cada um com seus valores, pode contribuir para que o Evangelho se torne experiência concreta de vida em cada ser humano promovendo uma radical transformação no coração de cada pessoa (cf. *EG* 116). Trata-se de um esforço de cada catequista de reconhecer aquilo que a cultura local (e também global) oferece de positivo e, assim, aprender com ela, aproveitando tais elementos culturais na própria evangelização e no processo de Iniciação à Vida Cristã.

3. As novidades em relação aos Diretórios precedentes

Uma das grandes novidades do Diretório é a sua ênfase especial e o significativo espaço dedicado à relação entre "catequese e cultura digital". Os Diretórios anteriores refletiram muito pouco sobre tal questão (em todo o Diretório Nacional de Catequese, por exemplo, sequer consta a expressão "digital", e a internet aparece apenas dentro do conjunto mais amplo de "meios de comunicação", como uma "linguagem midiática" a mais, cf. n. 163).

Em tempos de pandemia e pós-pandemia,[88] entretanto, é impossível ignorar a importância que o ambiente digital assumiu na vida social em geral. Frente à necessidade de distanciamento e de confinamento para evitar a disseminação do vírus, a sociedade passou a viver e a conviver por meio de suas conexões digitais, estudando, trabalhando, entretendo-se, relacionando-se e até mesmo rezando, dentre outras coisas, via internet. Como afirma o Diretório, está em jogo uma verdadeira *transformação antropológica* (cf. DC 362).

O Diretório enfatiza que a complexidade da cultura contemporânea também se deve a dois fenômenos: o da globalização e o uso intenso dos meios de comunicação,[89] que "aumentaram as conexões e as interdependências entre questões e setores que, no passado, era possível considerar em separado e que hoje, pelo contrário, requerem uma abordagem integrada" (DC 320). É um processo que diversos autores chamam de *midiatização*, isto é, o surgimento de uma sociedade da comunicação generalizada e de processos midiáticos cada vez mais abrangentes, acelerados e diversificados (Gomes, 2010). Trata-se de uma verdadeira "virada midiática", na transição de uma "era dos meios de massa" para uma "era da massa de meios", em que praticamente qualquer pessoa, graças às conexões digitais, pode se transformar em "mídia", podendo falar potencialmente para milhares de outras pessoas.

---

88. O novo coronavírus (SARS-CoV-2), responsável pela pandemia de COVID-19, surgiu no início de dezembro de 2019 em Wuhan, Hubei, China. Em poucos meses afetou praticamente todos as populações do planeta. Em 20 de janeiro de 2020, a Organização Mundial da Saúde (OMS) classificou o surto como Emergência de Saúde Pública de Âmbito Internacional e, em 11 de março de 2020, como pandemia. O que além de provocar inúmeras mortes, provocou uma grande instabilidade econômica em todo o planeta.

89. O relatório Digital 2021 – Brasil confirma isso e aponta que a penetração da internet no tecido social brasileiro, por exemplo, chegou a 75% da população (com 160 milhões de usuários frequentes de internet no país). Mas o que mais chama a atenção é o tempo de conexão digital: a média dos brasileiros é de nada menos do que 10h8min por dia (muito acima da média mundial, de 6h54min por dia), o que situa o Brasil no segundo lugar nesse quesito entre os países pesquisados (perdendo apenas para as Filipinas). Disponível em: https://datareportal.com/reports/digital-2021-local-country-headlines. Acesso em: 31 jul. 2021.

É nesse ambiente que os catequizandos e catequizandas nascem, crescem, se relacionam e vivem a sua fé. Por isso, de modo bastante profético e atento a esse importante "sinal dos tempos", o Diretório reconhece, desde o início, que o digital não corresponde somente à presença de meios tecnológicos. Trata-se, retomando aquilo que o Papa Francisco já disse na Exortação Apostólica Pós-sinodal *Christus Vivit*, de uma "cultura amplamente digitalizada, que tem impactos muito profundos na noção de tempo e espaço, na percepção de si mesmo, dos outros e do mundo, na maneira de comunicar, aprender, obter informações, entrar em relação com os outros" (*CV* 86).

Em suma, com a digitalização e a conectividade cada vez mais intensas, está surgindo, efetivamente, uma nova cultura que tem como característica uma nova linguagem, modelando um novo jeito de pensar com isso, a expressão de uma nova mentalidade que atinge e define uma nova reorganização dos valores (DC 359). Isso levanta diversas implicações pastorais para a catequese, algumas das quais veremos em seguida.

4. Inspiração bíblica

Os cenários culturais contemporâneos, segundo o Diretório, apresentam um rosto multiforme e plural, e, dentro deles, cada pessoa manifesta uma fisionomia interior particularmente dinâmica, complexa e poliédrica. Nesse contexto, "é o serviço à pessoa concreta a razão última para a Igreja olhar para as culturas humanas e, em atitude de escuta e diálogo, examinar todas as coisas mantendo o que é bom" (DC 325).

Esta última frase é uma referência a um trecho do primeiro documento escrito do Novo Testamento e de todo o cristianismo, ou seja, a Primeira Carta aos Tessalonicenses, escrita por São Paulo, entre os anos de 50-51. Tessalônica era uma grande cidade comercial grega, uma "metrópole" dos primeiros séculos, e, portanto, um verdadeiro ponto de encontro cultural, reunindo pensadores, pregadores e seguidores das mais diversas filosofias e religiões.

Ao encerrar essa sua primeira carta, São Paulo aponta alguns conselhos finais àquela comunidade e é nesse contexto que ele convida: "Não extingam o Espírito, não desprezem as profecias; examinem tudo e fiquem com o que é bom" (1Ts 5,19-21). Trata-se de um convite a seus leitores e leitoras – tanto os habitantes daquele verdadeiro "caldeirão cultural" que era a cidade de Tessalônica quanto a cada um de nós hoje, na complexidade contemporânea – a colocarem em prática o seu senso crítico e, à luz do Espírito Santo, a fazerem discernimento, reconhecendo e conservando o bem onde quer que ele se encontre. Para isso, é preciso estar atentos às profecias, àquilo que poderíamos chamar, nas palavras de São João XXIII, de "sinais dos tempos".

Hoje, também somos chamados a examinar as culturas contemporâneas – especialmente aquelas em que os catequizandos e catequizandas vivem ou às quais estão ligados – e a ficar com aquilo que elas oferecem de bom para a evangelização e, particularmente, para a própria catequese. Esse discernimento pastoral, continua o Diretório, visa "a formular a compreensão do querigma mais adequada às várias mentalidades, para que o processo da catequese esteja verdadeiramente inculturado nas múltiplas situações e o Evangelho ilumine a vida de todos" (DC 325).

5. Linhas de inspiração para ações pastorais

A catequese, diante dos cenários culturais contemporâneos, com seu pluralismo e complexidade, levanta inúmeros desafios e possibilidades pastorais.

Em relação aos *contextos urbanos*, o Diretório lembra que os modelos culturais neles presentes já não dependem da Igreja e da comunidade cristã. Tais realidades humanas são marcadas por "outras linguagens, símbolos, mensagens e paradigmas que oferecem novas orientações de vida, muitas vezes em contraste com o Evangelho de Jesus" (DC 326). Portanto, é tarefa da catequese auxiliar os catequizandos e suas respectivas comunidades para reconhecer diante dessas realidades urbanas as *novas* linguagens, os *novos* símbolos, as *novas* mensagens e expressões que contrastam com os valores do Evangelho e tornam o rosto misericordioso de Deus mais presente no mundo. Ainda, nessa mesma direção, perceber os sinais de *humanização* que se encontram nas ruas, casas, nas relações e no mundo do trabalho.

Diante das ambivalências e das contradições urbanas, como as várias formas de segregação, desumanidade e violência, a Igreja é chamada a ser uma *presença profética* capaz de defender a vida em plenitude, sobretudo com aqueles que se encontram em situação de maior vulnerabilidade. Ela é chamada a ser presença do Reino de Deus. Nisso, a catequese tem a sua particular contribuição à medida que educa as pessoas que estão em um caminho de aprendizado no seguimento a Jesus Cristo na capacidade de perceber e ler os sinais dos tempos no hoje da história, tornando presente os sinais do Reino anunciado por Jesus (cf. DC 326). Nesse contexto, a catequese é convidada a promover "um anúncio querigmático transparente, humanizante e carregado de esperança" (DC 327). Frente a situações de individualismo, anonimato e solidão, o Diretório convida a propor criativamente uma *catequese inspirada no catecumenato*, no qual se valoriza cada pessoa e possibilita-lhe a inserção a uma comunidade de fé para aprender o Evangelho e traduzi-lo com a vida (cf. DC 328).

O crescente processo de urbanização, por sua vez, também impacta a vida nos *contextos rurais*. E o Diretório resgata a relevância que a terra e a criação têm na própria tradição bíblica e cristã. O próprio Jesus se inspirava no mundo agrícola para contar as suas parábolas. "Partindo da criação para chegar ao Criador, a comunidade cristã sempre encontrou caminhos de anúncio e de catequese, que é sábio retomar de modo novo" (cf. DC 329). Frente a um contexto de globalização e midiatização, que vão moldando uma verdadeira sociedade de consumo, o Diretório reconhece que a cultura agrícola conserva e promove valores praticamente ignorados como um estilo de vida sóbria e desapegada, no qual as relações de fraternidade e respeito ao mundo criado ocupam o primeiro lugar (cf. DC 330). O desafio da catequese é saber valorizar esse patrimônio, a partir do seu sentido cristão.

Somam-se a isso as *culturas locais tradicionais*, que também se veem afetadas por todos esses processos, assim como pelo fenômeno migratório, que leva, muitas vezes, a uma verdadeira invasão de uma cultura por outras, deteriorando suas raízes e tradições. Um exemplo disso, muito relevante no contexto brasileiro, são as populações indígenas, com suas línguas, ritos, costumes e tradições peculiares, como aponta o Diretório.[90]

O Diretório reconhece que vários desses grupos já acolheram a fé cristã-católica como parte da sua própria cultura, inclusive com expressões rituais típicas. Por isso, o convite é que os agentes de pastoral e, sobretudo a catequese, tenham a preocupação e uma profunda sensibilidade pastoral e tenham como primeira atitude a *partilha de vida* numa recíproca capacidade de escuta (cf. DC 332). Um grande desafio que se estabelece para a ação catequética, hoje, em relação à cultura é tomar consciência de que, antes do catequista e ou do missionário estar presente nesses ambientes, já há a presença das *sementes do Verbo*. Uma catequese pensada nesses ambientes deve considerar um elemento fundamental: desenvolver uma pedagogia que seja capaz de conhecer em profundidade os homens e as mulheres, sua história e seus valores fundamentais, tudo isso à luz do Evangelho (cf. DC 333).

---

90. O Censo Demográfico de 2010 revelou que 896 mil pessoas se declaravam ou se consideravam indígenas. Destas, 572 mil (63,8%) viviam na área rural e 517 mil (57,7%) moravam em Terras Indígenas oficialmente reconhecidas. No comparativo, enquanto 84,4% da população nacional residiam em centros urbanos, esse percentual era de apenas 36,2% no caso dos indígenas, revelando, assim, um estreito vínculo com a terra. Dados disponíveis em "O Brasil Indígena", estudo especial da Funai/IBGE, 2009. Disponível em: http://www.funai.gov.br/index.php/indios-no-brasil/o-brasil-indigena-ibge. Acesso em: 31 jul. 2021.

A catequese e as ações de evangelização em geral, portanto, deverão ser adequadas a cada cultura, "sem nunca impor a própria cultura", pois, nas palavras do Papa Francisco, a genuína catolicidade da Igreja se manifesta na beleza de seu "rosto pluriforme" (DC 334). Por isso, segundo o Diretório, para ser catequista de povos indígenas, é preciso um "humilde esvaziamento" (DC 334), evitando atitudes de orgulho, de desprezo, de preconceito e de condenação em relação a quem pertence a uma cultura diferente. Nesse sentido, vale a pena ler na íntegra o parágrafo 335, que indica os cuidados necessários para os catequistas que atuam entre os povos indígenas.

Em relação à *piedade popular*, o documento destaca que é necessária uma vigilância pastoral, pois muitas formas dessa piedade às vezes manifestam deformações da religião, como superstições e práticas puramente cultuais, por mera tradição. Tais riscos podem ser fomentados pela cultura midiática contemporânea, inclusive católica, que exacerba aspectos emocionais e sensacionalistas dos fenômenos religiosos, muitas vezes em vista de interesses econômicos. É o que as *Diretrizes Gerais da Ação Evangelizadora da Igreja no Brasil 2019-2023* também reconhecem, ao afirmarem, primeiramente, que a piedade popular é, sim, "uma força ativamente evangelizadora que não podemos subestimar" (n. 100); constituindo "um caminho de aprofundamento da fé e não apenas realidade meramente cultural ou folclórica" (n. 167). Entretanto, chama-se a atenção para os riscos de sua instrumentalização, quando tais expressões são apresentadas de modo "intimista, consumista e imediatista" (n. 100), muitas vezes sucumbindo "diante das pressões mercadológicas, com a criação artificial de devoções" (n. 167).

Diante disso, o Diretório convida a apreciar a força evangelizadora das expressões de piedade popular, inclusive integrando-as no processo formativo, mas sempre reconduzindo tais manifestações considerando os principais elementos: as dimensões evangélica, trinitária, cristológica e eclesial para promover um efetivo compromisso no processo de educação e amadurecimento da vida cristã cuja finalidade principal é possibilitar cada vez mais a pertença eclesial marcada pelo testemunho no dia a dia, sobretudo, na direção dos pobres (cf. DC 340).

Já em relação ao *contexto ecumênico e de pluralismo religioso*, o Diretório destaca um duplo movimento inter-relacionado para a pastoral catequética: por um lado, a catequese está a serviço do diálogo ecumênico e, por outro, o próprio esforço a favor da unidade dos cristãos é caminho e instrumento de catequese. Dado o seu valor educativo, a catequese é chamada a "despertar nos catequizandos um desejo de unidade, ajudando-os a viver o contato com as pessoas de outras confissões, cultivando a própria identidade católica no respeito pela fé dos outros" (DC 345). A catequese também pode ser um importante âmbito de promoção de experiências de colaboração entre católicos e outros cristãos, mediante "formas comuns de anúncio, de serviço e de testemunho" (DC 346), como pede o Papa Francisco. Nesse sentido, o parágrafo 345 merece ser lido na íntegra e aprofundado, pois indica alguns cuidados à catequese nos contextos em que as divisões entre os cristãos e cristãs são mais fortes.

Em relação aos diversos *contextos socioculturais* abordados pelo Diretório, destacamos como desafio pastoral, pela sua urgência e relevância, o convite a que a catequese motive e apoie uma *mentalidade e uma espiritualidade ecológicas*, baseando-se, para isso, nas próprias narrativas bíblicas e no Magistério social da Igreja. Para isso a tarefa da catequese em despertar nos seus uma séria sensibilidade com o ambiente (cf. DC 383). Uma das formas de se fazer isso, segundo o Diretório, é fomentando estilos de vida humildes e sóbrios, livres do consumismo, e também mediante a atenção à ecologia integral, em seus diversos aspectos inter-relacionados. Em síntese, promover itinerários que ajudem os cristãos a realizar uma profunda experiência do Deus Criador e, consequentemente, despertar atitudes de compromisso com a obra Criada (cf. DC 384).

Ao reiterar que o encontro com Cristo é a meta de todo o percurso da fé, o Diretório também afirma que tal encontro se realiza de modo especial no *encontro com os pobres*. "A nova evangelização é um convite a reconhecer a força salvífica das suas vidas e a colocá-los no centro do caminho da Igreja" (DC 387). Trata-se de uma realidade que fala muito ao contexto brasileiro atual: devido à pandemia, o número de brasileiros que vivem abaixo da linha da pobreza triplicou.[91] Diante dessa realidade é preciso que a catequese contribua no sentido de que ajude os cristãos em seu processo formativo no despertar de uma nova visão social e política, mais crítica e menos alienada, cujo estilo de vida esteja alicerçado no valor da solidariedade. Para isso, a formação integral dos cristãos, através da catequese, deve buscar ainda despertar um jeito de viver na sobriedade e na promoção da justiça, exemplo de Jesus pobre e humilde (cf. DC 382; 388).

Por fim, há inúmeras questões pastorais e catequéticas em jogo na *cultura digital*. De modo geral, o Diretório reafirma os aspectos positivos trazidos pela internet e pelas redes sociais digitais, como as oportunidades de diálogo, de encontro e de intercâmbio entre as pessoas, de acesso à informação e ao saber, de participação sociopolítica

---

91. Os dados são de que se está chegando a cerca de 27 milhões de pessoas, 12,8% da população brasileira. Dados disponíveis em: https://www.cnnbrasil.com.br/nacional/2021/04/08/populacao-abaixo-da-linha-da-pobreza-triplica-e-atinge-27-milhoes-de-brasileiros. Acesso em: 31 jul. 2021.

e de cidadania ativa, de extensão e enriquecimento das capacidades cognitivas do ser humano, chegando a falar de "potenciação digital" (DC 360). Por outro lado, aponta para as inúmeras problemáticas do ambiente digital, como a solidão, o isolamento, a dependência, a perda de contato com a realidade concreta, a manipulação, a exploração, a pornografia, a violência, o *ciberbullying*, até o extremo da chamada *dark web*, onde as mais diversas atividades ilícitas e criminosas ocorrem livremente.

Outro limite do ambiente digital apontado pelo Diretório é o fato de que muitas plataformas podem fomentar o encontro entre pessoas com as mesmas ideias, em circuitos fechados que dificultam o contato com as diferenças, facilitando a circulação de notícias falsas, de preconceitos e de ódio. Trata-se das chamadas "bolhas informacionais", em que, seja por opção, seja por imposição dos algoritmos das plataformas digitais, as pessoas passam a consumir apenas "mais do(s) mesmo(s)". Isso revela muito sobre a dimensão problemática e prejudicial de tais filtros e algoritmos para a vida pessoal, para a convivência social e para a própria cidadania democrática.[92]

Esse fenômeno também afeta a Igreja, pois provoca uma redefinição da autoridade e, consequentemente, da confiança (cf. DC 366). Vemos isso no caso dos chamados "influenciadores digitais da fé", que se arrogam o direito de se manifestar publicamente sobre questões teológicas e eclesiais, mas sem receberem qualquer mandato por parte das autoridades da Igreja para isso. Gera-se, assim, um verdadeiro curto-circuito, em que tais sujeitos são reconhecidos socialmente como autoridades católicas mais importantes do que o bispo local ou até mesmo do que o papa (Sbardelotto, 2021). Como afirma o Diretório, citando o Papa Francisco, "os interesses econômicos, que operam no mundo digital, são capazes de realizar formas de controle que são tão sutis quanto invasivas, criando mecanismos de manipulação das consciências e do processo democrático" (DC 361).

Nesse sentido, o desafio é justamente promover uma catequese não apenas *na rede*, mas também *sobre a rede*. Nesse sentido, a catequese pode ser um bom ambiente para

---

92. O processo eleitoral de 2018 no Brasil é um exemplo disso. Uma análise das 50 imagens mais compartilhadas em 347 grupos de WhatsApp durante o primeiro turno concluiu que somente quatro eram verdadeiras (apenas 8% do total). Estudo disponível em: https://piaui.folha.uol.com.br/lupa/wp-content/uploads/2018/10/Relat%C3%B3rio-WhatsApp-1-turno-Lupa-2F-USP-2F-UFMG.pdf. Acesso em: 31 jul. 2021. Outra pesquisa apontou que, de modo geral, 75% dos brasileiros já foram impactados por notícias falsas, e 55% já repassaram *fake news* sem saber – ou seja, um em cada dois brasileiros já foi um potencial disseminador de notícias falsas, mesmo que de forma não intencional. Dados disponíveis em: https://coletiva.net/comunicacao/pesquisa-aponta-que-facebook-e-whatsapp-sao-campeoes-em-disseminar-fake-news,377564.jhtml. Acesso em: 31 jul. 2021.

a educação para a mídia, para combater o flagelo do "analfabetismo digital", ou seja, de pessoas que "não sabem perceber a diferença de qualidade e de verdade nos diversos conteúdos digitais que encontram pela frente" (DC 368). Diante da saturação e da superficialidade das informações que circulam pelas redes digitais, a catequese é chamada a contribuir principalmente em despertar no ser humano a capacidade de pensar de maneira crítica para discernir os valores que são capazes de construir uma sociedade mais justa (cf. DC 323).

De modo geral, a Igreja é convidada, principalmente, a "*atualizar as suas modalidades de anúncio do Evangelho para a linguagem das novas gerações*, convidando-as a criar um novo *sentido de pertença* comunitário, *que inclua e não se esgote naquilo que elas* experimentam na rede" (cf. DC 370, grifo nosso). Trata-se, portanto, de promover uma *catequese* não apenas *na rede* e *sobre a rede*, mas principalmente e ao mesmo tempo *para além dela* (Sbardelotto, 2019). Para isso, é preciso saber conjugar e equilibrar as práticas catequéticas online e offline, em uma experiência verdadeiramente *onlife* (Floridi, 2019), encarnada em uma realidade sociocultural marcada cada vez mais pela *conectividade como dimensão da própria existência humana contemporânea*, sem dicotomias nem dualismos.

Portanto, não se faz catequese usando apenas os instrumentos digitais, mas oferecendo espaços de experiências de fé. [...] Só uma catequese que faz o caminho que vai da informação religiosa ao acompanhamento e à experiência de Deus será capaz de oferecer o sentido. É preciso uma catequese que vá além da mera "transmissão" de conteúdos, da mera "escolarização religiosa", e se volte principalmente à experiência de comunhão-comunicação com Deus e com os irmãos e irmãs de fé. Desse modo, a verdadeira questão não é como utilizar as novas tecnologias para evangelizar, mas como se tornar uma *presença evangelizadora no ambiente digital* (cf. DC 371). Esse é o principal desafio, tanto para os catequizandos e catequizandas quanto, principalmente, para os e as catequistas.

Em suma, os diversos cenários culturais contemporâneos apresentados pelo Diretório revelam muitas luzes e sombras para a catequese. Entretanto, é impossível pensar e pôr em prática a missão evangelizadora da Igreja sem uma inculturação no espaço e no tempo em que vivem as pessoas concretas às quais somos chamados a comunicar a boa notícia do Reino (Sbardelotto, 2020). O pluralismo e a complexidade das culturas e das sociedades de hoje, como nos indica o Papa Francisco, demandam abertura, ousadia e criatividade dos e das catequistas, para que consigam sair ao encontro das pessoas, onde elas estão e como são, dialogando com elas nas linguagens e nas modalidades que lhes são próprias.

6. Para refletir

O tema do 10º capítulo do Diretório para a Catequese é "A catequese diante dos cenários culturais contemporâneos". Reconhece-se que a catequese tem uma "intrínseca dimensão cultural e social", pois a Igreja vive inserida na comunidade humana, compartilhando com esta "as alegrias e as esperanças, as tristezas e as angústias" dos homens e mulheres de hoje (n. 319). Daí a necessidade de ler os "sinais dos tempos" presentes nas culturas e sociedades contemporâneas. Frente a isso, deixemo-nos interpelar:

1. Que cenários culturais contemporâneos desafiam a catequese na minha comunidade local?

2. Frente a um contexto sociocultural marcado pelo pluralismo e pela complexidade, que atitudes são esperadas de um/a catequista em sua relação com os catequizandos e catequizandas?

3. Como a dignidade humana, a opção pelos pobres, o compromisso ecológico e o compromisso social podem ser trabalhados na minha prática catequética local?

4. Depois de um longo tempo de pandemia e de distanciamento, o que a catequese tem a aprender e a melhorar em sua relação com a cultura digital?

CAPÍTULO 11

Inculturação da fé na catequese... é possível?

Ir. Lucia Imaculada, cnsb[93]

Introdução

O presente texto quer contribuir com algumas reflexões sobre o sempre e atual tema da inculturação da fé. Tema este bastante recomendado pelo Magistério da Igreja em seus últimos anos.[94] No Documento de Aparecida (DAp) esta recomendação passa a compreender que, através da "inculturação da fé, a Igreja se enriquece com novas expressões e valores, manifestando e celebrando cada vez melhor o mistério de Cristo" (DAp 479). As mais profundas raízes encontram-se na Encarnação do Filho de Deus que veio participar da realidade humana, compreender seu jeito de viver, pensar e agir. Somente alguém que ama realmente é capaz de se colocar junto com o outro e abraçar a sua realidade e condição. Nesse sentido, o Concílio oferece uma chave de leitura para compreender o processo de inculturação da fé, quando que, pelo mistério da encarnação, Jesus Cristo se uniu a realidade de cada pessoa humana (cf. *GS* 22). Ele, o Redentor do homem.

---

93. Irmã Lúcia Imaculada. Religiosa da Congregação de N. Sra. de Belém. Assistente Social. Pedagoga. Especialista em educação. Professora na Escola Mater Ecclesiae, Seminário S. José, Escola Diaconal Santo Efrem, Instituto Superior de Ciências Religiosas. Membro da Comissão Arquidiocesana da Iniciação à Vida Cristã. Membro da Sociedade Brasileira de Catequetas. Autora de artigos e livros na área da catequese.

94. GS 44, EN 18-20, CT 53, DGC 109-110, *EG* 115-117, entre outros.

Jesus, durante seu ministério neste mundo, foi capaz de nos ensinar com seus milagres, parábolas, gestos; enfim, com toda a sua vida um jeito de se aproximar das pessoas e realizar a inculturação da fé. Esse jeito de ser de Jesus também nos mostra, em várias situações, como se aproximar, dialogar, formar comunidade, servir ao outro, não importando a sua origem e a sua cultura. Um exemplo claro disso encontramos no relato da Samaritana. Encontramos nos Evangelhos tantos rostos, tantos cenários, tantas situações nos ensinam o que significa anunciar a Boa-nova na cultura. É preciso aprender com Jesus a sua pedagogia da inculturação da fé.

1. A inculturação da fé no Diretório para a Catequese

O tema da inculturação da fé é apresentado no Diretório para a Catequese (DC) na terceira parte, quando trata da catequese nas Igrejas particulares, mais especificamente no capítulo XI, *A catequese a serviço da inculturação da fé*. O texto inicia fazendo referência a *Evangelii Nuntiandi* (*EN*) ao afirmar que é tarefa da Igreja particular *traduzir* a mensagem do Evangelho conservando sua verdade para uma linguagem que as pessoas sejam capazes de acolher verdadeiramente como parte de sua existência para edificar a sua vida (cf. *EN* 63). Por esta compreensão apresentada pelo Diretório, podemos elencar quatro elementos fundamentais na relação entre catequese e inculturação da fé: 1) a catequese é compreendida como processo de inculturação da fé; 2) sua tarefa está em expressar Deus em uma linguagem humana, em que todas as pessoas são capazes de compreender; 3) é obra do Espírito Santo confiada a cada Igreja particular, a cada povo com seu jeito próprio de viver a fé; 4) os itinerários catequéticos e os catecismos das Igreja particulares são sinal do processo de inculturação (cf. DC 394).

O XI capítulo do Diretório possui quinze parágrafos dedicados à reflexão acerca da inculturação da fé (394-408). O objetivo central da reflexão é evidenciar um componente essencial do anúncio do Evangelho e que chamamos inculturação da fé. O capítulo que agora aprofundamos está organizado em duas partes: na primeira, o Diretório trata da natureza e da finalidade da inculturação da fé (395-400). Já na segunda, está a dimensão prática da inculturação da fé, a tarefa dos Catecismos nas Igrejas particulares (401-408).

Na primeira parte dedicada à natureza e à finalidade da inculturação da fé, o Diretório assume a ideia do Decreto *Ad gents* sob o modelo da encarnação de Jesus. Dessa forma, o Diretório apresenta o conceito de inculturação a partir do Verbo Encarnado, como forma *arquetípica* de toda a evangelização da Igreja, porém esclarecendo que a inculturação não é adaptação a uma forma de cultura. Trata-se de um processo que é preciso considerar o seu caráter global e progressivo (cf. DC 395). Uma educação à fé e na fé.

Dentro do processo de evangelização, a catequese possui uma tarefa específica no que diz respeito à inculturação da fé. A cultura é o lugar hermenêutico no qual oferece possibilidade para a catequese atingir sua finalidade que é a educação da fé, em que, o ponto de partida sempre será a experiência de vida de cada pessoa que se encontra dentro desse processo. Desse modo, evidencia-se a principal finalidade da inculturação que é ajudar a realizar o processo de *interiorização da experiência da fé* (cf. DC 396). O caminho parte de dentro para fora, como a semente plantada na terra, que exige elementos e ferramentas adequadas para o seu devido crescimento. Nesse caso, é preciso sempre considerar o sujeito da ação: o Espírito Santo e a pessoa. Para isso, segundo o Diretório, o ponto de partida não deve estar somente no ato da transmissão do conteúdo da fé, mas é preciso considerar a capacidade de recepção que a pessoa é chamada a realizar a partir da sua história concreta já vivida anteriormente (cf. DC 396).

O Diretório oferece indicações metodológicas concretas para a catequese, cujo objetivo é proporcionar a estreita relação com a inculturação da fé: 1) O ponto de partida está na necessidade de que o catequista e a catequese precisam ser educados para o processo de diálogo com o destinatário. Isso exige pré-disposição e o desejo de conhecer a cultura do outro e considerá-la dentro de um caminho de aprendizagem e reciprocidade. O catequista é também um aprendiz; 2) A segunda indicação é considerar todo o processo da Encarnação do Verbo na história humana. O Evangelho não nasceu pronto, foi sendo construído a partir da experiência de fé daqueles que testemunharam Jesus em uma determinada cultura; 3) No processo de inculturação da fé, necessariamente há que considerar os processos comunicativos. Nisso, o catequista possui uma tarefa importante, pela sua capacidade de comunicação e testemunho de evidenciar que o Evangelho é fonte de vida e transformação; 4) O Evangelho já está presente nas culturas. O Espírito Santo está desde o princípio, a tarefa do catequista é comunicá-lo e torná-lo visível com sua própria vida; 5) A inculturação da fé respeita o conteúdo da fé, sem esse elemento não existe a comunhão eclesial (cf. DC 397).

O Diretório, ao apresentar a natureza e finalidade da inculturação da fé em uma perspectiva catequética, afirma que não é tarefa da catequese e do catequista "manipular" a cultura, mas propor o Evangelho de "maneira vital, em profundidade". Dessa forma, o Diretório apresenta um *processo pedagógico* da inculturação da fé: *escutar* (encontrar Deus e sua palavra através da vida das pessoas); *discernir* (sob o olhar do Evangelho purificar o que vai contra o projeto criador de Deus que é promover a vida); *penetrar* (estimular uma radical conversão a Deus), (cf. DC 398).

Esse processo de inculturação da fé acontece de forma mais eficaz e concreta a partir da realidade das Igrejas particulares. É nesse contexto que se envolve todo o Povo de Deus na tarefa de proclamar o Evangelho. É nessa realidade que se concretiza a encarnação da Palavra. Todos os batizados são chamados a evangelizar a partir de um bom processo de acompanhamento. Uma vez educados para essa finalidade, serão capazes de transmitir "a fé de maneira totalmente viva, de modo a fazê-la sempre nova e atraente" (DC 399).

A catequese compreendida como serviço da inculturação da fé possui uma tarefa, segundo o Diretório, que consiste em assumir novas linguagens, estilos e modalidades sob a perspectiva missionária e, por isso, destaca a importância do processo de Iniciação à Vida Cristã. A catequese, portanto, torna-se meio e instrumento da inculturação. Dessa forma derivam novas linguagens de inculturação da fé no qual apontam para duas exigências: na primeira, que o Evangelho inculturado não se limita somente a um processo de pessoa a pessoa; segundo, mas se faz a partir de um povo (dimensão comunitária da inculturação) (cf. DC 400).

Sobre o segundo aspecto a respeito da inculturação da fé, o Diretório aponta para a tarefa dos catecismos das Igrejas locais. A compreensão que o Diretório apresenta é que eles são como uma "ferramenta inestimável" que são capazes de "comunicar o Evangelho de forma acessível" a partir do seu contexto de vida (cf. DC 401). Eles possuem "caráter oficial e são uma síntese orgânica e fundamental da fé", na qual se considera o instrumento pedagógico da própria cultura em questão (cf. DC 402). Os catecismos locais, inspirados no Catecismo da Igreja Católica, serão um instrumento que, atentos as questões da realidade sociocultural de cada Igreja particular, devem assumir a tarefa da catequese no processo de inculturação do Evangelho (cf. DC 403). O Catecismo local atento à dimensão pedagógica e metodológica, deve respeitar a mentalidade (modo de pensar e hábitos) e a idade do sujeito, além disso, considerar a experiência de vida já realizada por cada pessoa, bem como seu dinamismo de crescimento (cf. DC 404). O Diretório sugere que cada Igreja local tenha seu próprio catecismo com uma linguagem própria (cf. DC 405), a fim de encontrar novas estradas para proclamar o Evangelho no mundo de hoje (cf. DC 406).

2. A inculturação da fé no Magistério da Igreja

O tema da inculturação da fé foi, sobretudo nos últimos tempos, uma expressiva preocupação da Igreja. No Magistério da Igreja, encontramos uma boa concepção dessa questão, na emblemática Exortação Apostólica, *Evangelii Nuntiandi (EN),* sobre a Evangelização no mundo contemporâneo, considerada um dos mais preciosos escritos do Papa Paulo VI, no qual se pode compreender e realizar um verdadeiro caminho de evangelização no mundo atual.

Na Exortação *Evangelii Nuntiandi* encontramos elementos consistentes no que se refere a reflexão sobre a inculturação da fé. É tarefa da Igreja proclamar a mensagem do Evangelho a todas as realidades humanas. Essa mensagem tem o caráter de destinação universal, ou seja, é destinada a acontecer em todos os povos com a finalidade de não ser apenas de expansão externa, mas transformá-las a partir de dentro do seu próprio dinamismo de vida já existente e, assim, renovar a humanidade. Desse modo, acontece como a semente plantada na terra. Para dar credibilidade à ação evangelizadora inculturada é necessária a renovação pessoal de cada cristão, de cada evangelizador, senão, somente assim, haverá um mundo novo, sonhado por Deus (cf. *EN* 18).

Portanto, o testemunho de uma alegre e coerente vida cristã fala muito alto aos corações das pessoas mais atentas às atitudes do que às palavras. Para isso, há a necessidade de se firmar na "potência divina da mensagem" que é proclamada, de tal modo a atingir "a consciência pessoal e coletiva dos homens" em seu meio social (cf. *EN* 20). Semear sempre, semear em terrenos diferentes, semear em profundidade para que a Palavra possa florescer no tempo certo.

Em termos de catequese, encontramos na Exortação Apostólica *Catechesi Tradendae* (CT), de São João Paulo II, a indicação de algumas pistas de ação. Interessante observar que o Santo Padre reforça a proposta de se levar o Evangelho ao "coração da cultura e das culturas" (*CT* 53). Como se deve fazer, então? Conforme a orientação de João Paulo II, "a catequese tem de procurar conhecer essas culturas e seus componentes essenciais; apreender as suas expressões mais significativas; saber também respeitar os seus valores e riquezas próprias" (*CT* 53).

O Papa João Paulo II também lembra que a mensagem evangélica não pode ser desvinculada da cultura de onde surgiu e até onde influenciou, inclusive em nossos dias de hoje. É preciso ter em mente que "o diálogo apostólico está inserido num certo diálogo de culturas" (*CT* 53). Por outro lado, a finalidade deste "diálogo" deve levar ao aperfeiçoamento da cultura que é colocada em contato com a força regeneradora da Boa-nova. O Evangelho é a semente, o sal, a luz que ilumina todos os povos. E não o contrário. Por isso, "deixaria de haver catequese se fosse o Evangelho a ter que se alterar no contato com as culturas" (*CT* 53).

Seguindo a linha do magistério papal, vamos encontrar na Exortação Apostólica *Evangelii Gaudium* (*EG*) grande proposta pastoral do pontificado do Papa Francisco, muitas citações sobre a importância da evangelização em diálogo com as culturas. Francisco valoriza não só a inculturação da fé, mas também reconhece o benefício que as várias culturas podem trazer para a própria Igreja. Torna-se, de certo modo, uma estrada de mão dupla. Todos são enriquecidos por esta benéfica troca, sendo que na evangelização o que se transmite é a semente da fé, que faz germinar humanidade nova em determinado grupo social. O Papa Francisco afirma que não se deve imaginar um cristianismo monocultural e monocórdio. Isto porque o conteúdo da evangelização é transcultural. Adverte também para o perigo de cairmos na "vaidosa sacralização da própria cultura", considerando-a mais fanatismo do que autêntico ardor evangelizador (cf. *EG* 117).

Interessante observar que, na *Evangelii Gaudium*, no número 117, o papa nos fala também sobre a beleza da diversidade cultural na comunidade eclesial fruto da ação do Espírito Santo que une todas as línguas da terra. Cada uma com seu sotaque, com seu ritmo, porém unidos no mesmo ideal. Essas palavras caem como um bálsamo nestes tempos em que visões polarizadas tanto dificultam a convivência dentro e fora da Igreja.

Passando pela piedade popular, muito valorizada pelos últimos papas, como espaço teológico e portador de força própria de evangelização, o Sumo Pontífice acena para a importância da evangelização pessoa a pessoa através de múltiplas formas de anúncio do Evangelho. Por fim, ele apresenta a necessidade de um anúncio que envolva cultura, pensamento e educação. Numa ampla abordagem, a Exortação *Evangelii Gaudium* indica a necessidade do anúncio às culturas profissionais, científicas e acadêmicas. Valoriza o encontro entre fé, razão e ciência, de forma a desenvolver a credibilidade e uma "apologética original", a fim de facilitar as predisposições para que o Evangelho seja ouvido por todas as classes de pessoas e estas possam devolver e testemunhar a fé nestes ambientes específicos (cf. *EG* 132). "Quando algumas categorias da razão e das ciências são acolhidas no anúncio da mensagem, tais categorias tornam-se instrumentos de evangelização; é água transformada em vinho" (*EG* 132).

O papa também orienta os teólogos a dialogarem com outros ramos do saber com suas experiências humanas, a fim de que o Evangelho possa chegar à variedade dos contextos culturais, porém tendo bem clara a "finalidade evangelizadora da Igreja e da própria teologia, e não se contentando com uma teologia de gabinete" (*EG* 112).

3. A inculturação da fé nos Diretórios Catequéticos

O tema da inculturação da fé sempre esteve presente na reflexão apresentada pelos Diretórios e sua estreita relação com a catequese. O Diretório Catequético Geral (DCG), de 1971, assume imediatamente no pós-Concílio, a compreensão apresentada pelo Documento *Gaudium et Spes* (*GS*) quando se refere que "a humanidade vive hoje uma fase nova da sua história, na qual profundas e rápidas transformações se estendem progressivamente à terra" (*GS* 4). A primeira parte do Diretório (DCG 1-9) está dedicada em analisar as causas e possíveis soluções para que o ministério da Palavra e a catequese possam entrar em diálogo com as várias culturas. Mais decididamente, no n. 9, o Diretório de 1971 aponta para tarefas nas quais se dá o processo de inculturação. Dentre elas destacamos a necessidade em "promover o aperfeiçoamento das formas tradicionais do ministério da Palavra e suscitar outras novas". O DCG, reflete, em suas páginas, o propósito assumido pelo Concílio Vaticano II de dialogar com o mundo contemporâneo. Elemento esse fundamental para a inculturação da fé.

Por sua vez, o Diretório Geral para a Catequese (DGC) de 1997 apresenta a questão da inculturação em vinte e cinco citações, com maior destaque para os números 109-110 e 203-207 e denomina a tarefa da inculturação da fé como sendo um processo necessário e urgente dentro da dinâmica catequética (cf. DGC 202). Portanto, para isso, há que considerar também que esse percurso deve ser um processo capaz de considerar de maneira global e um caminho a ser construído respeitosamente os processos culturais, isso significa em considerar o tempo e a dinâmica de cada cultura (cf. *RM* 52b). De maneira global, o DGC retoma o princípio da Encarnação do Verbo como força motriz de todo o trabalho de inculturação da fé, e reafirma a necessidade de considerar em todo o processo de inculturação que a presença da comunidade cristã assume destaque, sendo que a pessoa do catequista deve unir o senso religioso com a sensibilidade social radicada no ambiente cultural (cf. DGC 110).

No entanto, o Diretório chama a atenção para realizarmos esta tarefa de inculturação com base em dois princípios básicos: a compatibilidade com o Evangelho e a comunhão com a Igreja (DGC 109). Mais uma vez, demonstra a necessidade de entendermos que o diálogo e contato com as culturas continua a ser a de uma atuação embasada na Palavra de Deus e instruída pela fé e em comunhão com o Magistério da Igreja. Isto significa que o testemunho de um cristão, onde quer que ele esteja, deve refletir a unidade eclesial através de atitudes evangélicas.

Além da responsabilidade da comunidade eclesial, há outras tarefas apresentadas pelo DGC. O número 110 cita a elaboração de catecismo locais, "que respondam às exigências que provêm das diferentes culturas", a inculturação no catecumenato e nas instituições catequéticas, o que vai suscitar o discernimento de linguagem, símbolos e valores mais adequados aos catecúmenos e catequizandos. Por fim, a necessidade de formar bem os evangelizadores que se encontram em contato com culturas frequentemente pagãs e às vezes pós-cristãs. O DGC sugere uma apologética que ajude o diálogo fé-cultura, considerada hoje imprescindível.

O DGC também apresenta duas dimensões necessárias: integridade e a autenticidade. Por mensagem evangélica íntegra, subentende a importância da fidelidade na transmissão da fé. Porém, respeitando os princípios sempre considerando a necessidade de adaptação e progressividade da mensagem diante do interlocutor. Em relação à mensagem evangélica autêntica, ressalta a importância de se evitar as reduções da fé sendo fiel à mensagem evangélica e à realidade de cada povo. É tarefa da catequese, segundo a compreensão do DGC, preservar a integração entre autenticidade e inculturação com a finalidade e preocupação de que o catequista cuide em traduzir o essencial da mensagem proclamada, a fim de que essa mensagem possa ser assimilada e acolhida pela cultura (cf. DGC 112). Como atingir as pessoas com uma linguagem que deixe transparecer a beleza da fé cristã e ao mesmo tempo seja compreensível para as pessoas deste mundo tão diversificado?

No número 203 vemos como o DGC retoma de forma sintética tarefas de uma catequese para a inculturação da fé: conhecer em profundidade a cultura das pessoas e o grau de profundidade de penetração nas suas vidas; reconhecer a dimensão cultural do Evangelho, anunciando-o como força transformadora e regeneradora de forma transcendente e não exaustiva; importa desenvolver uma linguagem da fé que seja patrimônio comum, geradora de comunhão entre os fiéis; manter íntegros os conteúdos da fé da Igreja, porém levando em consideração a situação cultural e histórica dos interlocutores.

O Diretório Geral para a Catequese apresenta a necessidade de, ao se aproximar das culturas, verificar onde se encontram as "sementes do Verbo". A partir daí, buscar a melhor alternativa de ação de modo a não apenas promover uma ação que gera "assimilação intelectual do conteúdo da fé, mas também toca o coração e transforma a conduta." Este trabalho de encarnação do Evangelho envolve todos aqueles que convivem no mesmo contexto cultural, isto é, envolve o Povo de Deus em sua totalidade.

Há um destaque para a catequese com jovens e adultos que se torna o meio mais adequado para realizar a inculturação, já que estes interlocutores são os que podem colaborar mais efetivamente na comunidade eclesial e também influenciar as mudanças sociais. São faixas etárias que podem ajudar a formar, deformar ou reformar um grupo.

Outra via interessante no processo de inculturação da fé é considerar a relação entre a catequese e a liturgia. Há uma profunda riqueza de sinais, gestos, símbolos que facilitam o acesso e a experiência mistagógica do Povo de Deus, desde os mais simples até os mais doutos. A linguagem litúrgica, especialmente através dos ritos, favorece a imersão no mistério pascal de Cristo. Atualmente, vemos que a Iniciação à Vida Cristã torna-se um grande meio de animação missionária e inculturada.

Os meios de comunicação social também são recomendados pelo DGC, seguindo a orientação pós-conciliar, especialmente através do Decreto *Inter Mirifica*. O Papa João Paulo II, na Encíclica *Redemptoris Missio* (*RM*), afirmou: "A evangelização da cultura moderna depende, em grande parte, da sua influência" (*RM* 37). Muitos ambientes a serem evangelizados são considerados pelo texto. São eles: pesquisa científica, relações internacionais, defesa dos direitos das pessoas, salvaguarda da criação, entre outros. São João Paulo II os denominou "areópagos modernos" (*RM* 37).

O Diretório Geral para a Catequese apresenta a necessidade de inculturação em países de origem cristã recente, que necessitam de consolidação da fé e também países de tradição cristã, que necessitam de nova evangelização. Em todos estes ambientes vemos o pluralismo étnico e religioso, secularismo, diferenças no desenvolvimento econômico-social.

Finalmente chegamos ao Diretório para a Catequese de 2020 que, no índice temático, apresenta 29 parágrafos sobre inculturação. Logo no início, afirma que a catequese deve propiciar uma dinâmica de amadurecimento, crescimento e transformação, concebida como ação espiritual e considerada "maneira original e necessária de inculturação da fé" (DC 3).

Na mesma linha do Diretório de 1997, o atual se apresenta como ferramenta para a elaboração de diretórios nacionais ou locais, oferecendo princípios teológico-pastorais e orientações gerais para que a inculturação catequética aconteça em cada contexto eclesial.

O Diretório para a Catequese apresenta o capítulo XI com o título: "A catequese a serviço da inculturação da fé". No entanto, em todo o documento encontramos outros números com vários aspectos da ação eclesial que valorizam o diálogo com o mundo moderno. É o que se vê, por exemplo, no capítulo X, que trata da "Catequese diante dos cenários culturais contemporâneos". Neste capítulo, a novidade se dá quando a cultura digital é apresentada como fenômeno religioso. Além desse assunto tão atual e tão vivenciado por todos durante a pandemia do coronavírus, que assolou a humanidade no ano de 2019, o Diretório aponta também a necessidade de diálogo com vários outros contextos: urbano e rural, piedade popular, ecumenismo e pluralismo religioso, questões de bioética, compromisso ecológico, ambiente de trabalho, compromisso com os pobres.

Se a catequese está na linha de frente da ação evangelizadora da Igreja, ela precisa estar conectada com a realidade do mundo, para que estas situações não sejam vistas como empecilhos, mas como oportunidades, nas quais a catequese precisa realizar o processo de inculturação e, assim, apresentar a novidade do Evangelho.

Como é positivo quando o catequista e a comunidade eclesial ficam atentos ao processo de recepção da fé de cada pessoa que entra em contato com o anúncio querigmático. Quem é esta pessoa? Que história traz consigo? O que veio buscar em nossa comunidade? O que encontrou? Que itinerários podem ser apresentados, de modo que ela possa ser acolhida, integrada, acompanhada, formada e enviada em missão?

Ainda na trilha do Diretório Geral da Catequese de 1997, o atual também valoriza a importância dos catecismos locais como "síntese orgânica e básica da fé", porém em referência à cultura em que seus destinatários estão imersos. Sugere-se, então, para facilitar a inculturação da fé de seus fiéis, que a diocese procure produzir seus subsídios catequéticos, de modo que facilite esta imersão do Evangelho no ambiente cultural dos catequizandos.

Fazendo um paralelo entre os três Diretórios, percebemos que todos eles acentuam a necessidade de entrarmos em diálogo com o mundo atual, a fim de conhecermos as alegrias e esperanças das pessoas, em seu meio cultural e social. Partindo da "inspiração de Deus" procuremos na "respiração da realidade" os meios mais adequados para transformar a sociedade a partir do testemunho vivo e do anúncio explícito da Boa-nova.

Quando colocamos lado a lado o Diretório Geral para a Catequese e o Diretório para a Catequese, percebemos no segundo, uma releitura do primeiro. Praticamente todos os pontos foram retomados, em especial a importância dada aos catecismos das Igrejas particulares, tendo como referência maior o Catecismo da Igreja Católica.

O Catecismo traz a síntese da fé católica; o Diretório, por sua vez, apresenta os critérios e orientações para organizar melhor este antigo e sempre atual ministério da Igreja. Cabe às Conferências Episcopais, Dioceses, Paróquias e cada catequista a missão de traduzir toda esta riqueza em mensagem e linguagem acessível a toda pessoa desejosa em realizar um caminho de conversão e seguimento a Jesus Cristo.

Por isso, os Diretórios recomendam o catecumenato como via de inculturação da fé. Outro ponto em comum e que diz bastante respeito à realidade catequética é a valorização do processo catecumenal, como grande via da inculturação da fé, numa ótica missionária. Com a reedição do RICA, em 2001, a Igreja do Brasil abraçou a catequese de inspiração catecumenal não como uma "moda", mas com a compreensão de que este "modo" de evangelizar colabora muito com a formação de discípulos missionários de Jesus, capazes de viverem a vocação de serem "sal da terra e luz do mundo" (Cf. Mt 5,13-16). A formação progressiva e integral do candidato favorece a imersão gradual no mistério de Cristo, através da *metanoia*, da conversão de vida. O cristão que procura encarnar sua fé, animado pela Palavra de Deus, sustentado pelos sacramentos – em especial a Eucaristia – formado e acompanhado pela comunidade eclesial em espírito de unidade, irradia esta mesma fé onde quer que esteja. Não é à toa que os cristãos eram chamados, nos primórdios da Igreja, de "iluminados".

O momento atual se apresenta como especial oportunidade de usarmos as atitudes da desafiante e necessária inculturação da fé, como Jesus nos ensinou: aproximação, diálogo, revelação, comunhão, missão.

4. Ícone bíblico: Semeadores da Palavra

Diante de tão rica reflexão feita pelo Diretório, apresentamos aqui para nos ajudar nesse processo de aprofundamento do tema inculturação da fé, o texto bíblico do Evangelho de Lucas 8,4-15, a Parábola do Semeador e sua explicação para os discípulos. Este relato bíblico vai ao encontro dos elementos oferecidos anteriormente, no que diz respeito à metodologia no processo de inculturação da fé. Nele, encontramos elementos inspiradores com a finalidade de contribuir com a catequese.

O Evangelho de Lucas apresenta Jesus como o Homem do Caminho. Jesus em seu ministério itinerante quer *formar* os seus discípulos, cuja finalidade é proclamar o Reino de Deus através de cidades e povoados que visitava. A finalidade do ensinamento de Jesus através da Parábola do Semeador é um elemento constitutivo da comunidade que está nascendo ao redor de Jesus, cuja principal característica está na atitude da *escuta da Palavra*. Inclusive os dois relatos seguintes (a parábola da lâmpada e a verdadeira família de Jesus) estão nessa mesma lógica da *escuta* como condição para o seguimento. Apresentaremos aqui um percurso inspirado nessa parábola cuja finalidade está a estreita relação entre catequese e inculturação da fé.

a) *Capacidade de sair:* o ato de sair é mais do que apenas um movimento para fora, é um estilo de ser Igreja que encontra seu apoio na proposta do Papa Francisco que deseja uma Igreja toda em *saída*, capaz de chegar as realidades mais remotas da terra. Uma saída despretensiosa de conter todas as verdades (cf. *EG* 20-23);

b) *O ato de semear:* esse gesto pertence ao semeador. É sua tarefa específica. Portanto, a "semente que, uma vez lançada à terra, cresce por si mesma, inclusive quando o agricultor dorme (cf. Mc 4,26-29)" (*EG* 22). Essa é a força e o dinamismo que são próprios da Palavra. Porém, para proclamar a mensagem na cultura, o Espírito conta com a participação humana.

c) *Desenvolver capacidade de escutar e ver:* essa participação humana na participação da obra do Espírito deve considerar a capacidade de escuta que está para além da atitude de respeitar o outro diferente que já possui uma história concreta, mas está no gesto em deixar o Espírito falar e agir através desse *outro diferente*. O Espírito é sempre o protagonista da ação. O catequista necessita desenvolver essas duas habilidades, nelas se encontra aquilo que o Diretório nos alertou sobre a capacidade de "compreender a cultura como lugar hermenêutico da fé" (DC 396). O catequista que desenvolve essas duas habilidades é capaz de respeitar a cultura do outro sem impor a sua visão de mundo.

d) *Desenvolver a capacidade e desejo de perguntar e conhecer:* a exemplo dos discípulos que perguntam a Jesus, o catequista de nossos dias, é chamado a realizar perguntas e permitir ao outro expressar as suas questões sobre o sentido das coisas no desejo de conhecer os mistérios do Reino de Deus (cf. Lc 8,10).

Estabelece-se hoje, diante da realidade presente, assim como no tempo de Jesus, o ato de encontrarmos muitas pessoas vindas de várias cidades, com suas culturas e situações de vida. É possível evangelizar e anunciar o Evangelho, levando em conta esta riqueza desafiadora de situações tão diferentes e que encontramos em nossos grupos de catequese. Para isso, será necessário estarmos sempre num processo de formação continuada e de muita sensibilidade ao que o Espírito Santo inspira à sua Igreja, para que a semente da Palavra possa florescer, dando frutos, sejam eles 30, 60 ou 100. Não importa o resultado e, sim, o quanto a Palavra e os Sacramentos fizeram frutificar na vida das pessoas, das comunidades e da sociedade.

O documento 107 da CNBB, que trata da *Iniciação à Vida Cristã: itinerário para formar discípulos missionários*, nos diz que é necessário que cada comunidade favoreça espaços para a experiência da fé que considere as inquietações e possibilidades de cada pessoa. E nos sugere algumas pistas de ação, tais como, conhecer as características de cada grupo, bem como compreender suas necessidades, de modo a integrar a fé cristã e a cultura do grupo, através do que pode ser complementado ou o que precisa ser purificado.

5. Linhas de inspiração para ações pastorais

Retomando o processo de inculturação na Igreja, vemos como os apóstolos seguem este caminho, obedecendo ao último mandato de Cristo: "Ide pelo mundo inteiro e anunciai a Boa-nova a toda a criatura!" (Mc 16,15). Com a vinda do Espírito Santo em Pentecostes, estes discípulos assumem a missionariedade e vão por toda a parte falando de tudo o que viram e ouviram, testemunhando a morte e ressurreição de Jesus. Nestes caminhos, formam comunidades, entram em contato com diversas sociedades e modos de agir que pedem ações adequadas a cada realidade, para que a mensagem do Evangelho possa ser anunciada.

A ação do Apóstolo Paulo torna-se um ícone desta ação inculturada, especialmente quando discursa para os atenienses, que não entendiam o que ele falava sobre "Jesus e Ressurreição". Paulo começa, assim, sua evangelização no areópago: "Atenienses, em tudo eu vejo que sois extremamente religiosos" e anuncia aquele que eles adoram sem conhecer (Cf. At 17,16-34). Muitos caçoaram dele, outros abriram o coração e se converteram. Em seguida, não apenas São Paulo, mas todos os demais apóstolos e seguidores de Cristo foram espalhando a semente da fé no coração de pessoas, grupos, cidades, nações. E tudo isso até os dias de hoje.

O caminho tem sido fácil? Todos sabemos que não. Houve e ainda há empecilhos, perseguições, martírios, acertos e erros. No entanto, a Palavra de Deus vai sendo semeada sem interrupção, alcançando os quatro cantos da terra, com todas as suas características geográficas, sociais, políticas, culturais.

Fazemos memória do padroeiro dos catequistas do Brasil, São José de Anchieta, nascido nas Ilhas Canárias e enviado para estudar em Portugal. Quando adolescente conhece e ingressa na Companhia de Jesus. Aos 19 anos o jovem noviço foi enviado ao Brasil por seus superiores, que atenderam ao pedido do Pe. Manoel da Nóbrega por mais reforços na missão em terras brasileiras. Em 1553 desembarca junto com outros companheiros em Salvador. Apesar da saúde extremamente frágil, Anchieta desenvolveu um trabalho de gigante: percorreu e fundou colégios e cidades, entre elas São Paulo. Defendeu-os dos abusos feitos por colonizadores, porque estava inserido e atento à vida social da época. Foi poeta, músico, teatrólogo, conselheiro, mediador de conflitos, enfim... por mais de quarenta anos, missionário incansável pela causa do Evangelho, até falecer em 1595. Apóstolo do Brasil, padroeiro dos catequistas.

O grande desafio que se instala hoje no processo de evangelização e catequese, a partir das reflexões apresentadas pelo DC, é de estabelecer em nossas realidades o profundo desejo de superação de qualquer manipulação ou forma de adaptação de uma cultura. A proposta que se instala está na direção de buscar uma expressão própria do Evangelho na realidade mesmo da cultura de maneira criativa, da forma que, dentro dessa dinâmica, se estabeleça uma estreita relação entre cultura e Evangelho. A partir dessa íntima relação, a cultura revela a novidade do Evangelho e ao mesmo tempo, o Evangelho revela novas possibilidades da cultura. A finalidade em tudo isso está que o Evangelho faça crescer os valores já existentes em cada cultura, se necessário purificando-a, de forma que a fé tenha uma direta influência no modo de ser de cada pessoa com a finalidade da construção do Reino de Deus.

Em um processo de inculturação da fé em perspectiva catequética há sempre que assumir uma atitude de simplicidade que é consequência da renúncia a todo tipo de superioridade diante do outro e da sua cultura. Assumindo essa atitude no processo de inculturação, acontece um duplo aprendizado, à medida que o evangelizador evangeliza é também evangelizado.

O catequista no processo de inculturação da fé deve considerar a questão da linguagem, porque realizar um processo de inculturação é aprender uma nova linguagem e respeitá-la. O catequista não deve impor a sua linguagem, mas a partir do Evangelho ajudar a própria comunidade a repensar para expressá-la, conforme o dinamismo próprio da cultura.

Nessa perspectiva temos vários testemunhos em nossa tradição cristã, alguns mais antigos, outros mais recentes. Entre eles vamos encontrar o Beato Carlo Acutis, adolescente inglês criado na Itália e que foi citado pelo Papa Francisco na Exortação Pós-Sinodal *Christus Vivit*. Ele faleceu de leucemia em 2006, aos 15 anos de idade. Seu diferencial estava num grande amor à Eucaristia (fazia visitas diárias ao Santíssimo Sacramento), de modo que criou um site onde postava os milagres eucarísticos de santuários ao redor do mundo. Diz o papa que "ele foi capaz de usar as novas técnicas da comunicação para transmitir o Evangelho, para comunicar valores e beleza" (n. 105), e, através da busca de uma linguagem atual, sobretudo em relação aos jovens, apresentou Jesus Cristo.

Outro exemplo é o Apóstolo do Brasil, São José de Anchieta. Ele e Carlo Acutis usaram, cada um a seu tempo, de métodos que foram diferenciados. Mas o que os une e a todos os ardorosos cristãos, canonizados ou não, é a vontade de que Jesus seja mais conhecido, amado, testemunhado e servido. O Espírito Santo os capacita e inspira para que o Evangelho possa chegar a todos. Quantos catequistas são capazes de reinventar as formas e os meios de realizar sua missão enfrentando desafios de todos os tipos: falta de apoio de familiares seus e dos catequizandos, violência urbana, insuficiência de recursos materiais, longas distâncias, formação deficiente, problemas na comunidade eclesial, luta pela própria sobrevivência, entre tantos outros.

No decorrer desta dolorosa pandemia, originada pelo novo coronavírus, toda a Igreja e, de um modo muito particular os catequistas, precisaram buscar novas formas de anunciar o Evangelho, especialmente através das plataformas digitais. Uma vez que a Palavra de Deus não faz "quarentena", todos precisamos nos adequar às mídias sociais para que nossos catequizandos pudessem ser alcançados pela Boa-nova de Jesus de uma maneira diferente, porém real.

6. Para refletir

"O serviço de inculturação da fé a que cada Igreja em particular é chamada é um sinal da perene fecundidade do Espírito Santo que agracia a Igreja universal." (DC 394).

1. Em sua comunidade eclesial você percebe este serviço de inculturação da fé? De que forma?

2. A inculturação da fé é desafiadora, apresentando riscos e suscitando encantamento por parte dos evangelizadores. Vamos conversar sobre estes desafios a serem enfrentados?

3. Refletir sobre como o processo de Iniciação à Vida Cristã pode ser um dos meios de atingir pessoas e comunidades em sua realidade cultural.

PARTE IV

OS INTERLOCUTORES E A URGÊNCIA DO ANÚNCIO

Abrimos essa última parte do livro com o texto *A catequese na vida das pessoas*, de Ir. Sueli da Cruz Pereira, que aprofunda o oitavo capítulo do Diretório para a Catequese e quer ajudar o leitor a perceber que a Igreja deve estar sempre mais preocupada em oferecer uma catequese adequada no que diz respeito à grande diversidade de situações em que as pessoas se encontram. A catequese deve estar pensada para atingir a vida das pessoas, onde elas se encontram e do jeito que elas se encontram. Segundo a autora, é desafio para a Igreja desenvolver sua missão evangelizadora sempre numa atitude de diálogo e abertura para com as novas realidades sem perder a essência do anúncio da mensagem que é chamada a realizar.

Ir. Balbino Eduardo Juárez Ramírez, ao aprofundar um tema específico *O querigma no Diretório para a Catequese: Um anúncio de Jesus Cristo belo, credível e humanizante*, contribui num primeiro momento para uma verdadeira revisitação do tema a partir dos Documentos do Concílio e do pós-Concílio. Apresenta o tema do querigma de forma clara e objetiva na ideia de instaurar um caminho de escuta e discernimento com os interlocutores e faz o leitor perceber o querigma como resposta que faz voltar sempre a Jesus Cristo.

Um terceiro tema específico dentro do âmbito da catequese e evangelização é a contribuição do Pe. Antônio Marcos Depizzoli com o texto *Pessoas com deficiência na Catequese*. Ao refletir sobre a relação entre catequese e as pessoas com deficiência, o autor apresenta a perspectiva de uma catequese que vá assumindo cada vez mais o jeito de ser a partir da sinodalidade. Uma catequese que, ao acolher a pessoa com deficiência, pode contribuir com o crescimento de uma comunidade cristã aberta e inclusiva.

CAPÍTULO 12

A catequese na vida das pessoas

Ir. Sueli da Cruz Pereira[95]

Introdução

O capítulo VIII do Diretório para a Catequese (DC) trata da temática "a catequese na vida das pessoas" (224-282), em que são apresentadas as principais características a serem levadas em consideração no caminho catequético dos diversos grupos: catequese e família; catequese com crianças e adolescentes; catequese na realidade juvenil; catequese com adultos; catequese com idosos; catequese com pessoas com deficiência; catequese com migrantes; catequese com emigrantes; catequese com pessoas marginalizadas.

Queremos aqui dialogar com este capítulo, identificando alguns elementos que possam contribuir com nossa prática catequética, a partir de uma análise que possibilite perceber os desafios e as possibilidades de uma atuação evangelizadora na vida das pessoas.

---

95. Sueli da Cruz Pereira é religiosa da Congregação das Irmãs Dimesse, Filhas de Maria Imaculada. Doutora em Teologia Sistemática pela Pontifícia Universidade Católica do Rio de Janeiro. É membro do GREBICAT (Grupo de Reflexão Bíblico-catequética da CNBB) e da SBCat (Sociedade Brasileira de Catequetas).

1. A catequese na vida das pessoas: uma análise do conteúdo do Diretório

Ao tratar da catequese na vida das pessoas, o DC evidencia a importância de ser oferecida pela Igreja uma catequese adequada no que diz respeito às diversidades das pessoas e das diferentes realidades nas quais estão inseridas. Para isto, oferece, de forma geral, algumas reflexões que contribuem para a elaboração de "caminhos de catequese" que estejam de acordo com a realidade de cada grupo de pessoas.

É interessante notar que ganha destaque nas indicações dadas para cada grupo não somente a questão das idades das pessoas, mas também outros elementos como as características de diversos grupos. Por isso, o DC n. 225 cita a importância de ter presente os dados antropológico-evolutivos e teológico-pastorais no processo catequético. Tais dados referem-se a elementos como a idade e o contexto social, cultural e religioso de cada pessoa e de cada grupo, marcados por suas especificidades, que se forem bem compreendidas será possível atingir os objetivos que a catequese se propõe.

O primeiro grupo a ser evidenciado no DC é a família. Certamente ela é o lugar primordial onde tudo se começa. A família é uma igreja doméstica, através da qual a pessoa dá seus primeiros passos na fé e é introduzida na vida da Igreja. Assim, sublinhando o seu valor para a Igreja e para a sociedade, o DC desenvolve o tema da catequese e família em três aspectos: catequese *na* família, catequese *com* a família e catequese *da* família. Logo após, dá algumas indicações pastorais e sublinha os desafios dos novos contextos familiares.

Os pontos sobre a catequese na família (DC 227-228) referem-se à transmissão da fé que se dá de forma natural, em que o anúncio de Jesus Cristo se realiza espontaneamente através da vivência dos valores cristãos, da oração e do amor. Assim, a catequese na família se desenvolve naturalmente. São ensinamentos e transmissão do Evangelho que se dão no dia a dia, sem precisar de um roteiro ou um programa específico. O DC valoriza o Sacramento do Matrimônio como participação no mistério de amor entre Cristo e a Igreja, e, com isso, aqueles que dele participam têm a missão de testemunhar esse amor.

Podemos apontar para um caminho de mão dupla nos pontos sobre a catequese com a família (DC 229-230). Sendo a família, como vimos acima, um lugar onde a fé é transmitida naturalmente, e onde a Igreja é formada por famílias, cabe à Igreja ajudar na formação das famílias, para que estas possam aprofundar a fé que é transmitida pela Igreja. Com isso, a família tem a possibilidade de contribuir com mais solidez na evangelização. Nesses pontos, o DC destaca a importância do querigma que perpassa a catequese com as famílias.

Apesar de não desenvolver o que é o querigma aqui, pois já o fez nos capítulos anteriores, vale ressaltar que ao falar de querigma o DC refere-se ao "primeiro anúncio", o anúncio de Jesus Cristo, que deve estar no centro de toda atividade evangelizadora e perpassar todo o processo catequético. As famílias fazem esse anúncio e o repetem de diversas formas através do seu cotidiano, e por isso são de fundamental importância para a missão evangelizadora.

Por anunciar Jesus Cristo de forma natural para os filhos e com isso vivenciar seus ensinamentos a ponto de ser testemunha para os que estão ao seu redor, a família se torna evangelizadora, e assim podemos falar de uma catequese da família (DC 231). A família é chamada a ultrapassar seus limites internos de anúncio de Jesus apenas aos filhos, pois assim o fazendo torna-se também testemunha de seu seguimento para a sociedade, e, assim sendo, a família também pode e deve contribuir nas atividades evangelizadoras da comunidade eclesial.

Para a temática da catequese e família o DC no n. 232 dá algumas indicações pastorais, que se bem desenvolvidas por nossas comunidades, podem contribuir para uma renovação da própria comunidade, passando de uma pastoral de manutenção para uma pastoral querigmática, mistagógica e missionária. Podemos destacar aqui o devido acompanhamento da comunidade em alguns momentos que são de suma importância para que a família possa vivenciar e testemunhar Jesus Cristo, no qual ganha destaque a preparação dos noivos a partir de um processo de inspiração catecumenal, o acompanhamento dos jovens casais de esposos, a catequese com os pais que pedem o Batismo para seus filhos, o acompanhamento dos pais que têm filhos em processo de iniciação cristã, dentre outros.

A nosso ver, o DC poderia ter aprofundado um pouco mais a questão dos novos contextos familiares (233), visto que é uma temática urgente e necessária para a nossa época. Certamente cada realidade traz seus desafios e estamos vivenciando este desafio global que nem sempre como Igreja conseguimos dialogar com ele. O DC cita diversas situações familiares, como "novas relações, novos casais, novas uniões e novos casamentos". Muitas famílias vivem essa experiência atualmente e o DC aponta para a solicitude da Igreja em acompanhá-las com amor maternal, integrando-as da melhor forma possível. Dentre estas ganham destaque as que vivem as chamadas situações "irregulares", para as quais pode ser vista a participação em grupos de família, já existentes ou a serem criados, com a finalidade de serem acompanhadas.

Após tratar da catequese e família, sublinha quatro grupos de acordo com a faixa etária: catequese com crianças e adolescentes; catequese na realidade juvenil; catequese com adultos; e catequese com idosos.

O DC nos números 236-243 confirma a tradição da Igreja em relação à catequese com crianças e adolescentes. Respaldado tanto pelos Padres da Igreja quanto pela antropologia e pela pedagogia, acentua a capacidade de discernimento e de condições humanas e intelectuais para compreenderem e vivenciarem uma catequese que as leve a saborear o mistério de Deus, através da participação nos sacramentos da iniciação cristã. Confirma os valores de uma catequese na primeira infância que, a partir de suas experiências religiosas, faz com que a criança receba o primeiro anúncio, o querigma, ainda na família. Assim, o DC acentua a segunda infância (dos seis aos dez anos) como o período para uma catequese propriamente dita, a partir de uma programação articulada e que siga a inspiração catecumenal.

A catequese na realidade juvenil (DC 244-256) foi subdivida em: catequese com pré-adolescentes, catequese com adolescentes e catequese com jovens. O DC ressalta a importância dos jovens para a vida da Igreja, pois na relação com eles a Igreja tem a possibilidade de rejuvenescer e ao mesmo tempo oferecer uma renovada proposta de fé para eles. Um dos elementos a ser valorizado é a linguagem dos jovens. É preciso aprender a falar de Jesus a partir da linguagem deles. Além disso, outro elemento que também deve ser valorizado é o seu protagonismo. Eles não são meros receptores.

É interessante notar que nos pontos referentes à realidade juvenil, o DC parece se referir a adolescentes e jovens que já fizeram um caminho de iniciação cristã enquanto crianças, mas sabemos que muitos adolescentes e jovens não percorreram esse caminho, e para estes também é necessário um itinerário de inspiração catecumenal, o qual o DC não faz referência direta para este grupo.

No que se refere à catequese com pré-adolescentes (dos dez aos quatorze anos) destaca-se o devido acompanhamento para essa fase da vida, que é de passagem e de reformulação da imagem de Deus recebida na infância. Mais uma vez, o DC enfatiza a importância do querigma para esta fase, na qual Jesus é anunciado como um irmão ou um amigo muito íntimo, que é próximo de sua realidade.

Os adolescentes (dos quatorze aos vinte e um anos) são caracterizados pelo impulso à independência e, ao mesmo tempo, pelo medo de estar distante da família. É uma fase que exige uma dedicação especial no processo do acompanhamento, porque muitas questões fundamentais que a vida adulta no futuro exigirá, precisam ser estabelecidas nessa faixa etária. Para essa tarefa de um acompanhamento sério e responsável se necessitam de pessoas preparadas, que deem principalmente testemunho a partir da coerência de sua vida.

Em relação aos jovens, o DC destaca a realidade atual pela qual o jovem é envolvido e desafiado a desenvolver, mesmo diante de tantos obstáculos. Assim, há uma diversidade de realidades nas quais os jovens estão imersos e que levam muitas vezes a lutar pela vida ou desanimar. Muitos jovens desanimam da vivência na comunidade eclesial, enquanto outros estão totalmente engajados, evangelizando outros jovens. Além disso, o DC sublinha que muitos jovens não conseguem fazer a passagem para a vida adulta, porque, sobretudo, ainda não se tornaram independentes em relação à vida financeira e à vida emocional. Muitos deles não conseguem sair da comodidade que a casa dos pais oferece para construir uma vida autônoma. Diante dessa constatação é importante preparar catequistas, homens e mulheres capazes de oferecer uma reflexão sólida que possibilite ao jovem de hoje um caminho de discernimento.

A catequese com adultos é um dos tópicos mais desenvolvidos nesta parte e, assim, percebe-se a importância dada pelo DC para tal temática. O Diretório insiste diretamente no catecumenato como modelo inspirador para uma catequese com adultos. O DC destaca alguns tipos de grupos de adultos para os quais a catequese pode ser destinada: adultos que creem, que vivem a sua fé e desejam aprofundá-la; adultos que apesar de serem batizados não são adequadamente formados ou não foram até o fim da iniciação cristã e podem ser chamados quase de catecúmenos; adultos batizados que, apesar de não viverem ordinariamente a sua fé, procuram um contato com a comunidade eclesial em alguns momentos particulares da vida; adultos que provêm de outras confissões cristãs ou de outras experiências religiosas; adultos que retornam a fé católica depois de terem tido alguma experiência nos novos movimentos religiosos; adultos não batizados a quem se dirige o catecumenato verdadeiro e próprio (DC 258).

Em respeito e sintonia com sua condição, os adultos devem ser tratados como adultos, como protagonistas de seu processo em conjunto com os catequistas. A catequese com adultos tem por objetivo gerar cristãos adultos na fé. Para isto, também há a necessidade de se ter catequistas preparados, que possam acompanhá-los no processo de iniciação. Para o catecumenato propriamente dito, o introdutor também é uma figura de suma importância nesse processo, mas o DC não o menciona aqui.

O próximo tema é a catequese com idosos. O DC solicita que haja nas comunidades uma valorização dos idosos. A catequese para eles deve ter presente a situação pessoal e social de cada um, de modo que favoreça sempre a esperança e de se sentirem acolhidos na comunidade, sentindo-se valorizados pelo que são e pelo que vivem e viveram. O idoso é visto pelo DC como um "catequista natural da Comunidade", pois sua vida ensina a ter uma rica experiência de fé.

O DC trata de outros grupos, de acordo com a realidade de cada um: catequese com pessoas com deficiência, catequese com migrantes, catequese com emigrantes e catequese com pessoas marginalizadas (cf. DC 269-282).

As pessoas com deficiências devem, em primeiro lugar, ser tratadas com respeito e cuidado, antes de tudo são *pessoas* como qualquer outra. O DC valoriza a presença delas na vida da comunidade eclesial, pois muito têm a contribuir no seu crescimento, convidando-as a superar os preconceitos impostos pela sociedade e as chama a acolher a diversidade, incluindo-as ao invés de descartá-las. É nobre ver que o DC afirma que pessoas com deficiência[96] podem ser catequistas, e este é um grande passo que favorece a inclusão.

Uma temática atual e agora globalmente presente é a migração. Uma catequese com migrantes requer uma grande abertura da comunidade eclesial para acolher e acompanhar as pessoas que vêm dessa dura experiência, marcada principalmente pela guerra e pela fome, além de outros fatores como a violência, a perseguição, a violação da liberdade, o empobrecimento, as mudanças climáticas e a mobilidade dos trabalhadores causada pela globalização. A Igreja ao ser solidária e acolhedora também testemunha o Evangelho. E é chamada onde há a presença dos migrantes a ajudá-los na vivência de sua fé para não os abandonar, através de um acompanhamento, da catequese, da liturgia e da celebração dos sacramentos, levando sempre em consideração suas raízes culturais e religiosas. Ganha destaque os migrantes que vêm das Igrejas *sui iuris*, isto é, das Igrejas católicas orientais, que têm ritos e tradições próprias, e por isso as Igrejas que os acolhem precisam manter um fecundo diálogo e colaboração, a ponto de se ter catequistas que se preparam para a missão de acompanhá-los no caminho da fé.

Também ganha destaque o grupo dos emigrantes, isto é, aqueles que saem de seu país para outros países ou aqueles que migram dentro do próprio país saindo de sua localidade para outra. Quando os emigrantes estão num outro país e ali se estabelecem,

---

96. A temática da pessoa com deficiência será refletida no capítulo 14 – Pessoas com deficiência na Catequese pelo Pe. Antônio Marcos Depizzoli.

198

a Igreja tem a missão de acompanhá-los, como vimos acima, mas há possibilidade por parte dos bispos de envio de presbíteros, consagrados e leigos missionários para acompanhar e reunir o grupo de fiéis que migraram daquela determinada localidade. A estes pode ser oferecida uma catequese de iniciação cristã, em consonância com a Igreja local. O DC também contempla a possibilidade de retorno temporário dos emigrantes aos seus países de origem para celebrar determinadas festas tradicionais. Muitos aproveitam dessa ocasião para pedir os sacramentos para si ou para seus filhos. Porém, O DC alerta para a necessidade de uma preparação adequada para a recepção dos mesmos e por isso deve ser averiguado se isto realmente ocorreu. Caso contrário, que seja providenciada.

Por fim, o Diretório trata da catequese com as pessoas marginalizadas, dentre as quais cita como exemplo os refugiados, os nômades, os sem-teto, os doentes crônicos, os toxicodependentes, os encarcerados e as pessoas escravas da prostituição. Dentre estes o Diretório trata apenas dos encarcerados. Ao falar de uma catequese nos cárceres o DC aponta para o cárcere como um lugar limítrofe, isto é, de fronteira, de missão, ao qual a Igreja é desafiada a se fazer presente, tendo em vista a possibilidade de anunciar Jesus Cristo para que os encarcerados possam fazer uma experiência de perdão e de libertação. Através de sua prática misericordiosa e solidária, a Igreja anuncia Jesus Cristo. É preciso considerar cada realidade e cada situação para a realização do primeiro anúncio e da catequese propriamente dita.

Vale ressaltar que diversas vezes o DC evidencia a necessidade de formação dos(as) catequistas. Devem ter uma devida formação e preparação específica de acordo com os grupos que são chamados(as) a acompanhar, pois cada um tem sua especificidade, que exige conhecimento, para que a evangelização seja efetivada de forma adequada.

2. O conteúdo e sua relação com os Documentos do Magistério

Como já sabemos, o atual Diretório para a Catequese não é um documento isolado e podemos dizer que está em sintonia com as renovações trazidas pelo Concílio Vaticano II. Após o Concílio, a Igreja promulgou dois diretórios para catequese: o primeiro, o Diretório Catequético Geral (DCG), de 1971, e o segundo, o Diretório Geral para a Catequese (DGC), de 1997. Lançado depois de 23 anos do segundo Diretório, o atual DC mantém sintonia com as reflexões anteriores, mas traz atualizações necessárias em seu conteúdo para o mundo atual, que passou por diversas mudanças em todos os âmbitos e, de modo particular, no âmbito cultural. Podemos já notar tais atualizações na temática da catequese na vida das pessoas no próprio texto respaldado por documentos atuais do magistério, como também novidades em relação aos dois diretórios anteriores, como veremos a seguir.

Podemos notar, nas entrelinhas do capítulo VIII do DC, uma profunda sintonia com os documentos conciliares e salta aos olhos as referências diretas a documentos da Igreja que tratam dos temas presentes no capítulo, isto é, que fazem referência aos diversos grupos de pessoas em sua relação com a catequese. Os principais são os diretórios precedentes, como já afirmamos. No DGC há diversas citações do *Catechesi Tradendae* (CT), de 1979, que indiretamente estão presentes no DC. Outros documentos citados são de São João Paulo II, na *Redemptor Hominis*, de 1979, e na *Familiares Consortio* (FC), de 1981, como também de Bento XVI, na *Caritas in Veritate*, de 2009. Porém, os que mais se destacam são os documentos de Papa Francisco, que dialogam com o mundo atual. São citações de exortações, encíclicas, discursos e homilias. Aqui queremos destacar duas exortações que tratam da família e dos jovens.

Ao tratar da temática catequese e família, o DC cita diversas vezes a Exortação Apostólica *Amoris Laetitia* (AL), documento mais atual, de 2016, que trata da *alegria do amor* que se vive nas famílias. Apesar de estarmos presenciando uma crise nas famílias, e de modo particular no matrimônio e nas novas configurações de casais, a *AL* tem como ponto de partida a valorização da família, visto que "o anúncio cristão sobre a família é verdadeiramente uma boa notícia" (*AL* 1).

Mesmo diante do contexto atual, a família continua a ser uma igreja doméstica e, por isso, seu papel é de fundamental importância para a evangelização. O primeiro anúncio de Jesus Cristo, o que chamamos de querigma, é realizado primeiramente na família, a partir de suas práticas religiosas e seu testemunho de vida. A *AL*, citando a *Evangelli Gaudium*, recorda que:

> Diante das famílias e no meio delas, deve ressoar sempre de novo o primeiro anúncio, que é o "mais belo, mais importante, mais atraente e, ao mesmo tempo, mais necessário" e "deve ocupar o centro da atividade evangelizadora". É o anúncio principal, "aquele que sempre se tem de voltar a ouvir de diferentes maneiras e aquele que sempre se tem de voltar a anunciar, de uma forma ou de outra". Porque "nada há de mais sólido, mais profundo, mais seguro, mais consistente e mais sábio que esse anúncio" e "toda a formação cristã é, primariamente, o aprofundamento do querigma" (*AL* 58).

A Igreja acredita na essência da família como portadora natural do primeiro anúncio, que é o anúncio de um Deus que ama, de um Deus amor, que através de muitas entregas foi capaz de dar a sua vida por nós, para nossa salvação, e o fez porque nos ama com amor infinito. A *AL* afirma que uma catequese sobre o matrimônio e a família precisam necessariamente considerar dois elementos fundamentais que se unem: a vida e a convivência familiar deverá ser o próprio itinerário de formação que, uma vez iluminado pela Palavra de Deus, inspiram uma nova vivência baseada no amor e na ternura capazes de promover a vida em sua plenitude (cf. *AL* 59). A família é um reflexo desse mistério do amor infinito do Pai que se manifesta no Filho que se entrega a nós e por nós.

Ressaltando a importância da família no processo de evangelização, o DC aponta para a necessidade de acompanhar desde o início aqueles que se preparam para o matrimônio, como também os jovens casais, tendo o respaldo da *AL* que afirma que a comunidade cristã deve prestar uma atenção especial ao contexto sociocultural no qual a família está inserida e oferecer itinerários sob o modelo de inspiração catecumenal com a finalidade de proporcionar um caminho de preparação que seja capaz de introduzir a uma prática consistente de vida e de fé no seio da Igreja e no mundo (cf. *AL* 205-206).

O DC traz presente os desafios que os novos contextos familiares trazem hoje e aponta para algumas possibilidades de exercer a missão evangelizadora diante desses desafios, no acolhimento e no amor misericordioso. E como já afirmamos anteriormente, o DC apresenta a temática de modo sintético, porém a *AL* desenvolve alguns aspectos de modo mais extenso, dando pistas de ação (cf. *AL* 291-312).

Outro documento citado na temática sobre a catequese no mundo juvenil é a Exortação Apostólica *Christus Vivit*, de 2019, que já em seu início refere-se a Cristo como modelo para os jovens: "Cristo vive: é Ele a nossa esperança e a mais bela juventude deste mundo! Tudo o que toca torna-se jovem, fica novo, enche-se de vida. Por isso as primeiras palavras, que quero dirigir a cada jovem cristão, são estas: Ele vive e quer-te vivo!" (*ChV* 1). Nesta Exortação, Papa Francisco faz ecoar diversas vezes o querigma, o primeiro anúncio aos jovens, apresentando um Deus que é amor, o Cristo que por amor nos salva e que vive e nos dá vida (cf. *ChV* 111-133). Ao vivenciar esta experiência de encontro com o Deus de amor, o jovem pode tornar-se protagonista na realização deste anúncio a outros jovens.

3. Novidades em relação aos Diretórios Catequéticos precedentes

Ao comparar o atual Diretório com os dois anteriores tornam-se perceptíveis algumas novidades na temática do capítulo VIII. Vemos como avanços uma linguagem atualizada e algumas pistas que respaldam a urgência de uma pastoral que seja perpassada pela inspiração catecumenal. Na época dos diretórios anteriores ainda não havia uma experiência maior em relação ao catecumenato como modelo inspirador para toda a catequese. Nesse sentido, o DC traz essa novidade enquanto documento oficial, que para muitas realidades já não é novidade, pois já estão vivenciando em sua prática catequética. Partindo da inspiração catecumenal, outro ponto que está sendo evidenciado é o querigma, o primeiro anúncio, como elemento fundamental para a catequese. E o DC confirma a necessidade de fazer este anúncio quantas vezes forem necessárias.

Outro avanço em relação à linguagem deu origem ao título esta reflexão: de destinatários a protagonistas. Os diretórios anteriores tinham como conteúdo "a catequese e seus destinatários" (cf. DGC 4ª parte). Embora afirme que *"no processo de catequese, o destinatário deve poder manifestar-se sujeito ativo, consciente e corresponsável, e não puro receptor silencioso e passivo"* (DGC 167; cf. DCG 75), à primeira vista parece que destinatário não é interlocutor ou protagonista no processo. O DC enfatiza diversas vezes o protagonismo das pessoas na evangelização, valorizando-o nos seus diversos aspectos. Vimos isto, por exemplo, quando se tratou da catequese na família. Ao mesmo tempo em que a família cristã é naturalmente uma evangelizadora, esta mesma família necessita de acompanhamento por parte da comunidade para aprofundar suas bases. Com isso, a família não é vista apenas como destinatária, mas também como protagonista na evangelização. E o mesmo é afirmado em relação aos jovens ou aos adultos que se inserem na vida da comunidade eclesial.

Podemos ressaltar, também, que nos diretórios anteriores frisava-se mais a questão da catequese por idades: "oferecem-se, pois, por direito, catequese por idades, diversificadas e complementares, provocadas pelas necessidades e capacidades dos destinatários" (DGC 171). Os outros grupos são tratados em capítulos diferentes. No DGC, por exemplo, há um capítulo sobre catequese para situações especiais, mentalidades e ambientes, já o DC, além da questão das idades, engloba outras realidades, denominando, então, o conteúdo de "catequese na vida das pessoas". Aqui há também uma preocupação de utilizar uma linguagem mais adequada para os grupos de pessoas, como as pessoas com deficiência, por exemplo, pois no DGC o termo utilizado na época era "portadores de deficiência e desajustados" (DGC 189).

O DGC em seu n. 271 já afirmava que "é pedagogicamente eficaz fazer referência à catequese dos adultos e, à sua luz, orientar a catequese dos demais momentos da vida". Em continuidade o DC reafirma a necessidade de ter o catecumenato, que era realizado com os adultos, como modelo inspirador para todas as etapas, inclusive com as crianças. Além disso, em sintonia com a *AL*, dá muita ênfase à formação das novas famílias, e convida a abandonar a denominação "cursos de preparação para o Matrimônio", para que se possa pensar numa "iniciação ao Sacramento do Matrimônio". E para dar continuidade a este processo, o DC propõe um acompanhamento de forma mistagógica aos recém-casados, para que possam compreender o sentido daquilo que abraçaram pelo Sacramento do Matrimônio.

Isto significa que, percorrendo estes passos, é oferecida a possibilidade de se vivenciar o itinerário e os elementos principais de um processo de inspiração catecumenal, em que a pessoa é gradativamente acompanhada e levada a compreender o que foi celebrado e celebrar o que foi compreendido. O DC também orienta que esta formação e acompanhamento sejam direcionados aos pais e padrinhos que pedem o batismo para seus filhos, e que sejam realizadas em um período suficiente (cf. DC 232), pois sabemos que em diversas realidades a preparação ao batismo de crianças se dá em pouquíssimos encontros, sem um devido acompanhamento.

O DC está em plena sintonia com as realidades atuais, desde as mudanças na forma de ver o mundo dos "nativos digitais", muitas vezes crianças que nascem e crescem dominando as novas tecnologias e mídias digitais, até os que são atingidos pelas duras e tristes realidades como guerras, violência, fome etc., e são obrigados pelas circunstâncias a saírem de seus países de origem em busca de uma vida melhor.

No item que trata da catequese na realidade juvenil, o DC vê de forma muito positiva a presença dos jovens na Igreja e faz diversas referências ao contexto atual no qual estão inseridos e a necessidade de compreensão desta realidade para "entrar" nessa realidade de forma atualizada e sem preconceitos, vendo os jovens como protagonistas da ação evangelizadora. Porém, sente-se a falta no texto de um destaque aos jovens que ainda não foram iniciados na fé ou que não receberam um devido acompanhamento a partir de uma inspiração catecumenal, pois como já firmamos, para estes também seria necessário um caminho querigmático e mistagógico de iniciação.

O DGC, ao tratar da catequese por idades, inicia com a catequese com adultos. Somente depois fala da catequese com crianças. Já o DC inicia pela catequese e família, e logo a seguir parte para a catequese com crianças, para depois tratar da catequese com adultos. E, embora dê muita ênfase ao catecumenato como modelo inspirador para ambas as etapas da vida, teria sido interessante após tratar das famílias, iniciar pelos adultos, visto que se tem sublinhado a importância de tratar as pessoas como adultas, como protagonistas, como propicia o catecumenato. No Brasil esta temática encontrou eco na II Semana Brasileira de Catequese que tanto enfatizou a necessidade de "com adultos, catequese adulta", e foi portadora de uma reflexão que fez cada vez mais despertar para a urgência de ter o catecumenato como modelo inspirador para todas as etapas.

Para cada grupo de pessoa o DC aponta para a necessidade de catequistas preparados, de forma geral, mas também específica, isto é, que tenha uma formação para atuar no grupo ao qual é chamado(a) em missão.

4. Um ícone bíblico

Nos evangelhos Jesus aparece como o grande catequista que sabe direcionar as palavras certas para cada grupo de pessoas. Além disso, falava do Reino através de parábolas que tocavam na prática cotidiana e do local. Orientava as pessoas que eram curadas a serem protagonistas da própria história e, com isso, anunciadoras do Reino. Podemos afirmar que um ícone bíblico que seguiu os passos de Jesus foi Paulo, que soube ser grego entre os gregos, e judeu entre judeus (1Cor 9,20-23).

Nos Atos dos Apóstolos encontramos diversas situações em que, em suas viagens, Paulo dialoga com pessoas de outras culturas ou crenças religiosas. No Areópago de Atenas (17,16-34), Paulo aproveita da religiosidade daquele povo que cultuava diversos deuses, dentre eles um deus desconhecido, para anunciar Jesus Cristo: "Atenienses, em tudo eu vejo que sois extremamente religiosos. Com efeito, observando, ao passar, os vossos monumentos sagrados, encontrei até um altar com esta inscrição: 'A um deus desconhecido'. Pois bem, aquilo que adorais sem conhecer, eu vos anuncio" (17, 22-23). E deste ponto em diante faz o seu anúncio.

Aqui não temos por objetivo fazer uma análise do texto de Atos, mas enfatizar a atitude de Paulo como anunciador de Jesus a partir das realidades concretas. Vale ressaltar que o exemplo de Paulo no Areópago é apenas um dos tantos que vivenciou em sua experiência missionária, ora com pobres, ora com ricos, ora com sábios e intelectuais, mas para cada um desses anunciou Jesus Cristo de forma exemplar. Embora muitos vejam esse texto como um fracasso na missão, pois foram poucos os convertidos ali, ele é válido para caracterizar o primeiro anúncio, que em Corinto deu mais resultado devido à vivência de Paulo por alguns anos com aquele povo.

É interessante perceber que Paulo consegue falar utilizando uma linguagem adaptada à realidade dos atenienses e partindo de suas crenças, o que tornou a mensagem compreensível para eles, e alguns poucos acolheram a proposta. Atenas era considerada um centro cultural e filosófico, e o Areópago era o lugar onde se encontrava o tribunal máximo da cidade ou a uma assembleia, que se reunia para falar dos assuntos diários. Nesse ambiente se dá o encontro entre a fé cristã e a filosofia grega. Assim, hoje se fala tanto em "novos areópagos" onde a fé cristã pode ser anunciada. O DC aponta para uma catequese nos diversos grupos de pessoas, e nesses grupos podemos perceber o quanto a questão cultural é um grande desafio para a evangelização.

Paulo estava indignado porque viu uma cidade cheia de idolatria, mas com sua sabedoria não iniciou seu discurso partindo de seus julgamentos. Aproveitou da religiosidade do povo e de sua sede de conhecimento para anunciar Jesus Cristo. Naquele contexto não utilizou uma linguagem tão simples, mas uma linguagem compreensível para a cultura religiosa e filosófica que possuíam.

Estamos num mundo globalizado, onde a cultura midiática chegou a diversos lugares e pessoas, levando formação e informação, sejam elas boas ou ruins. Podemos denominar esse mundo como "novo areópago". É neste mundo que hoje a Igreja é chamada a integrar o anúncio nessa nova modalidade de fazê-lo.

As crianças e os jovens, chamados de nativos digitais, dominam uma linguagem muitas vezes obscura e desconhecida por muitos adultos. A forma de comunicação também é muito diferente, porque vivem conectados com o mundo através de seus aparelhos. Para anunciar Jesus para esses grupos de pessoas é preciso ao menos quebrar certos preconceitos para entrar em sua lógica. É preciso entender que o virtual é real, mas ao mesmo tempo estar ciente de que o virtual não substitui o real.

Também em relação à cultura, Paulo soube respeitar a cultura daquele povo e, ao mesmo tempo, se aproveitou dela para fazer seu anúncio. Por isso insistimos que, ao olharmos para os diversos grupos de pessoas apontados no DC, para cada grupo há a necessidade de preparação por parte dos catequistas para dialogar com cada um, a partir de uma compreensão de suas características.

5. Linhas de inspiração para ações pastorais

O mundo atual vive constantes mudanças sociais, políticas, econômicas, culturais e religiosas. É um grande desafio para a Igreja continuar sua missão evangelizadora num diálogo e abertura para as novas realidades trazidas por tais mudanças, sem perder a essência do anúncio que é chamada a realizar. Portanto, a temática "catequese na vida das pessoas" nos insere nessa dinâmica. Os(as) catequistas são chamados(as) a olhar de frente para a realidade atual para compreendê-la melhor e exercerem o seu ministério com lucidez, para corresponderem de forma atualizada aos grupos que lhes são confiados. E isto é válido não apenas para os catequistas, mas para todos os responsáveis pela dinamização da catequese: bispos, padres, religiosos e religiosas, coordenadores etc.

Assim, as mudanças são um grande desafio para a evangelização, e mais ainda a forma como cada grupo de pessoas experimenta tais mudanças. Nesse sentido, temos grupos muito variados, com características próprias, como vimos no referido capítulo do DC. Isto traz uma grande implicação pastoral que é a necessidade de formação e atualização dos(as) catequistas.

Sabemos que esta é uma grande preocupação da Igreja, que oferece em diversos níveis uma formação para os(as) catequistas. Porém, queremos ressaltar que dois elementos são de suma importância para uma catequese a serviço da Iniciação à Vida Cristã: uma compreensão do catecumenato como modelo inspirador para todas as etapas, e daí uma proposta de inspiração catecumenal, que seja querigmática e mistagógica; e um conhecimento e aprofundamento das características do grupo específico com o qual é enviado(a) em missão.

Diante disso, sabemos que encontramos outros desafios como o pouco número de catequistas em determinados lugares, e até mesmo a falta de formação para estes, além da falta de atualização para lidar com determinados grupos de pessoas. Mas, temos hoje, uma grande possibilidade que pode colaborar na formação dos(as) catequistas que são os canais de comunicação. A pandemia causada pelo Covid-19 nos forçou a usá-los e vimos o quanto podem ser úteis. Porém, é necessária uma orientação para ver que tipo de formação está sendo oferecida e se a origem é de meios confiáveis.

Estes meios também possibilitam (e possibilitaram em diversos lugares), uma aproximação das famílias que têm seus filhos na catequese, através de roteiros, reflexões, leitura orante etc., enviados pelos catequistas através das mídias sociais para que as famílias possam, como igreja doméstica, anunciar Jesus Cristo para os filhos, e juntos como família testemunhar que são seguidores dele.

Para cada grupo de pessoas o DC propõe algumas pistas de ação. Vemos que em muitas comunidades elas já estão sendo realizadas e isso confirma a sua possibilidade de execução. Um exemplo é o acompanhamento dos pais que pedem o Batismo para seus filhos. Em alguns lugares realiza-se este acompanhamento desde o ventre materno, através de visitas e de encontros formativos e celebrativos com pais e padrinhos. Este acompanhamento é contínuo, pois não termina no dia da celebração do sacramento. A criança e a família continuam a serem acompanhadas e orientadas.

Enfim, a criatividade é a maior possibilidade que esse novo tempo nos estimula a ter para com cada grupo de pessoas, visto que não há receitas prontas que sirvam para todos, pois cada grupo e sua realidade são diferentes. Sejamos, pois, criativos e criativas, com a coragem e a alegria de levar a Boa-nova.

6. Para refletir

Ter uma compreensão de que a realização da "catequese na vida das pessoas" se dá de modo mais eficaz quando se conhece cada grupo e suas principais características ajuda-nos a desempenhar nossa missão evangelizadora como catequistas com mais segurança e credibilidade. Para ajudar nessa compreensão, procure refletir pessoalmente ou, de preferência, com o grupo de catequistas de sua paróquia, as seguintes questões:

1. Conforme o capítulo VIII do Diretório para a Catequese que acabamos de refletir, procure elencar os grupos existentes em sua paróquia e faça duas listas:

a) O que já está sendo realizado (com cada grupo de pessoas);

b) O que ainda não está sendo realizado (com cada grupo de pessoas).

2. O Diretório Nacional de Catequese (DNC) é de 2005 e o Documento 107 da CNBB, "Iniciação à Vida Cristã", é de 2017. Leia o capítulo 6 do DNC, sobre os destinatários como interlocutores no processo catequético, e os números 198 a 239 do Documento 107, sobre "os sujeitos da Iniciação à Vida Cristã", e destaque os pontos comuns ao capítulo VIII do Diretório para a Catequese. Feito isto, podemos afirmar que os documentos estão em plena sintonia?

3. O Diretório para a Catequese assinala diversas vezes a necessidade de uma catequese que tenha o catecumenato como modelo inspirador. O que entendemos por uma catequese com inspiração catecumenal? Para ajudar na resposta cf. Doc. 107, n. 39-61.

CAPÍTULO 13

O Querigma no Diretório para a Catequese
Um anúncio de Jesus Cristo belo, credível e humanizante

Ir. Balbino Eduardo Juárez Ramírez[97]
Pe. Gustavo Santos de Souza Martins[98]

Introdução

Este texto procura fazer um estudo das abordagens dadas ao termo "Querigma" na reflexão magisterial pós-conciliar e que são acolhidas no Diretório para a Catequese de 2020. Este Diretório centra a sua atenção nas características e implicações que o anúncio do Evangelho deve ter de forma a provocar um encontro significativo e referencial com Jesus Cristo.

---

97. *Ir. Balbino Eduardo Juárez Ramírez*. Irmão Marista. Cidade da Guatemala. Licenciado em ciências religiosas, Universidad La Salle, México. Licenciado em teologia, Universidad Rafael Landívar, Guatemala. Mestre em Educação com ênfase em Pastoral Juvenil e Catequese, Universidade Pontifícia Salesiana Roma. Assessor de catequese do Departamento de Missão e Espiritualidade (CELAM). Professor de Catequética e Iniciação a Vida Cristã no CEBITEPAL. Vice-presidente da Sociedade de Catequetas Latino-americana (SCALA).

98. Pe. Gustavo Santos de Souza Martins, presbítero ordenado em 15 de outubro de 2016 pela Diocese de Propriá, graduado em Filosofia e Teologia, pós-graduado em Ética e Filosofia e mestrando em Teologia Bíblica pela Faculdade São Vicente Ferrer, Arquidiocese de Valência, Espanha.

1. O querigma no Diretório para a Catequese

Usaremos os seguintes termos intimamente relacionados: O **querigma** (do grego κάρυγμα, anúncio ou proclamação) é identificado com o Evangelho, boa notícia, anúncio, mensagem de salvação. Segundo o termo de Grabner-Haider:

> Compreende um ato de anúncio, o próprio anúncio e seu conteúdo, que não é uma verdade conceitual atemporal, de validade universal, mas a realidade histórica e singular da pessoa de Jesus Cristo, que chama cada homem à conversão, à mudança de mentalidade e a um novo começo. Kerygma é, então, a Boa-nova de Jesus para todos os que desejam ouvi-la e comparecer diante dela.[99]

Assumimos a definição de **Primeiro Anúncio** que Albert Maravilla coleta das Jornadas de Estudo sobre o Primeiro Anúncio para o mundo salesiano:

> Pode ser definido como o testemunho de vida de cada cristão e de toda a comunidade cristã; cada atividade ou conjunto de atividades que promovam uma experiência envolvente e estimulante de Jesus que, sob a ação do Espírito Santo, desperte a busca de Deus e o interesse por sua Pessoa, salvaguardando a liberdade de consciência que, em última análise, leva a uma adesão inicial a Ele ou à revitalização da fé Nele.[100]

O Diretório Geral da Catequese especifica, em nota de rodapé, uma definição prática: *"Normalmente, o destinatário da 'catequese querigmática' ou 'pré-catequese' tem um interesse ou uma preocupação pelo Evangelho. Se não a tiver, a ação necessária é o 'primeiro anúncio'"* (DGC 62).

A catequese querigmática, como ação missionária da Igreja, está destinada a todas as pessoas que não conhecem Jesus ou a quem ainda precisa daquele primeiro anúncio dentro da Igreja. Deve desdobrar-se em três etapas: pela presença e pelo testemunho, despertar o interesse pelo Evangelho e um tempo de busca e amadurecimento (pré-catecumenato). Conforme explicado, a catequese querigmática deve ser caracterizada por um estilo narrativo, afetivo, existencial, destacando o caráter salvífico e não tanto doutrinário, e sempre transmitida através da própria experiência do catequista.[101]

---

99. GRABNER HAIDER, A. *Kerygma, en Vocabulario práctico de la Biblia*, 878.

100. MARAVILLA, Alfred. El Primer Anuncio hoy, SDB Sector para las Misiones y FMA Ámbito para las Misiones. Roma: Editrice SDB, 2017, p. 32.

101. Arquidiócesis de Burgos, Catequesis, kerigma y mistagogia. Recuperado en https://www.archiburgos.es/2021/04/13/kerigma-catequesis-mistagogia/

2. Evolução da compreensão do Querigma no Magistério pós-conciliar

A importação atribuída ao querigma e à sua relação com a Evangelização, o Primeiro Anúncio e a Catequese no magistério pós-conciliar podemos encontrar em diversos documentos ao longo destes anos e que antecedem o Diretório de 2020:

- 1975 – *Evangelii Nuntiandi*
- 1979 – *Catechesi Tradendae*
- 1990 – *Redemptoris Missio*
- 1993 – Guia para os catequistas
- 1999 – *Ecclesia in America* – Catequese na América Latina
- 2007 – Documento de Aparecida
- 2011 – Lineamenta XIII Assembleia Geral Ordinária Sínodo dos Bispos
- 2012 – *Instrumentum Laboris* XIII Assembleia Geral Ordinária Sínodo dos Bispos
- 2013 – *Evangelii Gaudium – Amoris Laetitia*
- 2015 – Alegria de iniciar discípulos missionários em mudança de época
- 2017 – *Veritatis Gaudium*
- 2019 – *Christus Vivit*

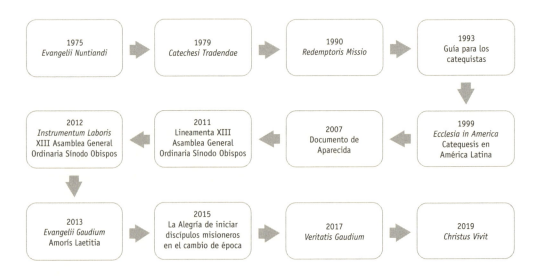

a) Evangelii Nuntiandi – 1975: Querigma, proclamação verbal dentro da evange-lização

A Exortação indica a necessidade de um anúncio explícito em que a Boa-nova seja proclamada com o testemunho e a palavra de vida. Este anúncio procede à verdadeira evangelização. O Querigma, a pregação e a catequese como ações sinônimas que devem ser consideradas aspectos da evangelização (cf. *EN* 22). A proclamação verbal é essencial porque a Palavra ouvida nos convida a acreditar (cf. *EN* 42).

b) Catechesi Tradendae – 1979: Querigma, vida, anúncio espontâneo e vibrante

Diferença entre a Catequese e o Primeiro Anúncio ou pregação missionária que o Querigma acarreta. Este anúncio incita a procurar razões para crer (cf. *CT* 18). A catequese não pode impedir a formação no Querigma proposta no Primeiro Anúncio (cf. *CT* 21) e deve ser aprofundada aos poucos. *Catechesi Tradendae* qualifica o Querigma observando que é vivo, espontâneo e vibrante. Faz uma ruptura no coração da pessoa (cf. *CT* 21).

c) Redentoris Missio – 1990: Querigma, base, centro, ápice e orientação da ação evangelizadora

Faz uma distinção entre o querigma de Jesus – que proclama o Reino – e o querigma dos apóstolos – que proclama Jesus Cristo. Ambos se complementam e se iluminam (cf. *RM* 16). Ela reconhece que o mandato missionário no Evangelho de Marcos é querigmático porque leva ao reconhecimento e à proclamação de Jesus como Senhor e Salvador (cf. *RM* 23). A *Redemporis Missio* oferece novas luzes de compreensão do querigma: é a base, o centro, o ápice e a orientação da ação evangelizadora e missionária; revela e introduz, por meio do Espírito, o mistério do amor; inicia a comunicação com Deus em Cristo; ela se abre à conversão e, com ela, em resposta, origina a comunidade. O querigma deve ser proposto no contexto humano e social com uma linguagem concreta e adaptada, numa atitude de amor e estima (cf. *RM* 44). Recorda ao missionário que é um anúncio comunitário que desperta nele entusiasmo e um fervor que o encoraja a dar o seu testemunho até à morte (cf. *RM* 45).

d) Guia para catequistas – 1993: Iniciando o Catequista no Primeiro Anúncio

Embora não mencione o querigma, indica que a formação do catequista para as terras e áreas de missão requer uma iniciação nas atividades típicas do Primeiro Anúncio (cf. *GC* 23) que eles o levam a afinar (cf. *GC* 25) sua sensibilidade missionária, a sustentar (cf. *GC* 37) e acompanhar os catecúmenos.

e) Eclesia in America – 1999: Uma catequese querigmática alegre e transformadora

Ao falar sobre a importância da catequese, ressalta-se que a situação religiosa de jovens e adultos requer uma catequese querigmática e orgânica que ajude a passar de uma fé herdada por costumes para uma fé consciente e permanentemente vivida. Oferece duas novas qualidades de querigma em consonância com as já mencionadas em outros documentos: é alegre e transformadora (cf. *EiA* 69).

f) Catequese na América Latina – 1999: Não supor o querigma como garantido

O CELAM reforça a importante posição que o querigma tem no processo de evangelização: Não deve ser dada como pressuposto (cf. CAL 88 e 90) e deve ser oferecida ao homem não evangelizado. O querigma antecede a catequese sistemática e desencadeia um processo de iniciação (cf. CAL 97). Historicamente, o querigma tem sido associado à metodologia catequética dedutiva ou ao "caminho descendente" (cf. CAL 165) que parte da Mensagem para chegar à vida.

g) Documento de Aparecida – 2007: Querigma, fio condutor no acompanhamento de Jesus

Os bispos da América Latina e do Caribe reunidos em Aparecida focam sua atenção em três aspectos em relação ao querigma: Primeiro, reforça a possibilidade de um encontro religioso com Jesus Cristo (cf. DAp 226, 288). Querigma contagia, leva a ouvir, a acreditar, a reconhecer Cristo e a segui-lo (cf. DAp 278-279). É por isso que é um fio condutor e não apenas uma etapa. Sem querigma há esterilidade e, portanto, deve ser levado em conta em todas as ações evangelizadoras (cf. DAp 278). Em segundo lugar, a iniciação cristã possibilita, pois, colocar-se em contato com Jesus Cristo e iniciar o discipulado. A paróquia pode iniciar os não batizados que ouviram e aceitaram (cf. DAp 293). Terceiro, seu caráter gratuito: O querigma leva à consciência do amor vivificador de Deus em Cristo. A graça tem um primado na vida cristã e na evangelização (cf. DAp 348). Devido à sua importância no processo e à influência que as mídias sociais exercem neste século, não podemos prescindir desses meios para disseminá-lo (cf. DAp 485).

h) XIII Assembleia Geral Ordinária do Sínodo dos Bispos. Lineamenta – 2011: O querigma converte, provoca e sustenta a pessoa

O tema da transmissão da fé às novas gerações levou este Sínodo a considerar o Primeiro Anúncio como uma demanda por novas formas e uma demanda por novos caminhos de evangelização. O documento esclarece que o Primeiro Anúncio é um instrumento de proposta explícita e proclamação do conteúdo fundamental da fé, distinto da catequese com quem tem uma relação que não é fácil de estabelecer. O Primeiro Anúncio enfatiza o caráter querigmático da proclamação do Evangelho que converte, provoca e sustenta a pessoa (cf. XIII Sínodo, *Lineamenta* 19).

i) XIII Assembleia Geral Ordinária do Sínodo dos Bispos. Instrumentum Laboris – 2012: Espaços, iniciativas e eventos para promover o Primeiro Anúncio

O *instrumentum laboris* amplia o entendimento do Primeiro Anúncio sem mencionar o querigma. Reconhece os esforços da Igreja local para verificar suas práticas de anúncio e testemunho (cf. XIII Sínodo, *Instrumentum Laboris* 4). As comunidades devem adotar um estilo missionário, atrair a atenção dos adultos e afirmar publicamente sua fé (cf. XIII Sínodo, *Instrumentum Laboris* 138). O Primeiro Anúncio é uma proposta ou proclamação explícita dirigida àqueles que não conhecem Cristo, os descrentes e os indiferentes, com um chamado para despertar ou reacender a fé e a conversão. Exige que as paróquias ofereçam espaços internos e externos a ela com formulários, locais, iniciativas e eventos (cf. XIII Sínodo, *Instrumentum Laboris* 139). Aos meios ordinários (pregação, reconciliação e piedade popular (cf. XIII Sínodo, *Instrumentum Laboris* 143-145) são adicionadas às Missões populares, a preparação para o Sacramento do Matrimônio e os cuidados daqueles que sofrem ou estão doentes (cf. XIII Sínodo, *Instrumentum Laboris* 146). Dias Mundiais da Juventude, viagens do papa a países e cerimônias de canonização ou beatificação (cf. DAp 278) também são consideradas formas de proclamação do Primeiro Anúncio. Desafio especial têm as paróquias para oferecer um Primeiro Anúncio em suas vidas diárias (cf. DAp 142).

j) Evangelii Gaudium – 2013: Querigma: Trinitário, associado à catequese, com envolvimento social

A Exortação abraça as orientações sinodais e marca um ponto de referência a partir de agora. Seus pontos-chave em relação ao querigma se concentram em seu necessário aprofundamento, sua essência trinitária, sua relação com a catequese e sua dimensão social. O tratamento dado ao Primeiro Anúncio e ao Querigma pode suscitar alguma ambiguidade, uma vez que ambos os termos são usados indistintamente. O Primeiro Anúncio, que é precedido pela Graça (cf. *EG* 162), provoca um caminho formativo e de maturação (cf. *EG* 160). Uma formação que não é exclusiva, nem principalmente doutrinária, mas é feita de amor ao próximo na comunidade (cf. *EG* 161). O Querigma ou Primeiro Anúncio está no centro da atividade evangelizadora e de todas as tentativas de renovação eclesial (cf. *EG* 164). Tem um caráter trinitário (cf. *EG* 164). É chamado primeiro por estar no início e por sua qualidade de ser o principal anúncio que deve ser proclamado e ouvido em diferentes momentos e estágios (cf. *EG* 165). Seu valor não é substituído por outros conteúdos ou formações, pois ilumina a catequese e dá sentido a qualquer assunto. Caracteriza-se por ser sólido, profundo, seguro, denso, sábio, bonito e alegre. Deve expressar o amor salvador de Deus, apelar à liberdade, com notas de alegria, encorajamento e vitalidade, expressas em uma integralidade harmoniosa. Requer proximidade, diálogo, paciência e acolhimento por parte do evangelizador, bem como novas linguagens parabólicas, até mesmo formas não convencionais de beleza (cf. *EG* 167). Querigma tem um conteúdo social que leva à vida e ao compromisso da comunidade (cf. *EG* 177). A resposta da fé que ela desperta, leva ao compromisso social (cf. *EG* 178). Desassociá-lo do amor fraterno leva a perder a maravilha, o cultivo e o entusiasmo de viver o Evangelho (cf. *EG* 179).

k) Amoris Laetitia – 2013: Anúncio que leva ao amor comunitário e social

O Sínodo da Família ecoa as qualificações expostas em *Evangelii Gaudium* no querigma (cf. *EG* 164-165; *AL* 58). Propõe um anúncio renovado do querigma no caminho do amor dos noivos (cf. *AL* 207) e no coração de cada família – na hora certa e na hora errada (cf. *AL* 210) – sublinhando que o amor social se faz presente nas exigências comunitárias (cf. *AL* 324) do querigma na família.

l) A alegria de iniciar discípulos missionários na mudança de idade – 2015. O querigma parte da experiência pessoal do catequista como uma proposta cordial

A Seção de Missão e Espiritualidade do CELAM atualiza o documento Catequese na América Latina com as diretrizes da III Semana Latino-Americana de Catequese e Aparecida. Ele pede que o espaço seja dado nas comunidades e que as pré-condições sejam criadas para sua recepção alegre (cf. AIDM 52,60). O querigma é anunciado a homens e mulheres em seu contexto cultural, social, religioso e político (cf. AIDM 53).

É proclamado a partir de sua própria experiência de encontro com Cristo e apoiado pelo testemunho do catequista (cf. AIDM 54). Antecede o processo que gera a iniciação à vida cristã, mas acompanha suas diferentes etapas (cf. AIDM 55). A dinâmica querigmática requer uma proposta próxima, aberta ao diálogo, paciente e cordial, causando uma mudança inicial e o desejo de perseverar na comunidade (cf. AIDM 70). O novo paradigma requer catequistas que conhecem adequadamente o querigma para provocar o encontro com Cristo (cf. AIDM 82).

m) Veritatis Gaudium – 2017. Querigma, contemplado e iniciado na mente, vida e espírito

Os critérios que regem estudos eclesiásticos estabelecem que o querigma é contemplado e introduzido de forma espiritual, intelectual e existencial. O querigma é mistério trinitário da salvação, que leva à mística de viver juntos e à opção pelos mais necessitados (cf. *VG* 4a).

n) Christus Vivit – 2019: Querigma, experiência fundadora de encontro com Deus através de línguas e lugares apropriados

O Sínodo dedicado aos jovens pede que se apresente o querigma com atenção à linguagem (cf. *CV* 211). Dentro do projeto formativo deve se considerar uma experiência fundante do encontro com Deus em Cristo (cf. *CV* 213). A Pastoral da Juventude deve proporcionar momentos que ajudem a renovar e aprofundar o querigma sem ser confundido com uma doutrinação (cf. *CV* 214). Finalmente, é reconhecido o papel da Escola Católica (cf. *CV* 222-223) como espaço de evangelização e experiência de querigma.

3. Evolução e novidades nos Diretórios Catequéticos

A conceituação do querigma mostra uma clara evolução em relação aos Diretórios anteriores.

3.1. Diretório Geral Catequético – 1971: Desde o ministério da Palavra, anunciar Jesus Cristo

O termo querigma não aparece no Diretório Catequético de 1971. Ele concentra sua atenção no anúncio como preocupação eclesial (cf. DCG 1), que encontra no sentido religioso popular da época uma oportunidade propícia para o anúncio da fé (cf. DCG 6). Convida todos os cristãos a se juntarem em seus esforços de justiça e fraternidade com o anúncio explícito de Jesus Cristo, tendo em vista uma renovação evangelizadora (cf. DCG 9). O ministério da Palavra é responsável por proclamar a mensagem de salvação (cf. DCG 16) e, dentro dela, a catequese (cf. DCG 48). Cada pessoa batizada, como membro do Povo de Deus é chamada ao anúncio (cf. DCG 65) e a comunidade local deve constituir centros permanentes para a formação de catequistas, colaborando com essa responsabilidade (cf. DCG 126).

3.2. Diretório Geral de Catequese – 1997: Catequese querigmática que leva à conversão, confluência entre Primeiro Anúncio e catequese

O Diretório de 1997 refere-se cinco vezes ao querigma como parte do processo de conversão permanente. O anúncio do querigma, unido à ação do Espírito, prepara para uma conversão inicial e para uma opção fundamental de seguir Jesus Cristo (cf. DGC 56b). Ao relacionar Primeiro Anúncio e catequese, dentro de uma Nova Evangelização, encontra um ponto de confluência na chamada catequese querigmática, na qual a catequese assume a tarefa missionária que garante uma verdadeira conversão (cf. DGC 62). No processo de catecumenato batismal, o Primeiro Anúncio explicita o querigma para a conversão dentro do pré-catecumenato (cf. DGC 88). O Diretório enfatiza os elementos do querigma: Jesus que revela o Reino de Deus Pai, dom salvífico de justiça, amor e paz, imanente e escatológico. Este anúncio exige de cada pessoa sua conversão e adesão a Jesus como Senhor e à sua Igreja como o germe do Reino (cf. DGC 102). Quando se fala em metodologia catequética, alude-se ao método descendente ou querigmático anteriormente mencionado, pois parte do anúncio da mensagem para aplicá-la posteriormente à vida (cf. DGC 151).

Ao se referir ao Primeiro Anúncio em dezenove ocasiões, ele o faz como parte do processo de evangelização precedido pela caridade e testemunho e sucedido pela catequese (cf. DGC 48). O Primeiro Anúncio, parte do Ministério da Palavra que chama e convoca a fé despertando um primeiro interesse (cf. DGC 56-57), é dirigido aos descrentes, aos batizados que estão afastados, para aqueles que pertencem a outras religiões e a crianças em idade de despertar religioso (cf. DGC 51). Em um contexto cristão superficial é oferecido aos batizados juntamente com uma catequese básica (cf. DGC 58c) que é diferente, mas complementar (cf. DGC 61), especialmente em situações de missão *ad gentes* (cf. DGC 276). Todo cristão é chamado para participar dele.

Quem o ouve é convidado para a conversão e seguimento do Senhor (cf. DGC 82). Em países de recente inculturação cristã deve ser consolidado (cf. DGC 212). Requer um catequista que possa acompanhar a busca pela fé (cf. DGC 232). Também pode ser oferecido em escola católica (cf. DGC 260).

3.3. Diretório para Catequese – 2020: Querigma: o belo, crível e humanizador anúncio que leva ao encontro com Jesus Cristo

O Diretório de Catequese recorre à reflexão advinda dos Diretórios anteriores e oferece as luzes de entendimento que surgiram nos documentos do Magistério que o precedem.

Na Introdução, o Diretório reúne as principais ideias estabelecidas na *Evangelii Gaudium* 164-165 sobre as características de querigma e reafirma a estreita união entre evangelização e catequese, que encontra seu ponto de convergência no anúncio do querigma. Sua primazia na evangelização leva à proposta de uma catequese querigmática que não anula o valor do testemunho, da caridade ou da mistagogia.

O Diretório reconhece que existem diferentes formulações de querigma e que podem ser portas importantes de acesso ao mistério (cf. DC 2). Ao detalhar as etapas da ação missionária, mostra o Primeiro Anúncio como o despertar do interesse pelo Evangelho que cria as disposições para se aproximar dele (simpatizar). É aí que o querigma anunciado permite um discernimento e escolha consciente que leva a pessoa a responder com uma conversão inicial (cf. DC 33b e 33c).

Ao mostrar a relação entre Primeiro Anúncio e catequese, o novo Diretório, por um lado, ratifica a distinção e a complementaridade entre os dois (cf. EC 69) e, ao mesmo tempo, aponta que eles nem sempre podem ser distinguidos porque a catequese também busca anunciar a fé (cf. DC 57), mostrar sua beleza e credibilidade. O anúncio querigmático permeia a catequese tornando-a querigmática. Ressalta-se também que o próprio Jesus age através do testemunho, o que acentua a necessidade do encontro pessoal do evangelizador com Jesus Cristo como pré-condição. Diante da atualização do querigma já apresentado na *Evangelii Gaudium* 164, o Diretório convida a incorporá-lo para as demandas contemporâneas, buscando o surgimento de anúncios críveis, confissões vitais de fé e novos hinos cristológicos (cf. DC 58).

Referindo-se aos elementos do querigma que a catequese tem que valorizar, enfatiza-se aspectos não doutrinários: o caráter propositivo, a qualidade narrativa, afetiva e existencial, a dimensão do testemunho, a atitude relacional e o tom salvífico. Convida a Igreja a ouvir renovadamente o Evangelho junto a seus interlocutores antes de anunciá-lo (cf. DC 59).

A dimensão social já delineada na *Evangelii Gaudium*, número 177, é ampliada reconhecendo que o querigma não só apresenta a Páscoa do Senhor Jesus, mas também a nova visão de seu projeto, inclusive na forma de projetos concretos que afetam a sociedade e o cosmos (cf. DC 60).

A ligação entre querigma e o processo catecumenal sugerido pelo Diretório baseia-se na necessidade de não tomar como pressuposta a fé dos interlocutores: O querigma oferecido no pré-catecumenato leva à conversão como etapa preliminar da etapa catecumenal.

Referindo-se à catequese querigmática, o Diretório indica que a pluralidade de situações dos interlocutores deve ser levada em consideração. Para isso, propõe uma pedagogia de iniciação inspirada no itinerário catecumenal.

A catequese da iniciação à vida cristã implica um aprofundamento inicial do querigma (cf. DC 71a). Portanto, na formação do catequista, o conhecimento exige que a mensagem seja apresentada de forma querigmática, ou seja, com a capacidade de tocar a experiência humana (cf. DC 145a).

Em sintonia com o caminho da beleza, o Diretório lembra que a catequese querigmática, mais do que uma apresentação de uma moralidade é, antes de mais nada, um anúncio da beleza de Deus, uma experiência que toca o coração e a mente (cf. DC 175).

Ao falar sobre os métodos utilizados para evangelizar, o Diretório abandona a terminologia ascendente/descendente, talvez para não associá-la à ideia de querigma que vem expondo e, em vez disso, oferece o princípio da correlação que relaciona a experiência da vida com a mensagem evangélica em um caminho de interpretação e interpelação (cf. DC 196).

No anúncio do querigma aos interlocutores, o Diretório dá algumas novas pistas: deve ser concreto, não teórico ou separado dos problemas das pessoas que compõem a família (cf. DC 230), o anúncio de Jesus como irmão e amigo fiel, atento aos sonhos e desejos na fase pré-adolescente (cf. DC 247), a união do querigma – encontro com Deus em Cristo – e do amor fraterno, comunitário e de serviço no projeto formativo dos jovens (cf. DC 253), a ênfase em um anúncio de perdão e libertação em Cristo oferecido aos privados de liberdade (cf. DC 282), paróquias que oferecem um belo querigma, que pode ser acolhido e aprofundado existencialmente (cf. DC 303), um querigma adaptado a diferentes mentalidades em meio ao pluralismo religioso e cultural (cf. DC 325), um querigma transparente, humanizador e cheio de esperança em meio às grandes cidades (cf. DC 327), um querigma que, em meio a diferentes movimentos religiosos, propõe significado para a vida no bem-estar e harmonia da sabedoria de Deus (cf. DC 353). Um querigma que permite a articulação das diferentes pastorais por estar na base e por sua ênfase missionária (cf. DC 420).

4. O encontro entre Felipe e o funcionário de Candaces: traços para um querigma de acordo com nossos tempos

O relato do encontro entre Filipe e o eunuco etíope – narrado em Atos 8,26-40 – nos permite entender claramente o significado que o Diretório, herdeiro de uma reflexão anterior, quer dar ao querigma.

a) Levante-se e caminhe para o Sul. Filipe é convidado pelo Espírito a deixar uma cidade que o ouvia atentamente e colocar-se em um caminho – de itinerância – por lugares pouco frequentados.

b) O etíope aparece em sua carruagem. Embora ele seja um oficial, como um eunuco, ele vai até Jerusalém e participa de longe do culto comunitário. Para esta pessoa marginalizada, mutilada e considerada impura, Deus reserva um futuro inclusivo e digno dentro da comunidade (cf. Is 56,3-5; Sb 3,13-14).

c) Filipe é novamente convidado pelo Espírito, desta vez para se colocar ao lado da carruagem. Ele se torna companheiro de viagem de outro. E o mais importante: o escuta. Antes de oferecer o anúncio, Felipe se interessa por o que ele lê e o detém absorvido, porque só a partir daí ele poderá entrar no mundo vital de seu interlocutor.

d) E o diálogo começa. Não com uma afirmação, mas com uma pergunta. E eis que Felipe deixa espaço para a acolhida ou rejeição do funcionário. Felipe, em sua escuta, intuiu uma necessidade, mas espera pacientemente que seja verbalizado, externalizado. O eunuco reconhece que o que ele lê lhe interessa e pede ajuda porque a resposta requer outra pessoa. O eunuco busca sentido e companhia. Sentados um ao lado do outro, eles podem compartilhar.

e) A palavra que o oficial lê fala de marginalização, humilhação e desprezo e toca seu coração porque é a mesma experiência que ele vive. E é aqui que o anúncio emerge com força: Filipe anuncia, não um conjunto de postulados doutrinários, mas Jesus, a quem como o eunuco e como a personagem do texto, passou por sofrimento, desprezo e condenação, mas no Pai, foi reinvindicado, cumprindo as promessas que dão sentido à história da personagem em Isaías, à história do próprio Filipe e oferecendo significado à própria história do etíope. O anúncio mostra a beleza em meio à inquietação e a dor, toca o coração do oficial e o faz vislumbrar um projeto vital e inclusivo onde ele pode ser uma pessoa em plenitude.

f) O anúncio provoca uma mudança no etíope. É ele, e não Filipe, quem assume o protagonismo em seu destino: ele confessa Jesus como o Filho de Deus, para a carruagem e pede o batismo. Implicitamente, esse mesmo anúncio abre as portas para a comunidade: Sai do carro e desce para as águas – simbolismo da morte e ressurreição – mas não o faz sozinho, pois Felipe o acompanha no processo. A mediação de Filipe permite que o eunuco faça parte da comunidade como irmão, cumprindo assim a promessa de Isaías de um lugar e um nome na casa do Senhor.

g) Finalmente, o anúncio ressoa na vida do oficial. Ele segue seu caminho, mas agora faz sentido para ele, que se apropriou do anúncio e isso lhe traz alegria. Na jornada da vida poderá retomá-la quantas vezes precisar e corrigir seu caminho: ele descobriu quem é, quem é Jesus Cristo e com quem compartilha sua fé.

5. Linhas de inspiração para ações pastorais

Levar a sério a proposta querigmática feita pelo Diretório de Catequese envolve, entre outros, esses aspectos:

a) Fazer um caminho de escuta e discernimento com nossos interlocutores. Ficam para trás os itinerários predeterminados, focados em um tema que, embora falem de Cristo, não tocam na realidade que as pessoas vivem diariamente, suas preocupações e suas buscas. Para que nossa mensagem seja significativa, deve fazer sentido ao que o interlocutor está procurando e isso não é evidente nas primeiras reuniões de catequese.

b) Em contraste com as tradicionais formas racionais que temos utilizado para expor o querigma, hoje somos convidados a percorrer por caminhos existenciais. O caminho da beleza nos permite descobrir e saborear nossa condição como filhos e filhas amados por Deus através de um encontro com Jesus com quem compartilhamos o caminho da dor, do sofrimento e da exclusão.

c) Em meio a um mundo que recebe notícias falsas (*fake news*), o anúncio do Evangelho de Jesus Cristo deve ser crível, ou seja, deve gerar confiança em quem a ouve e a acolhe. Nossa proposta querigmática deve despertar interesse real em querer conhecer e seguir Jesus porque Ele traz coisas boas para nossas vidas.

d) Um anúncio que leva à transferência de conteúdo doutrinário, preceitos morais, celebrações cultuais que não são significativas para a situação existencial ou idade do interlocutor cai em um exercício de rotina anual que não proporciona continuidade e gera passividade. Nossos interlocutores precisam de sentido de vida e esperança e serão eles mesmos que se mobilizarão conosco para tornarem-se vivos. Nosso querigma é chamado a despertar o desejo de alcançar pessoas e comunidades felizes e plenas no amor a Deus e aos mais necessitados.

e) Um anúncio que desperta o desejo de voltar a ele sempre que precisarmos. O querigma, como resposta alegre em Jesus às preocupações de sentido e pertença dos nossos interlocutores, torna-se o eixo de referência no itinerário de crescimento: marca um "antes" e um "depois". Frequentemente, oferecemos itinerários catequéticos que pressupõem esse "amor primeiro" e que conduzem a um rito sacramental que põe fim e não um período e continua a busca permanente de Deus. Por isso devemos dedicar mais tempo e esforço para propor e suscitar aquelas ocasiões de encontro com o Senhor que são a tocha que ilumina e dá sentido ao caminho. A catequese, que parte da conversão inicial em resposta ao querigma, será alimentada em diferentes momentos por aquela Boa-nova que mudou.

f) Finalmente, a chamada para criar novos hinos cristológicos. Conhecemos as notas essenciais. Nossa tarefa é colocá-los juntos em acordes, melodias e ritmos que capturem a atenção de nossos interlocutores. Para isso devemos estar atentos ao contexto e à história para expressar com palavras novas o apelo à amizade, à realização pessoal, comunitária e social que Deus nos oferece em Cristo pelo Espírito.

6. Para refletir

1. Que querigma (boa notícia de Jesus) tocou sua existência, mudou e agora te acompanha?

2. Somos treinados para dedicar tempo suficiente para sermos "companheiros de estrada", que ouvem e se interessam pelas buscas pessoais de seus interlocutores?

3. O que pode ser uma boa notícia para uma sociedade líquida, cansada, tecnológica, exclusivista, empobrecida, desgastada ambientalmente, separada pelo medo do contágio? Como apresentar a proposta de Jesus que se tornou companheiro de nosso caminho?

4. De que forma e em que momentos poderíamos propor um retorno ao querigma para aqueles que já iniciaram um processo de iniciação ou seguimento de Jesus?

CAPÍTULO 14

Pessoas com deficiência na catequese

Pe. Antônio Marcos Depizzoli[102]

Introdução

Assim respondeu Papa Francisco a um padre, quando perguntado sobre a participação das pessoas com deficiência na Igreja, durante Congresso promovido em 2016, pela Conferência Episcopal Italiana: "Ou todos, ou ninguém!".[103] Em outra ocasião revelou seu sonho de uma Igreja onde as pessoas com deficiência sejam catequistas.[104]

---

102. Pe. Antônio Marcos Depizzoli é presbítero da diocese de Jacarezinho no Estado do Paraná. Licenciado em Filosofia, bacharel em Teologia, pós-graduado em Catequese, mestre em Teologia Pastoral com a dissertação intitulada *Catequese no Brasil junto à pessoa com deficiência*. Foi assessor nacional da Comissão Episcopal Pastoral para a Animação Bíblico-catequética da CNBB, no período de 2015 a 2019. Atualmente é doutorando em Catequética na Universidade Salesiana de Roma com o projeto de pesquisa intitulado *Do cuidar ao ser-com: atenção às pessoas com deficiência na catequese e na formação de catequistas no Brasil.*

103. FRANCISCO. *Aos participantes no Congresso para Pessoas portadoras de Deficiência, promovido pela Conferência Episcopal Italiana (11 giugno 2016)*. In: https://www.vatican.va/content/francesco/pt/speeches/2016/june/documents/papa-francesco_20160611_convegno-disabili.html (Acessado: 5 julho 2021).

104. Cf. PONTIFICIO CONSIGLIO PER LA PROMOZIONE DELLA NUOVA EVANGELIZZAZIONE. *Catechesi e persone con disabilità*: un'attenzione necessaria nella vita quotidiana della chiesa. Milano: San Paolo, 2018, p. 14.

O desejo do papa, acolhido no parágrafo 272[105] do Diretório para a Catequese 2020, é o horizonte no qual refletiremos a presença das pessoas com deficiência na catequese, como possiblidade de qualificar exponencialmente as relações inclusivas na vida eclesial.

Nesse percurso, o primeiro passo consistirá em apresentar o conteúdo do Diretório 2020 sobre catequese e pessoas com deficiência com intenção de identificar fundamentos antropológicos, teológicos e pastorais em sintonia com o paradigma social da inclusão. Em seguida, o conteúdo do Diretório sobre catequese com pessoas com deficiência será situado no magistério eclesial. Ao evidenciar as bases fundamentais do documento, pretende-se reconhecer a linha de continuidade do assunto no processo de evangelização. O passo seguinte consistirá em relacionar o ensinamento do Diretório 2020 sobre catequese e pessoas com deficiência com o que dizem os dois Diretórios anteriores, 1971 e 1997, a respeito do mesmo tema.

Com o objetivo de posicionar o avanço proposto pelo Diretório para a Catequese ao afirmar a importância do ministério de catequistas assumido por pessoas com deficiência, reapresentaremos o recurso do grupo de catequistas na catequese junto às pessoas com deficiência intelectual,[106] no Rio de Janeiro, iniciado na década de 1980. Essa experiência será refletida à luz do caminho dos Discípulos de Emaús (Lc 24,13-35), com ênfase especial no fato do *caminho feito juntos* como modalidade que qualifica a evangelização e a formação cristã. Por fim, considerar alguns desafios pastoral-catequéticos do grupo de catequistas, que aqui chamaremos de pequena comunidade sinodal de catequistas, será o passo que, ao encerrar esse texto, convida a prosseguir caminhando juntos.

---

105. "É desejável que eles mesmos possam ser catequistas e, com seu testemunho, transmitir a fé de modo mais eficaz". PONTIFÍCIO CONSELHO PARA A PROMOÇÃO DA NOVA EVANGELIZAÇÃO. *Diretório para a Catequese*. São Paulo: Paulus, 2020, n. 272.

106. Maria Cecília de Freitas Cardoso Buckley, Ph.D., Psicopedagoga, foi professora da UERJ e uma das coordenadoras da pastoral arquidiocesana junto a pessoas com deficiência na Arquidiocese do Rio de Janeiro, RJ, trabalho pioneiro no Brasil. Sua síntese metodológica inclui grupos de catequistas, inspiração para a reflexão aqui desenvolvida, e está publicada em: Cf. NAPOLI, O.C. *Senhor eu te adoro*. São Paulo: Loyola, 1991, p. 14-30.

1. O lugar das pessoas com deficiência no Diretório para a Catequese

O Diretório para a Catequese de 2020 contém 12 capítulos, organizados em três grandes partes: a catequese na missão evangelizadora da Igreja, o processo da catequese e as orientações para a catequese nas Igrejas particulares. O conteúdo sobre catequese com pessoas com deficiência encontra-se no capítulo oitavo do documento intitulado *A catequese na vida das pessoas*. Nos nove subitens desse capítulo são consideradas a relação entre catequese e família (224-235); catequese com crianças e adolescentes (236-243); catequese na realidade juvenil (244-256); catequese com adultos (257-265); catequese com idosos (266-268); catequese com pessoas com deficiência (269-272); catequese com migrantes (273-276); catequese com emigrantes (277-278) e catequese com pessoas marginalizadas (279-282), mostrando as múltiplas possibilidades do processo catequético a partir dos diversos contextos de vida.

O Diretório afirma que o tema da deficiência é de grande importância para a evangelização e a formação cristã. A presença de pessoas com deficiência na comunidade eclesial desperta para relações de cuidado na dinâmica do ser-com e aproxima sempre mais a comunidade ao agir de Deus que com a encarnação do Verbo confirma o valor inalienável de toda pessoa. A Igreja, mãe e mestra, é convicta de que todos são capazes de serem educados e de educarem na fé, participando como sujeitos ativos nos processos catequéticos. Toda pessoa é bem-vinda à participação plena na vida eclesial, porque pessoa. Numa cultura com traços de narcisismo e utilitarismo, a vulnerabilidade, mais evidente nas pessoas com deficiência, aparece como oportunidade de encontro da nossa *comum humanidade*.[107] À evangelização e à formação cristã, a partir de uma antropologia assim iluminada pela fé, abrem-se horizontes teológicos para pensar a relação Cristo-Igreja, comunidade de irmãos, sempre mais na perspectiva do dom, da gratuidade, do caminhar-com, do ser-com.

Na atmosfera de uma antropologia inspirada pela fé, à luz do Diretório, a presença das pessoas com deficiência é de fundamental importância para os processos de evangelização e formação cristã também na medida em que dialoga com a cultura possibi-

---

107. A expressão "comum humanidade" é inspirada na obra de CURRÒ, Giovani, S. *Chiesa e comune umanità*: Percorsi di teologia pratica sulla conversione pastorale. Torino: Elledici, 2021.

litando a superação de preconceitos. Ser-com, compartilhar a vida com pessoas com deficiência, expõe a comunidade a relações de gratuidade que testemunham a verdade da comum humanidade, frágil e vulnerável. Na Cruz de Cristo as relações de gratuidade atingem o seu mais alto grau de comunicação, a plenitude do dom. Em Cristo, o envolvimento das pessoas com deficiência nas experiências eclesiais de reciprocidade gratuita é gerador de vida.

Essa dinâmica eclesial alimenta o sentimento de pertença à Igreja nas pessoas com deficiência, o que lhes confere identidade cristã. A antropologia do Diretório impulsiona a cultura da inclusão na base de relações recíprocas de acolhida equilibradas sobre o que acomuna os seres humanos. São relações de acolhida entre sujeitos interlocutores interdependentes. Nesse contexto, também a companhia das pessoas com deficiência intelectual inspira avanços na catequese. Inspira métodos, ferramentas de comunicação, personalização do percurso, resgate do significado da corporeidade, dos sentidos que abrem canais de diálogo imprescindíveis. O Diretório tanto aconselha atenção ao tema na formação de catequistas como acolhida de catequistas com alguma deficiência. Estreitando laços entre família e comunidade, celebra-se a abertura à vida, que careceria de sentido sem essas presenças.

Como decorrência imediata desse entendimento antropológico, o Diretório avança a reflexão considerando que ninguém pode ser excluído da vida sacramental e da participação litúrgica por razão de haver alguma deficiência, por mais grave que essa seja. Tendo presente a deficiência intelectual, esclarece que a liturgia antes de ser compreendida racionalmente precisa ser vivida. A linguagem litúrgica, na sua multiplicidade, comunica-se com os cinco sentidos, não somente com a razão. Assim, entende-se que ninguém ser excluído implica envolvimento, inclusive das pessoas com deficiência, na ação litúrgica e nas atividades pastorais da comunidade.

Uma antropologia inspirada pela fé pode reconhecer a possibilidade de viver a dimensão alta da fé por parte de qualquer pessoa, ainda que com graves deficiências. Todos são convidados ao exercício da vida sacramental, da oração e do anúncio da Palavra. Isso se expressa sobremaneira quando o Diretório afirma o protagonismo das pessoas com deficiência na evangelização e na formação cristã, assumindo, segundo discernimento de sua vocação, inclusive o ministério de catequistas. Consideraremos, adiante, algumas implicações catequéticas e pastorais, dessa que, ao nosso modo de entender, qualifica exponencialmente as relações eclesiais de inclusão.

2. Perspectiva inclusiva do Diretório para a Catequese no contexto eclesial[108]

O Diretório para a Catequese não é um documento isolado no processo de evangelização vivido pela Igreja ao longo da história. Bem-posicionado no ambiente eclesial gerado pelo Concílio Vaticano II recolhe a atualidade do magistério pontifício. A fim de situar os números 269-272 do Diretório no cenário eclesial, apresentaremos alguns documentos e discursos dos papas São João Paulo II, Bento XVI e Francisco, que se dirigem de modo explícito à realidade das pessoas com deficiência. Com isso, procuraremos evidenciar o lugar desse assunto do Diretório 2020 no caminho percorrido pela Igreja, sobretudo em fins do século passado e início desse.

São João Paulo II, em 1988, na exortação apostólica *Mulieris Dignitatem*, ao refletir sobre a maternidade espiritual, no n. 21 fala da importância de acolher também as pessoas com deficiência, seguindo o exemplo discreto e primoroso de Maria. No mesmo ano, 1988, os números 38 e 53-54 da Exortação Apostólica *Christifideles Laici* fazem referência direta às pessoas com deficiência, afirmando a importância de seu testemunho como cristãos leigos na sociedade. O papa no n. 53 dessa Exortação convida as pessoas com deficiência e quem as acompanha no caminho formativo a encontrar "modalidades novas e preciosas que permitam-lhes viver a vocação humana e cristã e a participar do crescimento do Reino de Deus". Elas são, na comunidade, sujeito ativo e responsável pela obra de evangelização.

Bento XVI, em 2007, na Exortação Apostólica Pós-sinodal *Sacramentum Caritatis* (58) afirma a possibilidade de receber o batismo e concluir o caminho de iniciação cristã por parte das pessoas com deficiência. Segundo o pontífice, não existe um motivo bíblico ou dogmático que impeça o acesso de qualquer pessoa, com qualquer tipo de deficiência, aos sacramentos. Ainda Papa Bento XVI, na Exortação Apostólica Pós-sinodal *Verbum Domini* de 2010, convida à redescoberta da Palavra de Deus na missão da Igreja apresentando como destinatários da exortação também as pessoas com deficiência. A Palavra de Deus chama a cada um na sua própria condição e na sua própria história (*VD* 77). No número 71 do documento, o papa fala da possiblidade de desenvolver estratégias adequadas para incluir pessoas com deficiência na liturgia e na escuta da Palavra de maneira ativa e integral.

---

108. As reflexões aqui apresentadas são inspiradas na obra de DONATELLO, V. *Nessuno escluso! I riferimenti alle persone con disabilità nel magistero e nella catechesi ecclesiale*. Roma: LAS, 2020, p. 23-49.

Papa Francisco, na Exortação Apostólica Pós-sinodal *Evagenlii Gaudium* de 2013, não faz um referimento específico às pessoas com deficiência. Sublinha a cultura da inclusão como via de superação da crise antropológica provocada pela lógica do descarte, que reduz as relações a fins utilitaristas. Com *Evangelii Gaudium* reafirma-se que o caminho cristão se faz juntos; ninguém pode se salvar sozinho. Daqui a importância de uma catequese mistagógica como proposta de formação para todos. Na Carta Encíclica *Laudato Si'*, em 2015, Papa Francisco menciona uma vez a pessoa com deficiência colocando-a como "habitante da casa comum", ameaçada por um forte risco de ser descartada (LS 113). Sugere a necessidade de uma "revolução cultural" (LS 114) que recupere valores em resposta ao antropocentrismo moderno. Com a Exortação Apostólica Pós-sinodal *Amoris Laetitia* de 2016, Papa Francisco fala explicitamente à família que tem filho com deficiência, encorajando-a a uma alegria geradora de vida, pois "as pessoas com deficiência constituem para a família um dom e uma oportunidade para crescer no amor, na ajuda recíproca e na unidade" (LS 47).

Para conhecer um pouco mais do ambiente eclesial em que o ensinamento do Diretório para a Catequese sobre pessoas com deficiência está posicionado, vale a pena mencionar também alguns discursos dos três pontífices, já citados, no confronto com essa realidade. São João Paulo II, em 1984, durante o Jubileu Extraordinário da Redenção, encontrou-se com pessoas com deficiência e em linha com documento publicado pela Santa Sé em 1981, Ano Internacional das Pessoas com Deficiência, recordou a centralidade da Eucaristia e os plenos direitos das pessoas com deficiência, a necessidade de apoio às famílias e àqueles que se ocupam das pessoas com deficiência nos vários âmbitos da sua vida e o aspecto testemunhal da comunidade.

Bento XVI, na sua viagem apostólica aos Estados Unidos em 2008, encontrando-se com jovens com deficiência, reconheceu a sua vida como uma verdadeira bênção e agradeceu por seu modo diverso de servir a sociedade. Retomou o tema na sua viagem à África em 2009. Também durante a Jornada Mundial da Juventude, em 2011, em Madri, papa Bento XVI encontrou-se com pessoas com deficiência. Entre outros, é importante mencionar a fala do papa em evento organizado pelo Pontifício Conselho para a Promoção da Nova Evangelização, em 4-5 de maio de 2012. O Pontífice recordou a importância da missão humana e espiritual dos educadores, a sabedoria da Cruz e a exigência de uma comunidade que acolhe.

Papa Francisco – com palavras e gestos simples, com eloquente testemunho, desde o início do seu ministério pontifício – propõe a cultura do encontro e da inclusão contra a cultura do descarte. Em seus contínuos encontros com pessoas com deficiência, ele aponta que elas são uma bússola que mostra ao cristão a rota rumo ao irmão e provoca atitudes novas nas paróquias e em todas as realidades eclesiais: "a atitude de Jesus é incluir. Existem duas estradas na vida: a estrada da exclusão das pessoas da nossa comunidade e a estrada da inclusão. A primeira é a raiz de todas as guerras: todas as calamidades e todas as guerras começam com uma exclusão. E a estrada que nos faz ver Jesus e nos ensina Jesus é totalmente outra, é contraria à primeira: incluir".[109]

Quando perguntaram ao Papa Francisco que conselho daria a um pároco que se recusasse a acolher e excluísse da catequese e dos sacramentos as pessoas com deficiência, ele respondeu: "Mas que conselho pode dar o papa? Fecha a porta da Igreja, por favor! Ou todos ou ninguém". No Congresso Internacional sobre catequese e pessoas com deficiência, em 2016, o papa concluiu dizendo: "Sonho com uma Igreja, onde as pessoas com deficiência sejam catequistas". Com essa fala, o papa reposiciona o pensamento inclusivo da Igreja, dando voz e ação às pessoas com deficiência.

3. Presença de pessoas com deficiência em documentos sobre catequese[110]

No horizonte eclesial suscitado pelo Concílio Vaticano II, a Congregação para o Clero publicou, em 1971, o Diretório Catequético Geral com orientações para a Igreja Universal de natureza teológica e metodológico-pastoral. No parágrafo 80, o documento fala da catequese como educação da resposta de fé. Pouco à frente, o Diretório, de maneira clara, mostra o pensamento eclesial sobre a relação entre pessoas com deficiência e catequese (DC 91). O texto confirma o valor inalienável de cada pessoa humana e suas múltiplas possibilidades nos percursos de educação da resposta de fé.

> Os jovens e os adolescentes deficientes não constituem uma parte exígua da população. [...] A catequese deve fornecer a estes jovens a possibilidade de viver a vida de fé segundo a sua capacidade. Esta é uma tarefa eminentemente evangélica e um testemunho de grande relevo, de acordo com a constante tradição da Igreja. A educação destes jovens à fé constitui um

---

109. FRANCISCO. *Meditação matutina na capela de Santa Marta*. Nunca excluir, 5 de novembro de 2015, https://www.vatican.va/content/francesco/pt/cotidie/2015/documents/papa-francesco-cotidie_ 20151105_nunca-excluir.html (Acessado: 26 maio 2021).

110. As reflexões aqui apresentadas são inspiradas na obra de V. DONATELLO. *Nessuno escluso! I riferimenti alle persone con disabilità nel magistero e nella catechesi ecclesiale*, 51-70.

valor pastoral de grande importância, ainda pelo fato que oferece a possibilidade de contato com muitas famílias.

O Diretório de 1971 enfatiza o caráter evangélico e o testemunho da tradição da Igreja de cuidado atento aos seus membros mais frágeis. A tarefa primária da catequese é encontrar meios de acompanhar o percurso de fé de todas as pessoas. No caminho de personalização dessa missão, a pessoa com deficiência, membro pleno da Igreja, solicita atenções ao essencial, sobretudo na relação método-conteúdo, na relação pessoa-família-comunidade, na relação da teologia pastoral com as ciências pedagógicas.

O Diretório Catequético Geral (1971) e *Catechesi Tradendae* (1979) encontraram eco no Brasil em Catequese Renovada: orientações e conteúdo de 1983, que, em sintonia com o magistério universal da Igreja, refere-se às pessoas com deficiência no parágrafo 142, ensinando que "a família e a comunidade deverão colocar à disposição deles todos os recursos necessários para acolhê-los como membros plenos de sua comunhão, e para o possível conhecimento de Jesus Cristo. [...] tornam-se por sua vez evangelizadores da própria comunidade que os acolhe."

O Diretório Geral para a Catequese de 1997, em linha com os princípios teológico-pastorais do Concílio Vaticano II, atualiza o Diretório de 1971 com o objetivo de lançar luzes sobre as atividades catequéticas. No parágrafo 189 afirma que às pessoas com deficiência é necessário:

> oferecer uma adequada catequese, à qual têm direito, como batizadas, e se não batizadas, como chamadas à salvação. [...] toda pessoa, por mais limitada que seja, é capaz de crescer em santidade. A educação na fé, que envolve antes de mais nada a família, requer itinerários adequados e personalizados, leva em consideração as indicações da pesquisa pedagógica, e é atuada proficuamente no contexto de uma global educação da pessoa. [...] é preciso que a comunidade seja constantemente advertida e envolvida.

No Brasil, a recepção do Diretório de 1997 aconteceu, sobretudo, por meio do Diretório Nacional Catequético em 2005 que refletiu o tema da inclusão. O Diretório Nacional antecipa em 15 anos o Diretório de 2020 para a Igreja no mundo no que diz respeito ao reconhecimento da importância do serviço das pessoas com deficiência como catequistas e agentes de pastoral na comunidade de fé. Na seção sobre catequese na diversidade, o Diretório Nacional dedica sete parágrafos (202-208) para tratar do assunto. Dos processos de acolhida no itinerário catequético à preocupação com a formação de catequistas, o documento oferece propostas proféticas para a tradução do

Evangelho na vida das comunidades. Nesse sentido, o ambiente teórico-reflexivo sobre e para a prática catequética revela continuidade do processo, e segundo nossa análise, sem retrocessos.

O caminho feito até aqui permite reconhecer uma linha de continuidade no magistério da Igreja sobre catequese e pessoas com deficiência nos documentos vindos à luz pós-Concílio Vaticano II. Em todos os documentos citados, constata-se forte presença do paradigma social da inclusão. Com linguagem própria de sua época de redação afirma-se o caráter primário dos processos de educação da fé segundo as possibilidades de cada pessoa, também daquelas com deficiência. A preparação dos catequistas em diálogo com as ciências pedagógicas aponta para o fato de que a comunidade é convidada a fazer a sua parte em vista da qualidade das relações de inclusão.

Constata-se o caráter evangelizador da presença das pessoas com deficiência no seio das comunidades. Porém, como temos sustentado nesse artigo, a novidade do Diretório para a Catequese de 2020, quanto ao tema, está em afirmar a possibilidade do ministério de catequista vivido por pessoas com deficiência que se sentirem chamadas a tal serviço na comunidade. Desse modo, também às pessoas com deficiência, discernido o chamado ao serviço eclesial como catequistas, devem ser oferecidos acompanhamento, formação e suporte à sua resposta vocacional. Procuraremos refletir, à luz desse desafio, algumas implicações pastorais para a catequese e para a formação de catequistas.

4. Caminhar com à luz dos Discípulos de Emaús

Como fundamento bíblico para a reflexão sobre catequese com pessoas com deficiência e formação de catequistas poderíamos recorrer a inúmeros textos, nos quatro evangelhos, onde Jesus, ao encontrar-se com pessoas com deficiência, qualifica de maneira paradigmática as relações de inclusão, porque suscita processos multilaterais de conversão pessoal e comunitária. O cego de nascença (Jo 9,1-7), o cego de Betsaida (Mc 8,22-26), o cego de Jericó (Mc 10,46-52), o cego mudo (Mt 12,22), o possesso mudo (Mt 9,32-34), curas diversas, (Mt 15,29-31), o surdo-gago (Mc 7,31-37), a mulher encurvada (Lc 13,11-13), o homem da mão seca (Mt 12,9-13, Mc 3,1-6 e Lc 6,6-11), o centurião de Cafarnaum (Mt 8,5-13), o enfermo de Betsda (Jo 5,5-9), o paralítico (Mt 9,1-8, Mc 2,1-12 e Lc 5,17-26), são alguns dos textos que, sem dúvida, sustentariam, a partir do modo de agir de Jesus, a reflexão sobre a importância da presença das pessoas com deficiência nos percursos de educação da fé.

"Levanta-te! Vem para o meio!" (Mc 3,3b) iluminou a Igreja no Brasil, fazendo da Campanha da Fraternidade do ano de 2006[111] um instrumento muito importante de sensibilização socioeclesial para a realidade das pessoas com deficiência. Com esse suporte bíblico lançou-se o desafio de pensar a vida em suas várias dimensões a partir dos mais fragilizados e vulneráveis que sofrem marginalização e exclusão. A presença das pessoas com deficiência e suas famílias no centro da atenção das políticas públicas e dos projetos pastorais para formação dão indícios de uma certa maturidade humano-cristã de determinada geração.

Por conta do constante apelo de Papa Francisco por uma Igreja Sinodal, escolhemos o texto de Lucas 24,13-35, onde Jesus caminha com dois discípulos na direção de Emaús, para iluminar o tema em questão, no Diretório. Nesse texto bíblico não há, como naqueles citados acima, relação direta de Jesus com pessoas com alguma deficiência. Importante considerar a pedagogia do caminho – caminhar-com, ser-com. Ao caminhar-com na alegria e na tristeza, partilhando as dores e as esperanças (GS, 1) é possível humanizar-se. Ser-com é condição primeira e *sine qua non* para empreender qualquer percurso de evangelização e de formação cristã, de crescimento humano e espiritual segundo as possibilidades de cada pessoa. Como afirma o Diretório no n. 272, todas as pessoas são capazes da dimensão alta da fé. Esta se alcança caminhando juntos. Jamais isolados! Se se isola, não cresce. Se a comunidade isola, não cresce.

Porque ninguém vive sozinho, ninguém se humaniza sozinho, ninguém se torna cristão sozinho; porque não se pode pressupor essa verdade no horizonte antropológico da nossa comum humanidade; ela precisa de alguma maneira ser educada. Com os Discípulos de Emaús e sua pedagogia do caminho, podemos aprender a ser-com, caminhar-com em comunidade onde também as pessoas com deficiência são agentes na evangelização-formação-educação da fé. Há um processo sinodal que reside explícito nesse episódio evangélico. Ninguém se salva sozinho. Ninguém se santifica sozinho. Ninguém é catequista sozinho. Ser-com no caminho de partilha da fé, experimentando processos de reciprocidade do dom – catequistas (entre si e com os catequizandos), catequizandos (entre si e com os catequistas), é fundamento e condição primeira de todo e qualquer processo de educação da fé que se pretenda gerador de vida. Apresentamos aqui três passos importantes para auxiliar o catequista nesse caminho.

---

111. Cf. CONFERÊNCIA NACIONAL DOS BISPOS DO BRASIL. *Campanha da Fraternidade 2006* – Manual. Brasília, Edições CNBB, 2006.

1º passo: "Não estava ardendo o nosso coração, quando ele nos falava pelo caminho?" (Lc 24,32). Coração que arde evoca vida que acontece. Vida é movimento, é respiração, é luz, é presença, é companhia, é participação, é encontro. O coração que ardia enquanto caminhavam pode ser comparado à estrada que permite, oferece condição, abre espaço, acolhe os passos do caminhante a fim de que chegue à sua meta. Supõe contato, supõe impacto entre os pés do caminhante e o caminho. Faz doer, faz arder, faz parte da experiência do viver. Caminhar-com desafia a fazer espaço recíproco para que os passos do outro pisem, habitem, firam a minha existência e por sua vez os meus passos pisem, habitem, firam a sua. É o que mantém o coração pulsando vida, ardendo, permitindo colher as alegrias do caminho ressignificadas ao reconhecer a presença que deu sentido ao caminho. Caminhar-com é como que se fazer caminho, permitir ser caminhado, ser habitado, ser visitado, ser ferido de vida. Favorecer esse ponto de encontro é a primeira tarefa para a formação humano-cristã e educação da fé.

2º passo: "... tomou o pão, ... partiu-o ... e o reconheceram" (Lc 24,30-31). Momento culminante do caminho. Celebrado em torno à mesa como expressão máxima do ser-com. O movimento presente no partir o Pão é de uma intensidade imensa. O método utilizado por Jesus na pedagogia do caminho respeita cada etapa do processo e ensina como habitar e deixar-se habitar reciprocamente, a partir do contexto vital de cada um. Partir, repartir, compartilhar, dar-se, doar-se, receber-se em dom, permitir ser habitado, habitar, participar são maneiras complementares de expressar a vitória da vida. Quando Jesus parte o Pão, os discípulos o reconhecem como aquele que É-com, durante todo o percurso, sempre. A imagem do caminho, a pedagogia presente no trajeto de Emaús, liberta o ser humano para a reciprocidade inclusiva no horizonte do dom, da gratuidade, da escuta da singularidade, lugar de encontro da nossa comum humanidade. Caminhar-com pessoas com deficiência, ser-com elas, condição *sine qua non* para experimentar vida em abundância, pessoal e comunitariamente.

3º passo: "... voltaram para Jerusalém, onde encontraram reunidos os Onze e os outros discípulos" (Lc 24,33). A lição de Jesus no caminho de Emaús nos ensina que mesmo os momentos de desânimo, de frustração, de dor, potencializados pelo isolamento gradativo, podem tornar-se contexto para conversão. A exclusão e a marginalização produzem morte. O retorno dos dois discípulos de Emaús para junto dos outros em Jerusalém, após profunda experiência com Jesus morto-ressuscitado, é consequência do aprendizado de que não se vive sozinho, não se evangeliza sozinho, não se torna cristão sozinho. Há uma força de vida própria da experiência de comunidade. Nela habita o grande sinal do discipulado missionário de Jesus Cristo porque é o lugar onde o amor acontece. A vida comum, fraterna, permite reconhecer a beleza da singularidade como fundamento da unidade. Os percursos de educação da fé têm na comunidade sua origem, fonte e meta.

5. Implicações pastorais da pequena comunidade sinodal de catequistas

Ao refletir sobre evangelização e formação cristã no horizonte do *caminho feito com* as pessoas com deficiência, percorremos aspectos do magistério eclesial, referentes ao assunto, em diretórios, discursos, exortações, encíclicas e outros documentos. Ensinamento que impulsiona a Igreja a caminhar-com, ser-com, viver-com as pessoas com deficiência, por uma cultura da inclusão. Isso supõe uma comunidade aberta a crescer integralmente a partir da presença indispensável de todos e de cada um. A comunidade promove e vive a cultura da inclusão enquanto inclui. Em cada rosto, único e irrepetível, uma nova possibilidade de relações geradoras de vida.

Como lugar de encontro com Jesus através dos irmãos, a comunidade, pastoralmente falando, é o ambiente favorável para facilitar a presença, convidar, acolher, conhecer, aceitar, suportar, responsabilizar-se, criar laços de amizade, vincular-se e amar.[112] A comunidade revela vigor quando no seu cotidiano estão presentes essas notas que qualificam as relações de inclusão. A partir dessa compreensão de comunidade passaremos a considerar algumas possíveis implicações pastoral-catequéticas do Diretório 2020 a respeito da catequese com e do serviço catequético assumido por pessoas com deficiência.

O pensamento inclusivo da Igreja relativo à catequese com pessoas com deficiência provoca processos de conversão pastoral com consequências diretas nos percursos inicial e permanente da educação da fé de cada pessoa, assim como nos percursos de formação inicial e permanente de cada catequista. A primeira dessas consequências está no fato de que todo percurso evangelizador-formativo vive no ser-comunidade. O sim ao chamado ao serviço catequético acontece num contexto de pertença a uma comunidade de fé.

Tal pertencimento sinaliza para um percurso sinodal – o ser-com – que passo a passo atua uma transformação na realidade pessoal daquele que responde. O sim de

---

112. Cf. BUTTINONI, S. *La disabilità ci rende umani* – Dieci passi per una comunità inclusiva. Milano: IPL srl, 2020.

uma pessoa com deficiência ao serviço catequético é extremamente significativo não apenas para outras pessoas com deficiência que terão oportunidade de se inspirar em alguém com características semelhantes às suas, assumindo responsabilidades específicas nos percursos de educação da fé, mas sobretudo porque elas trazem, como qualquer outra pessoa, seus dons específicos, que complementam e enriquecem os dons dos outros catequistas.

A comunidade eclesial missionária, ambiente favorável ao cultivo da pertença,[113] é a casa que aquece a vida e confere-lhe identidade. Na comunidade o clima é propício para provocar o desejo, a sede, a fome de Deus, porque a comunidade vive essencialmente de fraternidade. Pensemos como seria educar a resposta de fé a partir de um grupo de catequistas ou de uma pequena comunidade sinodal de catequistas. Os catequizandos ou os próprios catequistas em processo contínuo de formação experimentariam de fato o *caminho feito juntos.*

Não é raro um catequista assumir sozinho a missão de acompanhar um grupo de catequizandos. O serviço catequético vivido dois a dois, provavelmente, seja o modelo mais conhecido no contexto catequético do Brasil. Aqui propomos o desafio de catequizar a partir de um grupo ou pequena comunidade sinodal de catequistas. Comunidade porque formada por mais de três catequistas. Sinodal porque caminham juntos vivenciando todos os passos da missão de educar a fé antes, durante e pós-encontros. Ou seja, é um grupo de catequistas formado por pessoas com ou sem deficiência que acompanha a educação da fé de um grupo de catequizandos igualmente formado por pessoas com ou sem deficiência.

De acordo com Maria Cecília,[114] o que aqui chamamos pequena comunidade sinodal de catequistas, é um grupo formado por catequistas, com diferentes dons, que vivem a fé e amam Jesus, na Igreja. Uma experiência profunda de discipulado e pertencimento como fundamento da missão. Na pequena comunidade sinodal de catequistas há alguém que coordena o processo e aqueles que participam possibilitando a acolhida da mensagem aos catequizandos do modo mais acessível possível. A cada passo do percurso podem se revezar no serviço de coordenar seja o encontro como um todo ou parte dele.

---

113. Cf. CONFERÊNCIA NACIONAL DOS BISPOS DO BRASIL. *Diretrizes gerais da ação evangelizadora da Igreja no Brasil: 2019-2023*. Brasília: Edições CNBB, 2019.

114. Cf. Maria Cecília de Freitas Cardoso Buckley. In: NAPOLI, O.C. *Senhor eu te adoro*, p. 14-30.

A pequena comunidade sinodal de catequistas é lugar onde os catequistas: testemunham e compartilham a fé através da vivência fraterna; possibilitam, aos catequizandos, através de seu exemplo, o acesso a *como se recebe* a mensagem, *como se responde*, especialmente através da *atitude religiosa* que a mensagem recebida nos chama a ter; comunicam a mensagem coordenando os encontros; acompanham os catequizandos com seu exemplo de pequena comunidade de catequistas; ajudam aos catequizandos e/ou ao catequista coordenador quando necessário.

Esse jeito de assumir o ministério de catequista, como pequena comunidade, desafia os catequistas a: prepararem juntos encontros catequéticos que proporcionem ambiente favorável à educação da fé; organizarem com zelo evangélico os serviços dentro da pequena comunidade, com avaliação periódica do caminho vivenciado; considerarem o acompanhamento personalizado de catequizandos e também de catequistas, no sentido de proporcionar formação gradual e permanente para a vivência da fé e para os serviços de coordenação e participação na pequena comunidade sinodal de catequistas.

Esta, formada por pessoas com competências e dons diferentes, apresenta uma forma de testemunhar que todas as pessoas, não importa quais sejam suas habilidades ou dons, podem viver e testemunhar a fé cristã, e ser inspiração para os catequizandos, que invariavelmente também terão habilidades e dons diferentes. Seus efeitos são muito positivos nos percursos catequéticos também e especificamente com pessoas com deficiência intelectual. De fato, como disse Paulo VI, em 1975, as pessoas com deficiência intelectual, "em sua simplicidade, nos lembram os caminhos essenciais para se ir a Deus."

Na relação catequistas-catequizandos, *caminho feito juntos* significa oportunidade de individuar aspectos importantes para o crescimento espiritual de todos, com atenção cristã às pessoas com deficiência, com abertura para delas receber seus dons. Não se trata de "cuidar das pessoas com deficiências" ou de "abrir-lhes as portas". Trata-se de reconhecer que o chamado a ser catequista pode ser feito a qualquer pessoa, auxiliada na comunidade a discernir sua vocação, com gratuita corresponsabilidade. Trata-se, ainda, de vivenciar relações de ajuda mútua num ambiente de acolhida, de amor, capaz de escutar e de receber o outro como dom.

Esse tipo de acompanhamento mútuo não será possível senão por meio de uma vida compartilhada, um caminhar juntos como companheiros – partilhando o mesmo pão – por isso nossa insistência sobre o com-viver, o ser-com. É fundamental a fidelidade às relações de amizade no seio da comunidade. Nesse caminho, a pessoa com deficiência é convidada à aventura dessa experiência. Para tanto, é imprescindível a formação do coração de todos num ambiente de partilha, sinceridade e empatia. No processo de acompanhamento espiritual ou de educação da fé, descobre-se o sentido de ser sinal da consolação de Deus uns para os outros.[115]

Nesse ambiente, a presença das pessoas com deficiência como catequistas traduz com força renovada o "vejam como eles se amam" e ainda "nisto reconhecerão que sois meus discípulos". A reflexão sobre a novidade do parágrafo 272 do Diretório para a Catequese no horizonte do modo como Maria Cecília compreende a missão do grupo de catequistas na catequese com pessoas com deficiência intelectual oportuniza repensar o caminho dos Discípulos de Emaús como ícone para a missão de educar toda e qualquer pessoa para a dimensão alta da fé. Educação que inicia e percorre gradualmente o caminho inspirada no testemunho de fé e fraternidade vividos com a pequena comunidade sinodal de catequistas que acolhe as pessoas com deficiência na evangelização e na formação cristã, também como catequistas, rumo à cultura da inclusão.

6. Para refletir

1. Que oportunidades a proposta *pequena comunidade sinodal de catequistas* traz à realidade eclesial da sua comunidade, sobretudo quanto à formação de catequistas?

2. Considerando sua experiência de Igreja, uma pessoa com deficiência encontraria condições de ser catequista? A *pequena comunidade sinodal de catequistas* poderia ser um lugar para ela viver esse serviço?

3. À luz do caminho de Emaús procure identificar elementos de inspiração catecumenal para o percurso de Iniciação à Vida Cristã de iniciandos/catequizandos educados na resposta de fé por uma *pequena comunidade sinodal de catequistas.*

---

115. Cf. PANCALDO, D.M. L'accompagnamento spirituale delle persone disabili. In: *"Mysterion – Rivista di Ricerca in Teologia Spirituale"* 8 (2015) 2, 235–242.

Conclusão

A título de conclusão, Therezinha Motta Lima da Cruz nos brinda com a reflexão intitulada *Uma catequese diversificada para um tempo de mudanças*. Com linguagem acessível e envolvente, nos propõe um profundo caminho de reflexão tendo como elemento principal a *dimensão metodológica* e sua importância no processo de evangelização e catequese para os dias atuais. A autora propõe 18 características específicas da pedagogia que o Diretório oferece para a ação catequética em nossas comunidades e que auxiliarão no itinerário em fazer ressoar a Mensagem evangélica de Jesus Cristo no coração de cada batizado.

Uma catequese diversificada para um tempo de mudanças

Therezinha Motta Lima da Cruz

Introdução

A orientação sobre metodologia no Diretório está centrada em duas dimensões: a importância de um encontro transformador com Jesus e a consideração da situação concreta de cada pessoa (com catequistas e catequizandos numa relação comunicativa, afetiva e comunitária). O texto sugere a diversificação de métodos, a serem aplicados em relação com a experiência de vida e a cultura em que cada pessoa se situa. Apresenta uma catequese que vai se desenvolver em situações variadas porque precisa ir ao encontro de necessidades humanas específicas. É claro que uma catequese de adultos precisa de um método diferente do trabalho a ser feito com crianças e adolescentes; o mesmo se poderia dizer da diversidade que vai ser necessária para atender a pessoas em situações específicas, como gente do campo e das cidades, pessoas de níveis culturais e interesses diferentes, seres humanos com problemas e gente com diferentes níveis de envolvimento religioso.

O Diretório valoriza, especialmente, o conceito de "encarnação", tomando a vida humana de Jesus como um sinal do quanto a comunicação divina quer se unir à vida, à cultura, às experiências e sentimentos humanos. O Filho de Deus se encarnou e se envolveu numa cultura e numa identidade humana e nós somos chamados a evangelizar levando em conta a situação de cada ser humano que encontramos, desenvolvendo uma catequese "encarnada" na situação e nas necessidades de cada pessoa. Isso vai exigir uma variedade de opções metodológicas e um relacionamento marcado por diálogo, proximidade afetiva e partilha de sentimentos e experiências. O catequizando não vai ser só um "destinatário" de um tipo de ensino, será um companheiro de caminhada. O texto mostra a importância da reciprocidade (o catequista ensina e aprende), do acolhimento e do diálogo (pessoas se sentirão acolhidas se forem ouvidas).

O Diretório se refere muito à linguagem que precisa ser usada, uma linguagem que seja não só compreensível para os ouvintes, mas que toque os sentimentos de cada um, com total fidelidade ao conteúdo. Ou seja: fala-se em adaptar a linguagem sem deturpar a mensagem. É algo que faz pensar no que aconteceu em Pentecostes, quando cada um ouvia a pregação dos apóstolos, a mesma mensagem, na sua própria língua. Mas aí fica visível um problema: o próprio texto usa palavras que a maioria dos catequistas e catequizandos não compreende, termos como: hermenêutica, anamnese, escatológico, propedêutica, tipologias e outros que se tornaram comuns nos documentos da Igreja, mas que estão distantes da compreensão da maioria do povo.

Assim, o Diretório às vezes usa uma linguagem que ele mesmo não recomenda. Alguns termos estão com seu significado explicado, como *"fides qua"* e *"fides quae"*, *"traditio"* e *"redditio"*. Mas a catequese precisaria explicar também palavras que usamos na liturgia. Muita gente participa da missa e não sabe o que significam palavras como, por exemplo: hosana e *kyrie eleison*. Falamos bastante em "santo sacrifício da missa" e não percebemos que, para muitos, a palavra "sacrifício", em vez de significar "uma oferta que se torna santa", soa como algo pesado, desagradável, que se faz por obrigação.

Há expressões de linguagem que não podem ser evitadas porque já foram incorporadas ao vocabulário eclesial e são usadas na liturgia. Seria importante que fossem bem compreendidas e se explicasse, de modo bem simples, o seu significado. Poderíamos até acrescentar a cada documento da Igreja um folheto ou um anexo final que definisse em linguagem bem simples os termos cujo significado não é claro para uma boa parte do povo.

Nosso grande modelo seria o próprio Jesus, um carpinteiro que falava de um modo que era familiar e motivador para outros operários. Mas se quisermos falar do jeito certo é preciso também saber ouvir, interessar-se pela experiência de vida do outro.

Há outros aspectos que o Diretório aborda com intensidade como, por exemplo: a função catequética da comunidade, o diálogo que nos aproxima e nos faz compreender melhor as necessidades dos catequizandos, os instrumentos pedagógicos de diversas áreas da cultura que podem ser usados na evangelização, o trabalho a ser feito em grupo e os variados espaços em que a catequese pode atuar.

Uma outra questão a ser considerada é o excesso de documentos que a Igreja produz e que dificulta a divulgação e pode deixar muitos sem serem conhecidos. É como nos diz um pitoresco provérbio popular: o melhor lugar para esconder uma árvore é no meio da floresta. Mas é fundamental escolher e trabalhar bem alguns porque o catequista, que fala em nome da Igreja, precisa saber o que ela quer que seja comunicado.

Todos esses aspectos precisam ser considerados no planejamento da catequese, na formação dos catequistas e na vida da comunidade eclesial que precisa ser acolhedora, comunicativa e evangelizadora pelo seu próprio modo de viver e de se relacionar com todos, sendo sinal do amor fraterno que Jesus quer ver entre nós.

1. Características específicas da pedagogia apresentada no Documento

a) *A catequese é inspirada na encarnação e isso conduz à interação entre a Palavra e a vida humana*

A humanidade de Jesus é um convite a nos interessarmos pela situação de vida dos catequizandos e promovermos uma catequese que se encarne nessa vida, sendo acolhida de modo pessoal e animador. Aí fica claro que a catequese não é só "ensino", é convívio, conhecimento mútuo, inserção na comunidade e, principalmente, uma preparação para deixar-se transformar pelo encontro com Jesus. O catequista não comunica só por aquilo que diz, mas também pelo seu comportamento, sua visível espiritualidade de seguidor de Jesus, sua participação na comunidade e seu acolhimento fraterno. Isso tem que ser feito, é claro, de forma motivadora, apresentando o Evangelho como a verdadeira "Boa-nova" que vai fazer nossa vida ser mais construtiva e bem vivida.

Afinal, como um bom Pai, Deus nos orienta para o que vai nos fazer bem. Costumo pensar nas leis de Deus como uma espécie de "manual do fabricante" que mostra o que se deve fazer para a vida que Ele criou para nós funcionarmos bem. Quem comprar, por exemplo, uma máquina, e fizer tudo ao contrário do que diz o manual porque ela é sua e pode fazer dela o que quiser, vai ter em breve a máquina estragada; e isso não será castigo do fabricante, será consequência da falta de inteligência do usuário. A catequese precisa então apresentar de modo positivo o que Deus nos pede, semeando a alegria de estarmos guiados por um amor que não desiste de nós e só quer o nosso bem.

b) Valorização dos diferentes métodos, a partir de situações diversas

Se as situações de vida são diferentes, os métodos têm que ser diversos também, adaptados à situação de cada um, considerando, entre outras coisas: idade, experiência de vida, situação social e cultural, indisponibilidade para se inserir no que já está programado, estágio de evangelização de cada um. Se algumas pessoas, por exemplo, não têm possibilidade de participar de nossa catequese nos dias e horários programados, não devem ser simplesmente excluídas, mas precisam de uma programação alternativa.

c) Deus se encontra também através da experiência humana; isso pede reciprocidade e diálogo

Há quem pense em Deus como uma presença distante. Jesus encarnado, vivendo uma vida humana, é o grande sinal de quanto Deus quer estar junto de nós. Falamos muito em colocar Deus na nossa vida, mas Ele já está lá, precisamos é reconhecer sua presença e com isso nos transformar em pessoas novas. Quem de fato está ligado a Deus vive com profundidade o amor aos irmãos, especialmente àqueles que estão em situações difíceis. Afinal, Jesus disse coisas assim: "Não são as pessoas com saúde que precisam de médico, mas as doentes" (Lc 5,31). "Tudo que fizerdes a um destes meus irmãos menores é a mim que o fazeis" (Mt 25,40). "Nisto conhecerão todos que sois os meus discípulos: se vos amardes uns aos outros" (Jo 13,35). A catequese vai ajudar a fazer isso nos levando a conhecer bem cada pessoa, partilhando experiências, num diálogo que nos aproxima uns dos outros, vivido com carinho, respeito mútuo e real interesse na construção de um relacionamento fraterno, com capacidade de adaptação à situação específica dos que mais precisam.

d) Jesus procura, encontra e acolhe as pessoas e o catequista deve imitá-lo

O Diretório toma o comportamento de Jesus como algo que deve servir de inspiração para os catequistas. O Evangelho nos mostra como Ele vai ao encontro das pessoas, se importa com elas e assume atitudes que vão transformar suas vidas. Essas atitudes de Jesus poderiam ser bem utilizadas no desenvolvimento da espiritualidade e da capacidade de relacionamento na catequese, sendo trabalhadas em leitura orante no processo de formação de catequistas e catequizandos. Não vamos fazer "milagres" como Ele fez, mas com suas curas milagrosas Jesus nos convida a prestar atenção às necessidades das pessoas e fazer algo bom por elas. Podemos refletir sobre atenção e acolhimento ao próximo, cuidado com as necessidades do outro, por exemplo, a partir de:

- Mt 9,9-13: Jesus viu Mateus ao passar pelo local de trabalho dele, chamou-o e ele o seguiu. Almoçou na casa dele junto com outros publicanos, sendo até por isso desaprovado por alguns fariseus.

- Mt 8,14: Jesus prestou atenção na sogra de Pedro doente e a curou.

- Mt 9,18-26: Jesus ouve Jairo, vai à casa dele e devolve a vida de sua filha.

- Mt 18,1-5: Jesus acolhe uma criança e faz dela um exemplo para os discípulos.

- Mc 5,25-34: Jesus percebe que alguém o tocou e faz uma cura.

- Lc 6,6-11: Jesus cura o homem com a mão seca.

- Lc 7,11-16: Jesus ressuscita o filho da viúva de Naim.

- Lc 13,10-17: Jesus cura a mulher encurvada no sábado, na sinagoga.

- Lc 19,1-10: Jesus vai ao encontro de Zaqueu e o faz mudar de vida.

- Lc 24,13-32: Jesus "catequiza" os discípulos de Emaús.

- Jo 4,1-25: Jesus vai ao encontro da samaritana e se apresenta a ela como Messias.

- Jo 8,1-11: Jesus salva a mulher que ia ser apedrejada e muda a vida dela.

e) As parábolas são recursos metodológicos que provocam perguntas e reflexão interior

As parábolas de Jesus levavam a uma boa reflexão que busca interpretar o que Deus quer de nós nas situações humanas que nos cercam. São contadas a partir da realidade e da cultura em que os ouvintes viviam. Catequistas e catequizandos podem imaginar como Jesus hoje comunicaria a mesma mensagem em parábolas situadas no mundo moderno em que vivemos. O que seria, por exemplo, hoje, uma "casa construída sobre a rocha"? Quem seria visto como "bom samaritano" em nossa cidade? Como um professor seria um "semeador" e que alunos produziriam "frutos"? O que em nossa vida pode ser classificado como "joio" ou "trigo"? Quem seriam hoje as "ovelhas perdidas", os "trabalhadores da vinha do Senhor", "os dois filhos convidados a trabalhar na vinha" (Mt 21,28-31)? Que "filhos pródigos" poderiam se tornar melhores sendo perdoados?

Mas a catequese hoje também dispõe de outros tipos de parábolas que podem nos levar a uma reflexão que até combina com o que Jesus comunicou no Evangelho. Muitas estão, por exemplo, nos livros do jesuíta Anthony de Mello, no livro *Abrindo Caminhos* (de Dom Itamar Vian e Frei Aldo Colombo) e mesmo em publicações não especificamente religiosas. Há até histórias infantis que trazem mensagens que levariam a um bom diálogo. Podemos pensar, por exemplo, no Pinóquio, que precisava se tornar um "menino de verdade", mas só vai conseguir fazer isso ouvindo a sua consciência ("o grilo falante") e fazendo o que é certo. Cenas de filmes também podem ter um conteúdo simbólico.

Lembro, por exemplo, que no filme do Homem Aranha, fiquei emocionada com uma cena: Peter Parker estava triste porque não podia comunicar à querida Mary Jane sua identidade secreta. Conta isso ao tio, que lhe diz: É isso mesmo: com grande poder vem grande responsabilidade. Logo, isso me fez lembrar uma frase de Jesus: A quem muito foi dado muito será pedido (Lc 12,48). Isso não é misturar o sagrado com o profano, nem significa, é claro, que vamos substituir as palavras de Jesus. Pelo contrário, são exatamente as palavras de Jesus, cuidadosamente guardadas em nosso coração, que vão ajudar catequistas e catequizandos a perceber nos fatos comuns da vida e nos recursos culturais à nossa volta ecos do que é refletido na sua formação religiosa. Perceber um recado de Deus também em tudo que não é geralmente considerado como "religioso" é um aprofundamento da nossa espiritualidade.

Outros recursos interessantes podem ser as orações e poemas do tipo que temos nos livros de Michel Quoist, de Dom Helder Camara e de outros autores. O importante é fazer perceber que o diálogo com Deus não se limita aos momentos que passamos dentro do templo. Gosto de lembrar a última frase que sempre ouço na missa: "Vamos em paz e que o Senhor nos acompanhe". Jesus nos acompanha, continua conosco quando vamos para casa, quando estamos trabalhando, quando conversamos com os vizinhos, quando lemos o jornal, quando visitamos um doente, quando consolamos quem está triste... Meu querido amigo e companheiro de trabalho na catequese, Frei Bernardo Cansi, falecido em 1996, me ajudou muito a sentir a presença de Deus na natureza, nos necessitados, nos apelos derivados das situações humanas. Tudo para ele era um convite à oração. A percepção dessa presença permanente nos fortalece na fé, nos dá uma espiritualidade mais profunda e gratificante.

f) A catequese precisa ajudar a iluminar e interpretar as experiências de vida

Fé e vida não são campos separados. Examinar a partir da fé o que nos acontece é algo que ajuda a entender melhor a vida, a buscar respostas mais sábias para os desafios que precisamos enfrentar, a ir ao encontro de pessoas que vão fazer parte da nossa caminhada, a ver com mais profundidade tudo que nos cerca. Por isso, os diferentes setores da vida (como, por exemplo: relações familiares, ambiente de trabalho, situação social, alegrias e sofrimentos, literatura e outras artes) também são parte do material catequético. Tudo isso pode ser confrontado e iluminado pela revelação que nos vem do Evangelho. É bom aprender a perguntar, diante de qualquer situação de vida: O que Jesus diria sobre isto? Como Ele quer que eu viva essa experiência?

g) Jesus parte de experiências humanas para comunicar o transcendente. A catequese precisa valorizar a experiência humana de cada pessoa

Jesus não faz discursos teóricos desligados da vida. Ele usa as situações concretas que cada um vive para mostrar o projeto de Deus. Por isso apresenta parábolas e usa uma linguagem ligada à prática de vários grupos, usando situações que os ouvintes conhecem.

Por exemplo:

> Chama os que já estão pescando para se tornarem "pescadores de homens" (Mt 4,19); fala das lâmpadas que iluminam a casa para convidar seus discípulos a serem "luz do mundo" (Mt 5,14-16); usa as imagens do cisco e da trave que cada um pode ter no olho para ensinar a não julgar o outro (Mt 7,1-5); usa muitas vezes a figura de ovelhas que precisam ser bem cuidadas para falar a um povo acostumado com a função de pastores; conta as parábolas do semeador, do joio e do trigo, do grão de mostarda, dos trabalhadores da vinha numa sociedade onde a agricultura era fundamental (Mt 13 e 20); fala da oferta da viúva, que era símbolo dos pobres e desamparados no meio do povo (Lc 21,1-4);

Na catequese precisamos usar uma linguagem que soe familiar aos ouvintes. Mesmo ao apresentar fatos e discursos do tempo de Jesus podemos pensar como Ele transmitiria a mesma mensagem usando características da nossa cultura de hoje. A leitura orante da Bíblia pode ajudar a trazer para hoje o que a Escritura comunica. Para isso ela tem quatro passos, que deveriam ser muito usados na formação dos catequistas e catequizandos:

1) A leitura do texto em sua realidade inicial: aí vamos conversar sobre o que acontecia naquele tempo percebendo o que estava sendo comunicado àquele povo, já que a compreensão da realidade em que o texto foi escrito é importante para perceber plenamente o seu significado.

2) A meditação (que responde à pergunta: o que o texto diz para nós hoje?): aí pensamos como a mesma mensagem seria aplicada à nossa realidade, que personagens e ações de hoje corresponderiam ao que está sendo comunicado. Por exemplo: com que personagens e situações hoje criaríamos uma história que comunicasse a mesma mensagem da Parábola do Bom Samaritano?

3) A oração: aí se responde à pergunta sobre o que esse texto nos faz dizer a Deus. E cada um terá sua conversa íntima com Deus a partir da mensagem que foi comunicada e do que de fato está acontecendo na sua vida.

4) A contemplação seguida de ação: o que contemplamos a partir do texto como vontade de Deus em nossa vida? O que vamos fazer a partir dessa comunicação de Deus? E aí se pede o apoio divino para pôr em prática, de modo bem concreto e pessoal, algo que se relacione com o que a mensagem ouvida e assimilada nos comunicou.

Esse processo de leitura orante poderia se tornar algo sempre presente na catequese porque ajudaria tanto a compreender a Bíblia como a iluminar e transformar a vida com a mensagem de Jesus.

h) A memória faz parte da história da salvação e é cultivada na celebração que faz a pessoa se sentir inserida nessa história

Ir ao encontro das pessoas, usando a metodologia de Jesus, significa compreender que para comunicar a sua mensagem presente no Evangelho não basta memorizar e repetir as orações, é preciso estar realmente ligado na realidade cotidiana de cada ser humano e ajudá-lo a trazer no coração o que a oração de fato significa. A memória é importante nas celebrações e na vivência da história da salvação. Ela faz cada um se sentir parte dessa história e nos permite transmitir o que nos foi revelado. Sem guardar na memória a verdade da fé acabamos nos afastando do que nos foi comunicado. Mas não basta saber repetir, é preciso trazer na mente e no coração o que aprendemos, assumimos e estamos expressando ao orar.

O Diretório para a Catequese diz que é essencial que o que foi memorizado seja também interiorizado, vindo a fazer parte da nossa identidade de fé. Como não se pode interiorizar o que não foi bem compreendido e assumido, a catequese precisa explicar bem as fórmulas de fé e promover momentos de meditação sobre os conteúdos do que se memoriza, tanto em forma de oração como na história da salvação que é apresentada e da qual se precisa fazer parte.

Desde o início, cristãos memorizaram a Profissão de Fé. Hoje precisamos que o nosso Credo seja bem compreendido em cada uma de suas afirmações para ser memorizado e interiorizado de forma construtiva a alimentadora da fé. É o nosso "currículo" de fé, que não existe só para ser lembrado, mas também para fazer parte da nossa identidade.

Também o Pai-nosso precisa ser percebido em seus dois aspectos: ele é ao mesmo tempo pedido e compromisso. Se o Pai e o pão são "nossos" temos que saber partilhar o que somos e temos com os irmãos da grande família onde Deus nos colocou. Se pedimos perdão temos que saber perdoar. Se queremos o Reino de Deus em nosso meio, temos que viver de acordo com os valores desse Reino. Santificar o nome de Deus e fazer a sua vontade são consequências do dom da graça, mas também dependem da nossa disponibilidade para amar e servir.

i) *A catequese é um trabalho em duas direções: promove a entrega da fé* (traditio) *e a resposta do destinatário* (redditio). *Não promove uma memorização estéril: exige relação, diálogo, reflexão, silêncio e acompanhamento*

O que se faz na catequese não é só aprender teorias, é se comprometer com o que estamos aprendendo e, principalmente, estabelecer uma relação completa com a Trindade como fonte de orientação de vida. O testemunho de vida do catequista e a resposta profunda do catequizando são fundamentais. Para que isso seja vivido com autenticidade, não precisamos só de "ensino". Outros elementos fundamentais são: a relação entre catequistas, catequizandos e a comunidade, o diálogo fraterno, sincero e acolhedor, a reflexão pessoal ligada à vida de cada um, o silêncio que aprofunda a reflexão e o acompanhamento que faz o catequizando se sentir apoiado e recebido com amor como parte da Igreja.

Por isso, não vamos preparar só os catequistas para esse trabalho. A comunidade inteira precisa se sentir responsável por um testemunho convincente e motivador e por um acolhimento que seja sinal do amor que Jesus quer ver entre seus seguidores.

j) A linguagem da fé deve estar articulada nas linguagens dos sujeitos envolvidos

Esse é um dos aspectos mais trabalhados no Diretório para a Catequese. É óbvio que as linguagens precisam considerar não só a idade, o nível de instrução, a cultura e a condição social em que cada um vive. Certos problemas pessoais exigem uma linguagem especial. Muitas vezes, os nossos documentos tratam certos assuntos de forma idealizada. Por exemplo, pensa-se na família como berço da fé e do amor, mas nem sempre na realidade é assim. Vamos sempre trabalhar na direção da vivência do amor e da fraternidade, mas um catequizando com problemas emocionais na experiência familiar precisa de uma conversa especificamente ligada à sua situação. Como não vamos adivinhar o que cada um precisa, tudo tem que se apoiar numa atitude de escuta respeitosa e compreensiva, para que cada um se sinta bem orientado, ajudado e acolhido, livre para se comunicar, pois só assim poderemos trazer a ele propostas adequadas à sua experiência pessoal.

l) A Igreja tem várias linguagens: bíblica, simbólica, litúrgica, doutrinal, performativa (que envolve testemunhos) e é preciso também assumir a linguagem das culturas (inculturação)

A evangelização, por abranger várias dimensões, usa diferentes tipos de linguagem. A Bíblia, escrita num outro tempo e em outra cultura, é claro que tem uma linguagem que não seria a que usaríamos hoje para transmitir a mensagem de fé. Isso exige que se prepare o catequista para uma leitura adequada das Escrituras. Lá estão, por exemplo, números simbólicos que precisam ser compreendidos em vez de serem levados ao pé da letra. Também certas narrações bíblicas não são exatamente históricas. É preciso compreender que uma linguagem simbólica, embora não retrate o que realmente aconteceu no passado, é até mais verdadeira porque comunica uma mensagem válida para todos os tempos. Os documentos da Igreja que tratam da leitura bíblica precisariam ser mais conhecidos, para que não se fique fazendo leituras fundamentalistas que criam problema em vez de valorizar a mensagem. Dois desses documentos seriam fundamentais para os catequistas perceberem como de fato a Igreja quer que a Bíblia seja lida: a Constituição Dogmática *Dei Verbum* do Concílio Vaticano II e A interpretação da Bíblia na Igreja, publicada em 1993 (com uma versão popular em 2008, lançada pela CNBB).

Considerando a importância fundamental da Bíblia para a formação dos catequistas e uma boa vivência da fé e pensando nas dificuldades que muitos podem encontrar para a interpretação correta e motivadora do texto, é importante que cada comunidade tenha um sistema permanente de encontros, estudo, reflexão e oração a partir da Sagrada Escritura. Já há materiais adequados para isso produzidos aqui no Brasil por biblistas bem-preparados e que usam uma linguagem acessível e pedagogicamente eficiente.

m) Usamos em particular a linguagem narrativa e autobiográfica para que se entenda a realidade e o sentido da vida

Histórias de vida são mais motivadoras do que as puras definições de preceitos e doutrinas que elas vão ilustrar. Isso aparece até na Bíblia, que relata as origens do povo do Antigo Testamento, dos patriarcas e profetas, e com isso vai comunicando o que Deus queria que servisse como orientação para o povo escolhido. O mesmo acontece no Novo Testamento: a salvação, os ensinamentos de Jesus e o significado de sua vida, a missão dos apóstolos não são apresentados como discursos teológicos, mas fazem parte da história que nessa direção foi vivida. Hoje temos até novas histórias, a partir da biografia de santos, da narração da vida da Igreja e das experiências de fidelidade ao Evangelho que tantas pessoas viveram no passado e vivem ao nosso redor hoje.

Catequistas e catequizandos devem ser motivados a fazer da sua vida uma história bonita de fidelidade a Jesus, na construção do bem, na luta pela justiça, no convívio fraterno que vai animar a vida de outras pessoas. Também devem guardar com carinho na memória e na oração as pessoas que, passando por sua história, contribuíram para que ela tivesse um desenvolvimento mais animador e construtivo.

n) A arte cristã também é uma linguagem comunicativa que toca o coração e ajuda a interiorizar a mensagem

A beleza favorece a comunicação. Nossa Igreja usa símbolos, imagens que podem favorecer a interiorização e a comunicação com o sagrado. Obras de arte bem escolhidas criam um clima inspirador em nossos templos, livros e ambientes de encontro e ilustram verdades de fé a serem aprofundadas na catequese. Uma boa explicação do significado das imagens leva a uma reflexão aprofundada sobre o que ali está sendo representado. Objetos bem compreendidos, como escapulários, rosários, presépios, sacrários, figuras da Via Sacra e da Santa Ceia e outros símbolos religiosos podem alimentar sentimentos que levam à oração e à lembrança do que já foi comunicado na evangelização.

o) O patrimônio musical da Igreja também entra na mente e no coração das pessoas

A música anima e desperta sentimentos. Já se disse que "quem canta reza duas vezes". O Antigo Testamento nos mostrou isso com a valorização dos Salmos. O louvor ao Senhor se manifestava aí de uma forma artística vivida com alegria e beleza. Também é mais fácil memorizar e interiorizar uma canção ou um poema do que um texto didático.

Isso nos leva a um empenho e cuidado na seleção dos cantos religiosos a serem usados na liturgia, na catequese e nas comemorações feitas na comunidade. Trabalhar a letra das canções a serem usadas é também uma forma relevante de catequese.

Fora do patrimônio musical da Igreja também há canções com boas mensagens que, mesmo não sendo usadas na liturgia, podem levar a reflexões sobre a vida e as relações humanas e serem comentadas na catequese. Reflexões semelhantes podem ser feitas a partir de poemas que falam da vida e de Deus.

p) Novas tecnologias criaram outras formas de comunicação que devem ser consideradas

Hoje o espaço virtual é muito usado para comunicação, partilha de textos e ideias, pesquisa de materiais que podem ter utilidade didática. Slides são montados no computador para expor um tema, propor orações, cantos e dinâmicas num encontro catequético. Estão até sendo usados com frequência nas missas, em lugar dos antigos roteiros impressos.

A comunicação digital está aberta à interação. Redes sociais podem ser úteis na troca de mensagens que conduzem a um tipo de meditação. Catequistas e catequizandos podem se comunicar pela internet, buscando notícias e informações, exprimindo opiniões, dialogando e enviando perguntas. Jovens estão particularmente acostumados com a comunicação digital. Considerando a comunicação mais ativa no mundo virtual, a catequese tem que estar presente também nas redes testemunhando valores evangélicos, divulgando materiais, dando respostas e propondo ações solidárias. Mas há situações em que também é preciso usar o discernimento e denunciar conteúdos ambíguos ou negativos apresentados na internet.

A catequese pode se servir desses recursos, mas eles não substituem a realidade espiritual, sacramental e eclesial vivida no encontro direto com as pessoas. O encontro pessoal e comunitário é fundamental. Ser comunidade, sentindo-se pessoalmente ligado a companheiros de caminhada na fé é essencial para ser parte viva e atuante da Igreja.

q) Outras linguagens podem ser utilizadas, mas no centro de tudo está o mistério pascal, entrelaçando a história de Jesus, a fé da Igreja e a vida dos que estão falando e escutando

Na catequese nenhuma linguagem, é claro, dispensa o que nos foi revelado e está comunicado na Bíblia. Mas temos que conhecer também o que se passa na sociedade, os recursos de nossas culturas, os problemas e conquistas do nosso mundo moderno e da vida pessoal de quem está conosco.

No centro de tudo que pensamos, vemos e vivemos, dando sentido à nossa vida, está o mistério pascal. É a partir da vida de Jesus, sua encarnação, sua revelação e sua missão que começamos a perceber quem somos e o que somos chamados a construir. Essa história é o centro da fé da Igreja e nos chama a ter um relacionamento especial com os companheiros que Deus coloca em nossa caminhada. Isso tem que ficar claro e bem vivido na catequese e na vida de cada pessoa envolvida, sendo conteúdo importante da nossa linguagem.

r) A comunidade é um espaço fundamental em que se desenvolve o sentido de ser Igreja

As relações geradas por Jesus devem ser verdadeiras experiências de fraternidade. A catequese não é só "conversa particular" (embora em certas situações é importante que isso aconteça). A evangelização feita em grupo ajuda a desenvolver boas relações, a promover troca de experiências e atitudes de solidariedade, que são parte indispensável da identidade cristã. Participando da catequese ganhamos e passamos a ser novos amigos, vendo uns aos outros como irmãos que Deus criou para estarem unidos. O grupo nos ajuda a crescer como pessoas, partilhando experiências, ideias, talentos. A Eucaristia, desde a sua criação na Santa Ceia, foi vivida em grupo. Jesus chamou seus apóstolos e fez deles um grupo de partilha e trabalho conjunto.

Dinâmicas de grupo são parte da pedagogia catequética e devem ser bem conduzidas. A formação do catequista deve incluir vários modelos dessa dinâmica. O verdadeiro companheirismo sempre deve ser estimulado e bem vivido.

Grupos precisam de locais de encontro. Durante muito tempo os espaços da catequese eram vistos como "salas de aula". Mas será bom que sejam também organizados de maneiras variadas em espaços bem cuidados e acolhedores. Os materiais a serem usados devem ter boa visibilidade e poder de comunicação. Preparar um espaço agradável para os catequizandos também é um modo de mostrar que os valorizamos e nos sentimos felizes com a presença deles.

s) Uma Igreja em saída abrange outros espaços: casas, pátios, cadeias, espaços educacionais, culturais e recreativos

O Papa Francisco tem recomendado muito uma "Igreja em saída". Na catequese isso pode ser vivido primeiro em visitas e partilhas dentro da própria comunidade em diálogo e cooperação com outras pastorais, para que todos conheçam bem o que está sendo feito e estejam dispostos a colaborar com as variadas atividades paroquiais.

Mas há também outras possibilidades, como por exemplo: visitas às casas tanto de paroquianos como de pessoas que precisem de ajuda; trabalhos feitos em espaços recreativos, em hospitais, escolas, e até em cadeias se as pessoas tiverem maturidade e preparo suficiente; participação em eventos culturais; projetos de ajuda em campanhas de solidariedade.

6. Para refletir

Diante das orientações pedagógicas do Diretório, podemos pensar:

1. Que mudanças deveríamos fazer na nossa linguagem catequética?

2. Como faríamos cada vez mais nossos catequizandos se sentirem permanentemente acompanhados por Jesus?

3. Como prepararíamos a comunidade para uma ligação maior com os catequistas e catequizandos?

4. Se a catequese é um processo permanente de crescimento na fé, como estamos desenvolvendo isso em nossa vida?

5. Que recursos pedagógicos e comportamentos comunicativos poderiam trazer boas contribuições à nossa catequese?

Referências

CAPÍTULO 1
Apresentar as razões da esperança cristã: A catequese a serviço da transmissão da Revelação cristã

CNBB. Diretório Nacional de Catequese. Brasília: Edições CNBB, 2006, n. 15-28. (Documentos da CNBB, 84).

CONCÍLIO VATICANO II. Constituição Dogmática *Dei Verbum* sobre a Revelação Divina, 1965.

FRANCISCO, PP. Exortação Apostólica Pós-Sinodal *Evangelli Gaudium*: Sobre o anúncio do Evangelho no mundo atual.

PAULO VI, PP. Exortação Apostólica *Evangelli Nuntiandi* sobre a evangelização no mundo contemporâneo.

CAPÍTULO 2
Pedagogia da fé: Caminho para a maturidade cristã

ALBERICH, Emilio. *Catequese evangelizadora*: manual de catequética fundamental. São Paulo: Salesiana, 2004.

BERGOGLIO, Jorge Mário. *Aos catequistas*: saí, buscai, batei! São Paulo: Fons Sapientiae, 2020.

BERGOGLIO, Jorge Mário. *Queridos catequistas*: cartas, homilías y discursos. Buenos Aires: PPC, 2013.

BIEMMI, Enzo. *El segundo anuncio*: la gracia de volver a empezar. Maliaño: Sal Terrae, 2013.

BIEMMI, Enzo. Linguaggio e linguaggi in catechesi: problematica del Congresso EEC, 2012. In: BIEMMI, Enzo; BIANCARDI, Giuseppe (Orgs.). *Linguaggio e linguaggi nella catechesi*: atti del Congresso dell'Équipe Europea di Catechesi, 2012. Torino: Elledici, 2013, p. 3-11.

CATECISMO DA IGREJA CATÓLICA. Petrópolis: Vozes. São Paulo: Loyola, 1993.

CONFERÊNCIA NACIONAL DOS BISPOS DO BRASIL. *Diretório Nacional de Catequese*. Brasília: CNBB, 2006 (Documentos da CNBB, 84).

CONFERÊNCIA NACIONAL DOS BISPOS DO BRASIL. *Iniciação à vida cristã*: itinerário para formar discípulos missionários. 2. ed. Brasília: CNBB, 2017 (Documentos da CNBB, 107).

CONCÍLIO VATICANO II. *Constituição Dogmática* Dei Verbum: sobre a Revelação divina. In: COSTA, L. (Org. Geral). *Documentos do Concílio Ecumênico Vaticano II (1962-1965)*. 4. ed. São Paulo: Paulus, 2007, p. 347-367.

CONCÍLIO VATICANO II. *Constituição Pastoral* Gaudium et Spes: sobre a Igreja no mundo atual. In: COSTA, L. (Org. Geral). *Documentos do Concílio Ecumênico Vaticano II (1962-1965)*. 4. ed. São Paulo: Paulus, 2007, p. 539-661.

CONCÍLIO VATICANO II. *Declaração Gravissimum Educationis*: sobre a educação cristã. In: COSTA, L. (Org. Geral). *Documentos do Concílio Ecumênico Vaticano II (1962-1965)*. 4. ed. São Paulo: Paulus, 2007, p. 321-338.

CONCÍLIO VATICANO II. *Decreto Unitatis Redintegratio*: sobre o ecumenismo. In: COSTA, L. (Org. Geral). *Documentos do Concílio Ecumênico Vaticano II (1962-1965)*. 4. ed. São Paulo: Paulus, 2007, p. 215-240.

CONGREGAÇÃO PARA O CLERO. *Diretório Geral para a Catequese*. São Paulo: Paulinas, 1998.

DIDAQUÊ. *A instrução dos Doze Apóstolos*: o catecismo dos primeiros cristãos. Jacareí: Família, 2015.

ECHEGARAY, Hugo. *A prática de Jesus*. Petrópolis: Vozes, 1984.

FABRIS, Rinaldo. *Jesus de Nazaré: história e interpretação*. São Paulo: Loyola, 1988.

FORTE, Bruno. *Teologia da história*: ensaio sobre a revelação, o início e a consumação. 2. ed. São Paulo: Paulus, 2009.

FRANCISCO, Papa. *Carta Encíclica* Laudato Sì: sobre o cuidado da casa comum. São Paulo: Paulus. Loyola, 2015.

FRANCISCO, Papa. *Carta Encíclica* Lumen Fidei: sobre a fé. Brasília: CNBB, 2013.

FRANCISCO, Papa. *Exortação Apostólica* Amoris Laetitia: sobre o amor na família. Brasília: CNBB, 2015.

FRANCISCO, Papa. *Exortação Apostólica* Evangelii Gaudium: sobre o anúncio do Evangelho no mundo atual. Brasília: CNBB, 2013.

JAEGER, Werner. *Cristianismo primitivo e paideia grega*. Lisboa: 70, 1961.

JOÃO PAULO II, Papa. *Exortação Apostólica* Catechesi Tradendae: a catequese hoje. 6. ed. São Paulo: Paulinas, 1981.

LIBANIO, João Batista. *Eu creio, nós cremos*: tratado da fé. São Paulo: Loyola, 2000.

LIBANIO, João Batista. *Teologia da revelação a partir da modernidade*. São Paulo: Loyola, 1992.

MATEOS, Juan; CAMACHO, Fernando. *Jesus e a sociedade de seu tempo*. São Paulo: Paulinas, 1992.

MURAD, Afonso; MAÇANEIRO, Marcial. *A espiritualidade como caminho e mistério*: os novos paradigmas. São Paulo: Loyola, 1999.

PAULO VI, Papa. *Mensagem aos artistas na conclusão do Concílio Vaticano II*. 1965. Disponível em: < https://www.vatican.va/content/paul-vi/pt/speeches/1965/documents/hf_p-vi_spe_19651208_epilogo-concilio-artisti.html>. Acesso em: 10 de Julho de 2021.

PONTIFÍCIO CONSELHO PARA A CULTURA. *La Via pulchritudinis*: cammino privilegiato di evangelizzazione e di dialogo. Documento finale dell'assemblea plenaria. 2006. Disponível em:<https://www.vatican.va/roman_curia/pontifical_councils/cultr/documents/rc_pc_cultr_doc_20060327_plenary-assembly_final-document_it.html>. Acesso em: 10 de Julho de 2021.

PONTIFÍCIO CONSELHO PARA A PROMOÇÃO DA NOVA EVANGELIZAÇÃO. *Diretório para a catequese*. São Paulo: Paulus, 2020.

RAHNER, Karl. *Curso fundamental da fé*: introdução ao conceito de cristianismo. São Paulo: Paulus, 1989.

SANTO AGOSTINHO DE HIPONA. *A instrução dos catecúmenos*: teoria e prática da catequese. 2. ed. Petrópolis: Vozes, 1978.

WENZEL, João Inácio. *Pedagogia de Jesus Segundo Marcos*. São Paulo: Loyola, 1997.

CAPÍTULO 3
A catequese em busca de sua identidade

BENEDETTO XVI. Exortação Apostólica Pós-Sinodal *Verbum Domini*. Sobre a Palavra de Deus na vida e na missão da Igreja. São Paulo: Paulinas, 2010.

CONFERÊNCIA NACIONAL DOS BISPOS DO BRASIL. Diretório Nacional de Catequese, Documentos da CNBB 84, São Paulo: Paulinas, 2006.

_____. *INICIAÇÃO À VIDA CRISTÃ. Itinerário para formar discípulos missionários.* Documentos da CNBB, 107. Brasília: Edições CNBB, 2017.

_____. *Diretrizes da Ação Evangelizadora da Igreja no Brasil 2019-2023*. Documentos da CNBB, 109. Brasília: Edições CNBB, 2019.

PONTIFÍCIO CONSELHO PARA A PROMOÇÃO DA NOVA EVANGELIZAÇÃO, *Diretório para a Catequese*. São Paulo: Paulus, 2020.

FRANCISCO. Exortação Apostólica Pós-Sinodal *Evangelli Gaudium. Sobre o anúncio do Alegria do Evangelho no mundo atual*. São Paulo: Paulinas, 2013.

CAPÍTULO 4
O catequista e a missão de educar na fé

CONFERÊNCIA NACIONAL DOS BISPOS DO BRASIL. *Diretrizes da Ação Evangelizadora da Igreja no Brasil 2019-2023*. Brasília: Edições CNBB, 2019. (Documentos da CNBB, 109).

_____. *Diretório Nacional de Catequese*. Brasília: Edições CNBB, 2006. (Documentos da CNBB, 84).

_____. *Iniciação à Vida Cristã:* Itinerário para formar discípulos missionários. Brasília: Edições CNBB, 2017. (Documentos da CNBB, 107).

_____. *Ministério do catequista*. Brasília: Edições CNBB, 2007. (Estudos da CNBB, 95).

FRANCISCO, Papa. *Carta Apostólica em forma de* Motu Proprio *Antuquum Ministerium, pela qual se institui o Ministério de Catequista*. Brasília: Edições CNBB, 2021.

_____. *Exortação Apostólica Pós-Sinodal* Evangelli Gaudium: Sobre o anúncio do Evangelho no mundo atual. Brasília: Edições CNBB, 2013.

PONTIFÍCIO CONSELHO PARA A PROMOÇÃO DA NOVA EVANGELIZAÇÃO, *Diretório para a Catequese*. Brasília: Edições CNBB, 2020.

CELAM. *Manual de Catequética*. São Paulo: Paulus, 2007.

CAPÍTULO 5
A formação dos catequistas

ALBERICH Emilio. *Catequese Evangelizadora Manual de Catequética Fundamental.* Brasília: EDB, 2005.

BARBOSA NETO, João dos Santos. Elementos para a valorização da catequese de inspiração catecumenal e mistagógica: reflexões a partir do Diretório para a Catequese de 2020. *Revista de Catequese*. São Paulo, vol. 44, n. 157, p. 88-96, 2021.

DERROITTE H. & PALMYRE D. (Ed.). *Les nouveaux catéchistes*. Bruxelles: Lumen Vitae, 2008.

LEYVA Francisco Sánchez. Diretório para a catequese: a Revelação Divina, em Jesus Cristo, é um evento de comunhão. *Revista de Catequese*. São Paulo, vol. 44, n. 157, p. 41-53, 2021.

LIMA Luiz Alves. A Catequese e seus Diretórios. *Revista de Catequese*. São Paulo, vol. 44, n. 157, p. 06-26, 2021.

PARANHOS Washington. O sentido de um diretório para a catequese em tempo de sinodalidade: perspectivas e desafios. *Revista de Catequese*. São Paulo, vol. 44, n. 157, p. 27-40, 2021.

SORECA Salvatore. *La formazione di base per i catechisti*. Roma: LAS, 2014.

CAPÍTULO 6
A metodologia da Catequese no exercício de uma Igreja sinodal

CALANDRO, Eduardo; LEDO, Jordélio Siles. *Roteiro de Formação com Catequista.* 2ª Edição. Petrópolis: Editora Vozes, 2012.

CASIELLO, Beatriz. *Metodologia Catequística aportes para uma felfexión.* 4ª Edición. Argentina: Ediciones Didascalia, 1999.

CELAM. *Manual de catequética.* São Paulo: Paulus, 2007.

CONFERÊNCIA NACIONAL DOS BISPOS DO BRASIL. *Diretório Nacional de Catequese* (Documentos da CNBB, 84). Brasília: Edições CNBB, 2006.

DIDAQUÉ. *Catecismo dos primeiros cristãos.* 4ª ed. Petrópolis: Vozes, 1983.

MEDDI, Luciano. *Catechesi: proposta e formazione della vita cristiana.* Padova: EMP, 2004.

SANTO AGOSTINHO. *A instrução dos catecúmenos.* Teoria e prática da catequese. Trad. de Maria da Glória Novak. Petrópolis: Vozes, 2020.

CAPÍTULO 7
O Catecismo da Igreja Católica no Diretório

BOSELLI, Goffredo. *O sentido espiritual da Liturgia.* (Coleção *Vida e Liturgia da Igreja,*1). Brasília: Edições CNBB, 2015.

BRUSTOLIN Leomar A. (Dom). *Casa da Iniciação cristã.* Catequese com adultos. Batismo, Crisma, Eucaristia. São Paulo: Paulinas, 2018.

FACCINI PARO, Thiago (Pe.). *Catequese e liturgia na iniciação cristã.* O que e como fazer. Petrópolis: Editora Vozes, 2018.

_____. *O Caminho.* Iniciação à Vida Cristã com Adultos. Petrópolis: Editora Vozes, 2021.

GIRAUDO, Cesare. *Num só corpo.* Tratado mistagógico sobre a eucaristia. Tradução do italiano de TABORDA, Francisco. São Paulo: Edições Loyola, 2003.

GRILLO, Andrea. *Ritos que educam.* Os sete sacramentos. (Coleção *Vita e Liturgia da Igreja,* 4). Brasília: Edições CNBB, 2017.

PROVÍNCIA ECLESIÁSTICA DE POUSO ALEGRE: *Aprofundamento da fé. Tempo de cultivar.* Iniciação cristã com adultos, de inspiração catecumenal. São Paulo: Paulus, 2018.

CAPÍTULO 8
Planejar a ação catequética sob a luz do Espírito

BENTO XVI. *Carta Apostólica em forma de Motu Proprio Fides per doctrinam*: com a qual se modifica a Constituição apostólica Pastor bonus e se transfere a competência sobre a Catequese da Congregação para o Clero para o Pontifício Conselho para a Promoção da Nova Evangelização. Disponível em: <https://www.vatican.va/content/benedict-xvi/pt/motu_proprio/documents/hf_ben-xvi_motu-proprio_20130116_fides-per-doctrinam. html>. Acesso em: 10 de julho de 2021.

BRIGHENTI, Agenor. *A pastoral dá o que pensar*: a inteligência da prática transformadora da fé. São Paulo: Paulinas; Valência, ESP: Siquem, 2006. (Coleção livros básicos de teologia, 15).

CELAM. *Documento de Aparecida*: texto conclusivo da V Conferência Geral do Episcopado Latino-Americano e do Caribe: 13-31 de maio de 2007. Brasília/São Paulo: CNBB/Paulus/Paulinas, 2007.

CNBB. *Catequese Batismal*: itinerário de inspiração catecumenal para preparação de pais e padrinhos para o Batismo de crianças. Brasília: Edições CNBB, 2019.

_____. *Diretório Nacional de Catequese*. Paulinas: São Paulo, 2006. (Documentos da CNBB n. 84).

_____. *Iniciação à vida cristã*: itinerário para formar discípulos missionários. Brasília: CNBB, 2017 (Documento da CNBB n. 107).

_____. *Iniciação à vida cristã*: um processo de inspiração catecumenal. Brasília: Edições CNBB, 2009 (Estudos da CNBB n. 97).

CONGREGAÇÃO PARA O CLERO. *Diretório Geral para a Catequese*. São Paulo: Loyola, 1998.

CONSTITUIÇÃO DOGMÁTICA LUMEN GENTIUM sobre a Igreja no mundo atual. In: KLOPPENBURG, B. (org.). *Compêndio do Vaticano II*: Constituições, decretos e declarações. 25ª ed. Petrópolis: Vozes, 1996.

FRANCISCO. *Carta apostólica sob forma de Motu Proprio Antiquum Ministerium*: pela qual se instituiu o ministério do catequista. Disponível em: <https://www.vatican.va/content/francesco/pt/motu_proprio/documents/papa-francesco-motu-proprio-20210510_ antiquum-ministerium.html>. Acesso em: 10 de julho de 2021.

FRANCISCO. *Evangelii Gaudium*: Exortação Apostólica sobre o anúncio do evangelho no mundo atual. Brasília: CNBB, 2013.

JOÃO PAULO II. *Catecismo da Igreja Católica*. São Paulo: Edições Loyola, 2009. (Edição revisada de acordo com o texto oficial em latim).

_____. *Constituição apostólica Pastor Bonus*: *sobre a Cúria Romana*. Disponível em: <https://www.vatican.va/content/john-paul-ii/pt/apost_constitutions/documents/hf_jp-ii_apc_19880628_pastor-bonus-index.html>. Acesso em: 10 de julho de 2021.

PONTIFÍCIO CONSELHO PARA A PROMOÇÃO DA NOVA EVANGELIZAÇÃO. *Diretório para a Catequese*. São Paulo: Paulus, 2020.

CAPÍTULO 9
A comunidade cristã: Lugar da educação da fé e da práxis missionária

CASIANO FLORISTÁN. *La Iglesia comunidad de creyentes*. Salamanca: Sígueme, 1999.

CHRISTOPH THEOBALD, *Vocazione?!*, Bologna: EDB, 2001.

CONGREGAÇÃO PARA O CLERO. *Diretório Geral para a Catequese*. São Paulo: Loyola, 1998.

DARIO VITALI, *Il popolo di Dio*. In: S. NOCETI & R. REPOLE (a cura di), *Commentario ai documenti del Vaticano II 2, Lumen Gentium*. Bologna: EDB, 2015, 143-208.

Dei verbum. Constituição dogmática do Concílio Vaticano II sobre a Revelação Divina, 18 de novembro de 1965.

Eugênio RIXEN; Pe. Leandro Francisco PAGNUSSAT; Maria Augusta BORGES, *Itinerário da fé*: a experiência da samaritana e a formação do discípulo missionário. Petrópolis: Editora Vozes, 2018.

FRANCISCO. *Evangelii Gaudium*: Exortação Apostólica sobre o anúncio do evangelho no mundo atual. Brasília: CNBB, 2013.

GILLES ROUTHIER. *La Chiesa "soggetto" di tradizione. Reflessioni a partire dal Concílio Vaticano II*. In: ASSOCIAZIONE TEOLOGICA ITALIANA, *Fare teologia nella tradizione*, a cura di F. Scanziani. Milano: Glossa, 2014.

JOSÉ LUIZ MORAL, *Comunità, Giovani e prassi cristiana*, Roma, Anno accademico 2019-2020.

Lumen gentium, Constituição Dogmática do Concílio Vaticano II sobre a Igreja, 21 de novembro de 1964.

MEDDI, *Catechesi. Proposta e formazione della vita cristiana*. Padova, Edizioni Messaggero Padova, 1994.

PAULO VI. Exortação Apostólica *Evangelii nuntiandi* sobre a evangelização no mundo contemporâneo, 8 de dezembro de 1975.

PONTIFÍCIO CONSELHO PARA A PROMOÇÃO DA NOVA EVANGELIZAÇÃO. *Diretório para a Catequese*. São Paulo: Paulus, 2020.

REINERT João Fernandes. *Paróquia e iniciação cristã: a interdependência entre renovação paroquial e mistagogia catecumenal*. São Paulo: Paulus, 2015.

RUFINO VELASCO, *A Igreja de Jesus: processo histórico da consciência eclesial*. Petrópolis: Vozes, 1995.

VINCENZO DI PILATO. *La trasmissione della divina* rivelazione. In: S. NOCETI & R. REPOLE (a cura di), *Commentario ai documenti del Vaticano II 5, Dei Verbum*. Bologna: EDB, 2017.

CAPÍTULO 10
Os desafios da catequese em uma cultura plural, complexa e digital

CONFERÊNCIA NACIONAL DOS BISPOS DO BRASIL. *Diretório de Comunicação da Igreja no Brasil*. Documentos da CNBB 99. Brasília: Edições CNBB, 2014.

_____. *Diretrizes Gerais da Ação Evangelizadora da Igreja no Brasil 2019-2023*. Documentos da CNBB 109. Brasília: Edições CNBB, 2019.

FLORIDI, Luciano. A era do Onlife, onde real e virtual se (com)fundem. Entrevista concedida a Jaime D'Alessandro. *Instituto Humanitas Unisinos*, 02 out. 2019. Disponível em: https://www.ihu.unisinos.br/593095. Acesso em: 01 set. 2021.

GOMES, Pedro Gilberto. *Da Igreja eletrônica à sociedade em midiatização*. São Paulo: Paulinas, 2010.

SBARDELOTTO, Moisés. A Catequese na cultura digital: novas linguagens, novos processos de comunicação. *Revista de Catequese*, ano 42, n. 154, jul./dez. 2019, p. 78-95. Disponível em: https://is.gd/CDIeba. Acesso em: 01 set. 2021.

_____. *Comunicar a fé: por quê? Para quê? Com quem?* Petrópolis: Vozes, 2020.

_____. "Vejam como *não* se amam!": intolerância intracatólica e antievangelização em rede. *Vida Pastoral*, ano 62, n. 340, jul./ago. 2021, p. 24-31. Disponível em: https://is.gd/22Vp6t. Acesso em: 01 set. 2021.

CAPÍTULO 11
Inculturação da fé na catequese... é possível?

ALBERICH, Emílio. Catequese evangelizadora: manual de catequética fundamental / Emilio Alberich; adaptação para o Brasil e América Latina: Luiz Alves de Lima – São Paulo: Editora Salesiana, 2004.

BRUSTOLIN, Leomar Antônio e FONTANA Luís Bedin (organizadores). *Cultura urbana*: porta para o evangelho: a conversão pastoral como chave para a evangelização das cidades. São Paulo: Paulus, 2018. Coleção Comunidade e Missão. Vários autores.

BRIGHENTI, Agenor. *A pastoral dá o que pensar*: a inteligência da prática transformadora da fé – 2ª ed. – São Paulo: Paulinas, 2011.

WOLFF, Elias. Igreja em diálogo. São Paulo: Paulinas, 2018. Coleção teologia do Papa Francisco.

CAPÍTULO 12
A catequese na vida das pessoas

CNBB. *Diretório Nacional de Catequese.* Brasília: CNBB, 2006. (Doc. 84), nn. 177-230.

CNBB. *Iniciação à vida cristã*: Itinerário para formar discípulos missionários. Brasília: Edições CNBB, 2017 (Doc. 107), nn. 39-61; 198-239.

COMISSÃO EPISCOPAL PASTORAL PARA A ANIMAÇÃO BÍBLICO-CATEQUÉTI-CA. *Itinerário Catequético.* Iniciação à vida cristã – um processo de inspiração catecumenal. Brasília: Edições CNBB, 2014, p. 40-42.

FRANCISCO, PP. *Exortação Apostólica pós-sinodal* Christus vivit. 2019.

FRANCISCO, PP. *Exortação Apostólica pós-sinodal* Amoris Laetitia sobre o amor na família. 2016.

PEREIRA, Sueli da C. (Org.). *Escola Catequética Paroquial.* Um caminho que se faz caminhando. São Paulo: Paulus, 2019, p. 187-208.

CAPÍTULO 13
O querigma no Diretório para a Catequese: Um anúncio de Jesus Cristo belo, credível e humanizante

Françoá Costa, *A transmissão da fé: Querigma, Catequese, Teología*, Revista De Magistro de Filosofia, Ano VIII, n. 17, 2º. Semestre de 2015. Recuperado en: https://www.academia.edu/42347131/Fran%C3%A7o%C3%A1_Costa_A_transmiss%C3%A3o_da_f%C3%A9_Querigma_Catequese_Teologia

Leonardo Andrea, *Iniziazione cristiana e catechesi kerygmatica,* II Congresso internazionale di Catechesi, Città del Vaticano, 20-23 settembre 2018. Recuperado en: http://www.gliscritti.it/blog/entry/4629

Sánchez Manuel et.al. *El anuncio de la Buena Noticia (El kerigma)*, en Formación de Catequistas, vol. 5 Evangelización y Catequesis. PPC, Córdoba, 2016.

Sultana Carl Mario, *Direttorio per la catechesi. Una rilettura pastorale in termini di parole chiave.* Recuperado en https://www.ccee.eu/wp-content/uploads/sites/2/2020/10/Carl-Mario-Sultana-IT.pdf

López Sojo Dagoberto, *Discursos kerigmáticos en los Hechos. Hacia una pastoral bíblica constructiva.* Recuperado en https://espirituyvidaofm.wordpress.com/2020/05/13/discursos-kerigmaticos-en-los-hechos-hacia-una-pastoral-biblica-constructiva/

Seminario Nacional de Catequesis 2014, Argentina. El catequista, la catequesis y el kerigma. A la luz de la *Evangelii Gaudium*. Recuperado en https://silo.tips/download/el-catequista-la-catequesis-y-el-kerigma-a-la-luz-de-la-evangelii-gaudium

Walker Rosa y Faúndez Juan P. *El kerigma al centro de la educación católica*. Revista Electrónica de Educación Religiosa. Vol. 10, No. 1, Diciembre 2020, p. 1-21. ISSN 0718-4336 Versión en línea.

García Ahumada Enrique, *El Kerygma misionero*. Biblioteca Digital DIBRI -UCSH. Recuperado en http://biblioteca-digital.ucsh.cl/greenstone/collect/revista1_old/archives/HASH01d8.dir/El%20kerygma.pdf

Instituto Pastoral Apóstol Santiago. *Kerygma: El primer anuncio de Jesucristo*. INPAS, Santiago, 2016.

Rincón Alfonso, *Kerygma y Teología. La Teología al servicio de la Evangelización*. Recuperado en https://www.academia.edu/35883703/KERYGMA_y_TEOLOGIA_LA_TEOLOGIA_AL_SERVICIO_DE

Conferencia Episcopal Venezolana, *Kerigma en familia*. CEV, Caracas, 2020. Recuperado en https://conferenciaepiscopalvenezolana.com/wp-content/uploads/2020/05/Kerygma-en-familia.pdf

Gevaert Joseph, El primer anuncio. Proponer el Evangelio a quien no conoce a Cristo. Sal Terrae: Bilbao, 2004.

Córdoba Jesús et. al. *Repercusiones comunitarias y sociales del Kerygma*. VIII Semana de Doctrina Social de la Iglesia. Diócesis de Ciudad Real, España, 2015. Recuperado en https://docplayer.es/12796953-Tema-2-repercusiones-comunitarias-y-sociales-del--kerygma.html

CELAM, *Documento de Aparecida* (mayo 30 de 2007): Libreria Editrice Vaticana, Ciudad del Vaticano, 2012.

La Catequesis en América Latina. Orientaciones comunes a la luz del Directorio General para la Catequesis. CELAM, Bogotá, 1999.

La alegría de iniciar discípulos misioneros en el cambio de época. Nuevas perspectivas para la Catequesis en América Latina y El Caribe. CELAM, Bogotá, 2015.

Congregación para el Clero, *Directorio Catequístico General* (abril 11 de 1971): AAS 64 (1972), 97-176.

Directorio General para la Catequesis (agosto 15 de 1997): Libreria Editrice Vaticana, Ciudad del Vaticano 1997.

Pontificio Consejo para la Nueva Evangelización, *Directorio para la Catequesis* (marzo 23 de 2020): Libreria Editrice Vaticana, Ciudad del Vaticano, 2020.

Francisco, *Exhortación apostólica Evangelii Gaudium* (noviembre 24 de 2013): AAS 105 (2013), 1019-1137.

Exhortación apostólica postsinodal Amoris laetitia (marzo 19 de 2016): AAS 108 (2016), 311-446.

Exhortación apostólica postsinodal Christus vivit (marzo 25 de 2019): Libreria Editrice Vaticana, Ciudad del Vaticano, 2019.

Constitución apostólica Veritatis Gaudium. Sobre las Universidades y Facultades Eclesiásticas. Diciembre 27 de 2017.

Juan Pablo II, *Exhortación apostólica Catechesi tradendae* (octubre 16 de 1979): AAS 71 (1979), 1277-1340.

Exhortación apostólica postsinodal Ecclesia in America (enero 22 de 1999): AAS 91 (1999), 737-815.

Carta encíclica Redemptoris missio (diciembre 7 de 1990): AAS 83 (1991), 249-340.

Pablo VI, *Exhortación apostólica Evangelii Nuntiandi* (diciembre 8 de 1975): AAS 68 (1976), 5-76.

Sínodo de los Obispos, *XIII ASAMBLEA GENERAL ORDINARIA. La nueva evangelización para la transmisión de la fe cristiana, Lineamenta* (febrero 2 de 2011).

XIII ASAMBLEA GENERAL ORDINARIA, La nueva evangelización para la transmisión de la fe cristiana, Instrumentum laboris (Junio 19 de 2012).

Congregación para la Evangelización de los Pueblos. *Guía para los catequistas. Documento de orientación vocacional, de formación y de promoción del Catequista en los territorios de misión que dependen de la Congregación para la Evangelización de los Pueblos.* Ciudad del Vaticano, 1993.

CAPÍTULO 14
Pessoas com deficiência na Catequese

BUTTINONI, Stefano. *La disabilità ci rende umani. Dieci passi per una comunità inclusiva*, Milano, IPL srl, 2020.

COLLOT, Noel Fernández – MENESES, Alexandra & GIESE, Nilton (Orgs.), *Teologia e deficiência*. São Leopoldo, Sinodal, Quito, CLAI, 2010.

CONFERÊNCIA NACIONAL DOS BISPOS DO BRASIL. *Diretório Nacional de Catequese* (= Documentos da CNBB, 84). Brasília: Edições CNBB, 2006.

_____. *Diretrizes gerais da ação evangelizadora da Igreja no Brasil: 2019-2023* (= Documentos da CNBB, 109). Brasília: Edições CNBB, 2019.

_____. *Iniciação à vida cristã: itinerário para formar discípulos missionários* (= Documentos da CNBB, 107). Brasília: Edições CNBB, 2017.

_____. *Pessoas com deficiência interlocutoras da catequese*. Brasília: Edições CNBB, 2008.

COSTA RENDERS, Elizabete Cristina, *Educação e espiritualidade – pessoas com deficiência, sua visibilidade e emergência*, São Paulo, Paulus, 2009.

DUTRA, Luiz Carlos. *Pastoral da inclusão: pessoas com deficiência na comunidade cristã*. São Paulo: Edições Loyola, 2005.

FREIRE, Samanta Araujo. *Identidade, Deficiência e Movimentos Sociais: um olhar sobre as associações de PCDs no município de Manaus*.

NAPOLI, Osvaldo Cesar. *Senhor eu te adoro*. São Paulo: Edições Loyola, 1991.

PANCALDO, Diego Maria. *L'accompagnamento spirituale delle persone disabili*. In: "Mysterion – Rivista di Ricerca in Teologia Spirituale" 8 (2015) 2, 235–242.

PONTIFÍCIO CONSELHO PARA A PROMOÇÃO DA NOVA EVANGELIZAÇÃO. *Diretório para a Catequese*. São Paulo: Paulus, 2020.

SANTOS, Francisco Maurício A. *A pessoa com deficiência e sua educação à fé*. In: "Revista de Catequese" 26 (2003) 103–104, 20–31.

CONCLUSÃO
Uma catequese diversificada para um tempo de mudanças

PONTIFÍCIO CONSELHO PARA A PROMOÇÃO DA NOVA EVANGELIZAÇÃO. *Diretório para a Catequese*. São Paulo: Paulus, 2020.

FRANCISCO. *Evangelii Gaudium: Exortação Apostólica sobre o anúncio do evangelho no mundo atual*. Brasília: CNBB, 2013.

PAULO VI. Exortação Apostólica *Evangelii nuntiandi* sobre a evangelização no mundo contemporâneo, 8 de dezembro de 1975.

CULTURAL

Administração
Antropologia
Biografias
Comunicação
Dinâmicas e Jogos
Ecologia e Meio Ambiente
Educação e Pedagogia
Filosofia
História
Letras e Literatura
Obras de referência
Política
Psicologia
Saúde e Nutrição
Serviço Social e Trabalho
Sociologia

CATEQUÉTICO PASTORAL

Catequese
Geral
Crisma
Primeira Eucaristia

Pastoral
Geral
Sacramental
Familiar
Social
Ensino Religioso Escolar

TEOLÓGICO ESPIRITUAL

Biografias
Devocionários
Espiritualidade e Mística
Espiritualidade Mariana
Franciscanismo
Autoconhecimento
Liturgia
Obras de referência
Sagrada Escritura e Livros Apócrifos

Teologia
Bíblica
Histórica
Prática
Sistemática

REVISTAS

Concilium
Estudos Bíblicos
Grande Sinal
REB (Revista Eclesiástica Brasileira)

VOZES NOBILIS

Uma linha editorial especial, com importantes autores, alto valor agregado e qualidade superior.

VOZES DE BOLSO

Obras clássicas de Ciências Humanas em formato de bolso.

PRODUTOS SAZONAIS

Folhinha do Sagrado Coração de Jesus
Calendário de mesa do Sagrado Coração de Jesus
Almanaque Santo Antônio
Agendinha
Diário Vozes
Meditações para o dia a dia
Encontro diário com Deus
Guia Litúrgico

CADASTRE-SE
www.vozes.com.br

EDITORA VOZES LTDA.
Rua Frei Luís, 100 – Centro – Cep 25689-900 – Petrópolis, RJ
Tel.: (24) 2233-9000 – Fax: (24) 2231-4676 – E-mail: vendas@vozes.com.br

UNIDADES NO BRASIL: Belo Horizonte, MG – Brasília, DF – Campinas, SP – Cuiabá, MT
Curitiba, PR – Fortaleza, CE – Juiz de Fora, MG – Petrópolis, RJ – Recife, PE – São Paulo, SP